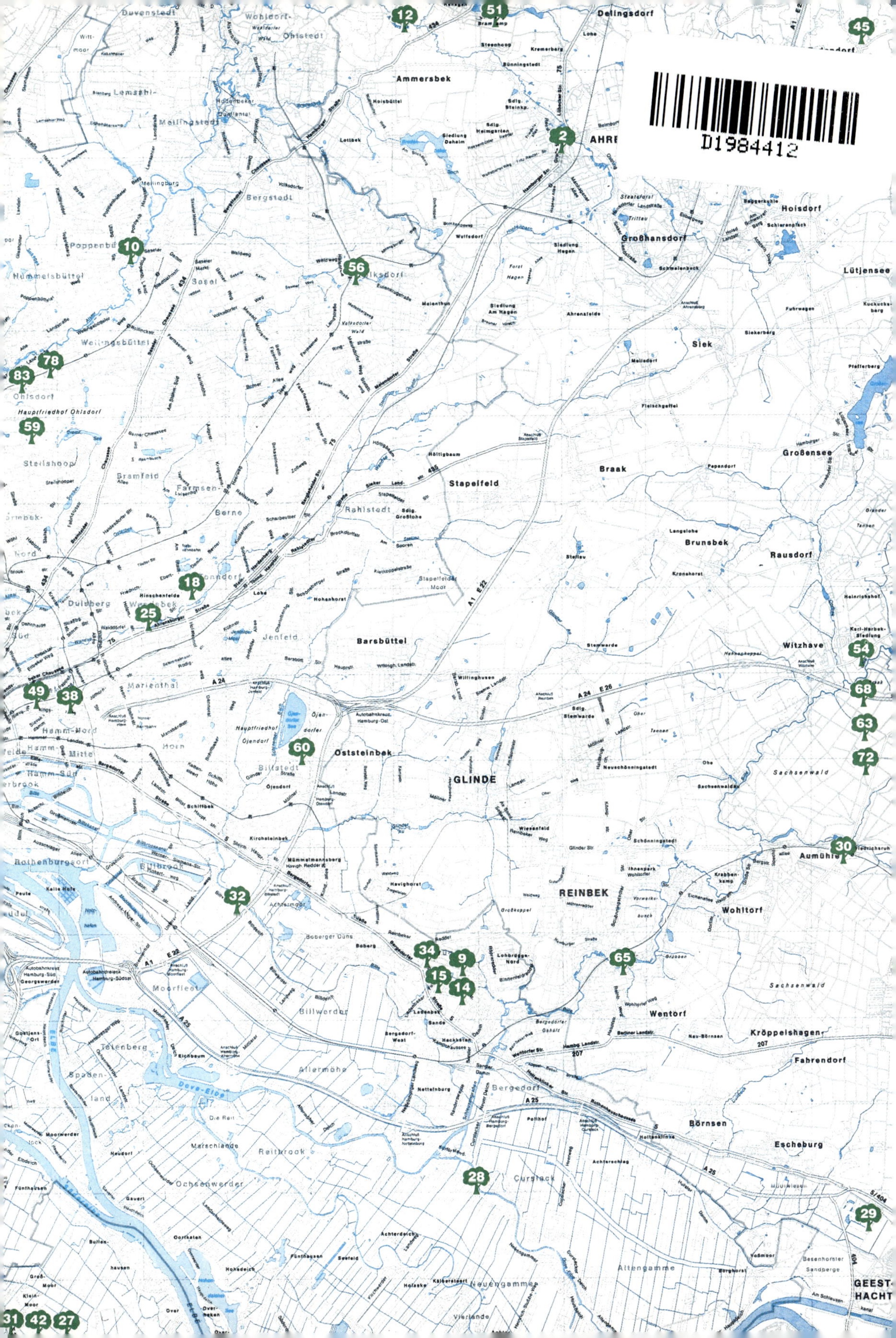
Duvenstedt
Wohldorf-Ohlstedt
Delingsdorf
Ammersbek
Lemsahl-Mellingstedt
AHRENSBURG
Bergstedt
Hoisdorf
Großhansdorf
Poppenbüttel
Hummelsbüttel
Volksdorf
Sasel
Lütjensee
Wellingsbüttel
Siek
Ohlsdorf
Hauptfriedhof Ohlsdorf
Steilshoop
Bramfeld
Farmsen-Berne
Stapelfeld
Braak
Großensee
Rahlstedt
Brunsbek
Rausdorf
Tonndorf
Duisberg
Wandsbek
Jenfeld
Barsbüttel
Witzhave
Marienthal
Hamm-Nord
Hamm-Mitte
Hamm-Süd
Horn
Billstedt
Oststeinbek
GLINDE
Sachsenwald
Rothenburgsort
Billbrook
Aumühle
REINBEK
Wohltorf
Moorfleet
Billwerder
Wentorf
Kröppelshagen-Fahrendorf
Allermöhe
Bergedorf
Börnsen
Escheburg
Spadenland
Reitbrook
Ochsenwerder
Curslack
Altengamme
Neuengamme
Vierlande
GEESTHACHT
A 1
E 22
A 24
E 26
A 25
12
51
45
2
10
56
78
83
59
18
25
49
38
60
54
68
63
72
30
32
34
9
15
14
65
28
29
31
42
27

»Der Ort ist dem ehrbaren Vergnügen geweiht, die Augen zu ergötzen, die Nase zu erfrischen, den Geist anzuregen.«

Erasmus von Rotterdam (1469–1536)
über seinen Garten in Basel

Der allgemeine Hang zum Gartenleben ist für Hamburg gewissermaßen ein charakteristischer Zug. Ich kenne keine keine andere Stadt, die mit Vorstädten von Gärten und mit Gartendörfern so rings umgeben ist.

F. J. L. Meyer (1802)

»Schönheit der Natur und Schönheit der menschengeschaffenen, kulturellen Umgebung sind offensichtlich beide nötig, um den Menschen geistig und seelisch gesund zu erhalten.«

Konrad Lorenz (1903–1989),
Verhaltensforscher

Herwyn Ehlers

GÄRTEN & PARKS IN NORDDEUTSCHLAND

Ein Führer durch Kunst und Kultur

Christians Verlag
Hamburg

Bildnachweis:
Titelbild: Transglobe, Stephan Wallocha, Jenischpark
Buchrückseite: H.-D. Warda
Textteil: Arboretum Baumpark Ellerhoop Thiensen: H. D. Warda
Farbteil: Alle Abbildungen vom Arboretum Baumpark
Ellerhoop Thiensen: H.-D. Warda
Garten der Schmetterlinge: S. Beinbrecht
Hachmanns Rhododendronschaugarten: Baumschule H. Hachmann
Hamburger Stadtpark (1938): W. Ehlers
Kamelien Fischer: Kamelien Fischer
Neuer Botanischer Garten: H.-D. Warda
Alle übrigen Bilder: Herwyn Ehlers

Die Deutsche Bibliothek – CIP-Einheitsaufnahme

Gärten und Parks in Norddeutschland:
ein Führer durch Kunst und Kultur / Herwyn Ehlers. –
Hamburg: Christians, 1994
ISBN 3-7672-1195-5
NE: Ehlers, Herwyn

Kartengrundlage im Vorsatz:
Karte von Hamburg und Umgebung 1:50 000, Ausgabe 1993
Herausgeber: Vermessungsamt Hamburg
Vervielfältigt mit Genehmigung VA 400-11/94

Grafik: Carsten Best
Illustrationen: Kathrin Pitzl
Lektorat: Jutta Buchwald
ISBN 3-7672-1195-5

Inhaltsverzeichnis

Einführung

Jeder Hamburger hat sicherlich schon Ausflüge in die nähere Umgebung gemacht: Man möchte sich erholen, etwas erleben sowie sich inspirieren und anregen lassen. Oft soll auf dem Ausflug etwas verzehrt werden. Ein anschließender Spaziergang in möglichst angenehmer, grüner Atmosphäre, eventuell ein Spiel mit den Kindern, rundet den Ausflug ab.
Auch in einer so großen Stadt wie Hamburg besuchen viele Menschen im Laufe der Jahre öfter wieder die gleichen Ziele. Es wird vielleicht variiert, es werden Ausflugsführer gewälzt, und Tips von Freunden werden dankbar aufgegriffen; dennoch gehen die Ideen langsam aus.
Ein Garten oder ein Park erfüllt häufig alle geforderten Ansprüche. Gartengestaltung ist Kunst und Kultur im Grünen. Teilweise ist Kulturgut aus vielen Jahrzehnten oder gar Jahrhunderten in Gärten und Parkanlagen vereint. Lebenseinstellungen und Ansprüche der Menschen sind früher wie heute in Gärten und Parks zu erkennen. Träume nach Geborgenheit und Sehnsüchte nach ausgefallenen, ungewöhnlichen Dingen finden sich im Garten wieder. Bunte duftende Pflanzen stehen zur Zier, weite Wiesen und kühle Wälder sind von Wegen durchzogen.
Heute sind viele unserer Gartenanlagen vergessen, oder sie sind bisher noch weitgehend unbekannt und somit für Besucher gar nicht zugänglich. Bei uns sind Gärten als Ausflugsziel noch gar nicht richtig anerkannt. Zudem sind es viele Menschen in unserer industrialisierten, hektischen und stadtbezogenen Welt gar nicht mehr gewohnt, sich Zeit für die Natur und liebevoll gestaltete Kleinigkeiten zu nehmen.
In und um Hamburg gibt es diverse moderne und historische Garten- und Parkanlagen. Bestimmt sind es in Anzahl und Vielfalt mehr, als man annehmen möchte, und ein Besuch lohnt sich aus den verschiedensten Gründen. Die Anlagen werden jedoch noch sehenswerter, wenn man mehr über sie erfahren kann, wenn Fragen beantwortet werden können. Ganz gleich, ob dieses zu Hause oder vor Ort im Garten geschieht:
Welche Gartenanlagen gibt es in und um Hamburg? Was macht den Reiz jedes einzelnen Gartens aus? Wie steht es um die Pflege, wie um die Ausstattung und den Service? Lohnt sich ein Besuch, auch wenn eine weite Anfahrt erforderlich ist, und wo liegen die Gärten eigentlich?
Dieses Buch stellt empfehlenswerte Garten- und Parkanlagen im Umkreis von über 50 km um Hamburg zusammen. Sie sind nach diversen Kriterien anschaulich und allgemeinverständlich beschrieben. Dazu werden wissenswerte Informationen zu den Anlagen selbst, zum Umfeld und zur Geschichte zu finden sein. Ein Ausflugsführer für jedermann zu (beinahe) jeder Zeit.

Viel Spaß beim Entdecken und Erleben!

Vorwort

In der geheimen Verwandtschaft zwischen dem Menschen und einem Stückchen Erde, das er gestaltet und bepflanzt hat, liegt die wahre Geschichte der Gärten zu allen Zeiten und bei allen Völkern der Welt.
Gärten waren immer ein fester Bestandteil der Kulturgeschichte. Darüber hinaus offenbaren sie in ganz besonderer Weise unsere Beziehung und Einstellung zur Natur. Gärten waren aber auch zu allen Zeiten Visionen, verwirklichte Traumbilder der menschlichen Seele.
Wenn auch die Gartenanlagen durch geologische Verhältnisse, Klima, gesellschaftliche Bedingungen und ideologische Auffassungen unterschiedlich geprägt waren, so ist doch die innige Verbundenheit der Menschen mit ihrer geschaffenen Gartenheimat bis auf den heutigen Tag das tragende und erhaltende Element geblieben.
Gärten und Parks haben in der Vergangenheit unsere Kulturlandschaft mitgeformt und sind auch heute noch ein prägender Faktor.
Im norddeutschen Raum sind zwar die großen, spektakulären Gartenanlagen nicht so zahlreich vertreten wie in anderen Regionen, doch gibt es eine Reihe sehr schöner und sehenswerter Beispiele.
Dem Autor des vorliegenden Buches ist dafür zu danken, daß er dieses Thema aufgegriffen hat und mit viel Engagement und Einsatz auf zahlreichen Entdeckungsfahrten alle bemerkenswerten Parks und Gärten im Großraum Hamburg besucht und fachlich versiert und liebevoll beschrieben hat.
Neben den bekannteren, meist von öffentlicher Hand verwalteten Anlagen stellt *Herr Ehlers* auch in Vergessenheit geratene und selbst für Fachleute unbekannte Gartenschätze vor. Auch private Gärten und Sammlungen, die der Öffentlichkeit zumindest zeitweise zugänglich sind und die für Garten- und Pflanzenfreunde außerordentlich interessant sein dürften – dazu gehören u. a. der *Hachmannsche* Rhododendrongarten und die Sammlung von *Kamelien-Fischer* – finden Berücksichtigung.
So ist dieses Buch eine erste und wichtige Dokumentation historischer und neuzeitlicher Garten- und Parkanlagen in und um Hamburg, das dem Leser Anregungen gibt und ihn neugierig macht, diese Objekte aufzusuchen, sie zu erkunden und kennenzulernen.
Gleichzeitig führt es uns durch die wechselvolle Geschichte der Gartenkunst und Gartenliebe im Wandeln der Zeiten.
Bis jetzt haben alle diese Gartenparadiese und -schätze überlebt. In einer Zeit des knapperen Geldes wird aber immer allzu schnell die Frage nach der Rendite solcher Anlagen gestellt. Dabei übersieht man oft die Einmaligkeit dieser Gartenkunstwerke und ihren kulturhistorischen Bezug.
Gerade im heutigen, von Technik bestimmten, nüchternen Alltag, der dem Menschen wenig Spielraum läßt, sich zu regenerieren, kommt solchen Refugien zur seelischen Stärkung und Erbauung eine Bedeutung zu, die nicht unterschätzt werden darf.
Es bleibt daher nur zu hoffen, daß alle Verantwortlichen den Wert dieser Anlagen erkennen und respektieren. Vielleicht wäre neben dem *Deutschen Nationalkomitee für Denkmalschutz* die Einrichtung einer dem *Nationaltrust* ähnlichen Institution ein gangbarer Weg, um die Zukunft dieser unschätzbaren Gartenkunstwerke zu sichern.
Möge dieses Buch auch dazu beitragen, ein noch tieferes Verständnis für unsere Gartenkultur und Gartenkunst zu wecken und so einen Beitrag zur Erhaltung dieser Werte zu leisten.
Neben dem Autor gebührt auch dem Verlag Dank, daß er sich dieses so wichtigen Themas angenommen hat. Ich freue mich, diesem mir am Herzen liegenden Buch das Geleit geben zu dürfen, und wünsche Autor und Verlag eine zahlreiche Leserschaft.

Prof. Hans-Dieter Warda

Ellerhoop, den 13. Februar 1994

Der Hamburger Raum vor der Zeit der Gärten

Hamburg geografisch

Hamburg ist großräumlich im Norddeutschen Tiefland gelegen. Das Zentrum der Stadt liegt am Nordufer des Elbe-Urstromtales an der Alstermündung.
Der gesamte Raum ist durch die Eiszeiten geprägt worden, die einen dreigeteilten Raum hinterlassen haben. Das in der Mitte gelegene tiefe Urstromtal der Elbe wird im Norden und im Süden von Moränen, d. h. von Gletschern bzw. abgelagerten Schuttwällen begrenzt. Noch heute ist die gesamte Landschaft durch die tief ausgeschürften Täler, die seichten Höhenzüge sowie die weitverbreiteten Sande und Findlingsablagerungen geprägt.
Im Erdzeitalter Tertiär (vor 65–1,5 Mio. Jahren) war Norddeutschland noch weitgehend vom Meer bedeckt. Nachdem am Ende der Tertiärzeit das nordeuropäische Gebiet Festland geworden war, kühlte sich die Temperatur ab. Es fiel nur noch Schnee, der durch seinen hohen Eigendruck den unten liegenden Schnee zu Eis preßte. Durch den großen Druck begann das elastisch gewordene Eis von Skandinavien aus nach Norddeutschland als Gletscher zu wandern. Die Grenze wurde bei den heutigen Mittelgebirgen erreicht.
Die erste Eiszeit, die Elster-Eiszeit, begann vor ca. 500 000 Jahren und wurde vor etwa 300 000 Jahren von der Holstein-Warmzeit, einer sogenannten Zwischeneiszeit, beendet.
Die zweite Vereisung in Norddeutschland, die Saale-Eiszeit, begann vor 230 000 Jahren. Diese stärkste Eiszeit dauerte etwa 130 000 Jahre und prägte die Landschaftsentwicklung und Bodenbildung entscheidend. Aus dieser Zeit stammen die aus Schmelzwasseraufschüttungen entstandenen Harburger Berge sowie die auf der gegenüberliegenden Seite der Elbe gelegenen Blankeneser Berge. Letztere sind durch nach dem Eisrückgang erneut vorstoßende Eiszungen entstanden, die ältere Schuttablagerungen hochgepreßt haben.
Das Relief der Lüneburger Heide wurde ebenfalls durch diese stärkste Eiszeit gebildet. Die weichen Höhenzüge, z. B. der Wilseder Berg als höchste Erhebung, haben sich durch die Kräfte der mehrere hundert Meter dicken Gletscher aufgeschoben. Die flachen, breiten Täler entstanden beim Rückzug des Eises durch Schmelzwasserströme. Ein sichtbares Beispiel ist heute noch das Aller-Urstromtal im Süden der Lüneburger Heide. Durch Windtransporte wurden Sand und Schluffpartikel verweht, die sich andernorts wieder abgelagert haben, und unfruchtbare Dünen, aber auch fruchtbare Lehmböden hinterlassen haben. Weite Sandflächen (Sander) entstanden durch die Sand und Kies führenden Schmelzwasserströme. Die ersten Pflanzen siedelten sich in der Heide vor ca. 14 000 Jahren an. Die Landschaft glich damals einer Tundra, wie sie heute in Nordskandinavien vorkommt. Später entwickelte sich ein Mischwald aus überwiegend Eichen, Vogelbeeren und Birken. Die Heide, wie wir sie heute kennen, ist eine vom Menschen geschaffene Kulturlandschaft, die durch Abholzung der Wälder für Holzkohle und die Siedefeuer der Lüneburger Saline entstanden ist. Später kamen eine zu intensive Beweidung und versäumte Aufforstung hinzu, so daß sich keine natürliche Landschaft mehr bilden konnte.
Nach einer 10 000 Jahre dauernden Warmzeit und einer anschließenden gemäßigten Übergangszeit leitete eine Klimaveränderung vor ca. 25 000 Jahren die Weichsel-Vereisung ein, die den gesamten norddeutschen Raum bedeckte. Im Sommer flossen große Wassermengen von Ostdeutschland und Polen in einem gewaltigen Strom, der als Urelbe bezeichnet werden kann. Es dauerte viele tausend Jahre, bis sich die vorgezeichneten Einschnitte aus dem Wasser- und Eisrückzug der Saale-Eiszeit zum gewaltigen Urstromtal der Elbe ausgespült hatten.
Nach dem Abschmelzen des Eises stieg der Meeresspiegel an, und der Wasserstrom erlosch fast ganz. Mit dem Meeresspiegel erhöhte sich auch der Grundwasserspiegel, und es bildeten sich Moorgebiete im Elbtal. Diese wurden zuerst vor etwa 6000 Jahren vom Wasser der Nordsee überspült, die hier tonige Meeressande ablagerte. Die Vegetation änderte sich von Birken und Kiefern, die den nährstoffärmeren Sand bevorzugen, zu Eichen und Ulmen. Vor 3000 Jahren setzten sich

Sande im Bereich der Elbmündung ab, die wiederum von Schlick überlagert wurden. Sehr fruchtbarer Kleiboden bildete sich. Durch eine natürliche Senkung des Meeresspiegels entstand ein Wattengebiet, das sich begrünen konnte. Marsch war entstanden. Diese fruchtbaren Bodentypen sind noch heute die Grundlage für die Obst-, Gemüse- und Baumschulgebiete um Hamburg, die hier seit Jahrhunderten gute Bedingungen vorfinden.

Durch den mehrmaligen Rückzug des Eises und durch pendelartige Bewegungen der Gletscherränder entstanden zahlreiche hügelige Sand- und Findlingsablagerungen, sogenannte Endmoränenzüge. Oft liegen mehrere Endmoränen hintereinander, die man als Moränenstaffel bezeichnet. Besonders im Kreis Herzogtum Lauenburg im Osten von Hamburg sind einige dieser Höhenzüge erkennbar.

Nach dem Rückgang des Eises blieb im Osten von Hamburg ein weitreichendes Rinnensystem zurück, z. B. das Billetal und das Schaalseetal. In vielen Seen ist heute noch »Eiswasser« zu finden, welches in Vertiefungen als See zurückgeblieben ist. Dem recht hoch gelegenen Gebiet im Osten schließt sich im Südosten bei Lauenburg und Geesthacht das Elbtal mit einem kliffartigen Steilhang an. Hier tritt eine Geestplatte direkt an die Oberfläche. Die Geest ist eine für Nordwestdeutschland typische Landschaft, die die höhergelegenen, flachwelligen, sandigen und wenig fruchtbaren Altmoränengebiete bezeichnet.

Der Raum Stade ist durch die Landschaftstypen Geest, Marsch und Moor geprägt. Die Flüsse Schwinge, Aue und Este teilen das Gebiet in drei größere Bereiche; diverse Moore haben die flachwellige Geestlandschaft in mehrere Platten geteilt.

Hamburg klimatisch

Im Hamburger Raum herrscht ein maritimes Klima vor, d. h., es wird sehr stark vom Meer beeinflußt. Dadurch sind die Winter recht warm und die Sommer kühler, was sich durch nicht so extreme Temperaturmaxima und -minima in Sommer und Winter ausdrückt. Einfluß darauf hat auch der Golfstrom. Aus seinem Ursprungsgebiet, der Karibik, bringt sein östlicher Teil warmes Wasser an die Küsten Europas und hält auch die Mündung der Elbe eisfrei, was auch zur wirtschaftlich und gesellschaftlich bedeutenden Entwicklung der Schiffahrt beigetragen hat. Südöstlich von Hamburg verläuft die Grenze zum kontinentalen Klima, welches durch kältere Winter und wärmere Sommer geprägt wird. Für die Gartenanlagen bedeutet das, daß hier viele Pflanzen besser oder anders zurechtkommen als in kontinentaleren Klimagebieten, z. B. im Raum Dresden.

Die mittlere Regenmenge, gemessen in Hamburg-Fuhlsbüttel, beträgt durchschnittlich 707 mm pro Jahr. Die größten Monatsniederschläge treten überwiegend in den Monaten Juni bis August auf. Im allgemeinen sind von den Eisheiligen im Mai bis Anfang Oktober frostfreie Tage zu erwarten, wobei die wärmsten Tage in den Monaten Juni, Juli und August auftreten. Die kältesten Tage kommen dagegen in den Monaten Dezember, Januar und Februar vor.

Jedoch auch im Sommer ist selten ein Monat frostfrei. So ist im Juli durchschnittlich alle 10 Jahre und im August alle 6,7 Jahre einmal Bodenfrost zu erwarten. Im langjährigen Durchschnitt treten pro Jahr 114 Tage mit Bodenfrost auf. Die maximale Eindringtiefe des Frostes am Meßpunkt in Hamburg-Fuhlsbüttel betrug zwischen 1951 und 1975 78 cm. Auf diesen Wert läßt sich eine im Garten- und Landschaftsbau in Norddeutschland übliche, als frostfrei angenommene Fundamenttiefe von 80 cm zurückführen, die in südlicheren Landesteilen, wo der Frost tiefer eindringt, auch über einen Meter betragen kann. Strenger Frost von mindestens −10 °C kommt im Jahresdurchschnitt an 8 Tagen vor. Diese Zahl zeigt eine Grenze der Verwendung von Pflanzen im Garten. So können im Raum Hamburg, im Gegensatz zu weiten Teilen von Großbritannien, zahlreiche Pflanzen nicht im Garten kultiviert werden, sondern müssen im Winter in ein Kalthaus oder in einen Wintergarten gebracht werden. Diese Eingriffe sind kostenintensiv und beeinträchtigen das Pflanzenbild in den meisten Gärten, wo nämlich auf frostempfindliche Pflanzen gänzlich verzichtet wird.

Die Garten- und Parkentwicklung

Begriffsdefinitionen

Schwierigkeiten können in der Frage auftauchen, was denn ein Garten, ein Park, eine Grünfläche und ein Wald ist. Wo liegen die Unterschiede? Ist ein Wald ein Park, wenn er von einem bekannten Gartenarchitekten angelegt wurde? Wann ist eine Grünfläche ein Park, wann ein Park ein Garten?
Es bedarf also einer Klärung der Begriffe, die wie folgt getroffen worden ist:

Garten
Eine kleinräumige, von einem Menschen gestaltete Fläche, die einem Haus zugeordnet ist und/oder die sehr intensiv angelegt oder gepflegt wird.

Park
Eine großräumigere, von einem Menschen gestaltete Fläche, die oft auch weiter von einem Haus entfernt oder gänzlich unabhängig davon liegt. Die Pflege ist manchmal nur in Teilen intensiv.

Wald
Eine von Bäumen bestandene größere Fläche, die zwar von Menschen bepflanzt worden sein kann, aber nicht nach ästhetischen Gesichtspunkten angelegt wurde oder gepflegt wird.

Grünfläche
Eine Grünfläche kann ein Garten, Park oder Wald sein. Der Begriff bezeichnet eine Nutzungsart und grenzt diese gegenüber einer anderen Nutzung (z. B. Straße, Bebauungsfläche) ein.

Überblick über die Gartengeschichte von Deutschland

Der Klostergarten

Mit dem Verfall der römischen Anlagen an Rhein und Mosel im 5. Jahrhundert infolge der Völkerwanderung sowie dem Niedergang des Römischen Reiches verfielen auch zahlreiche Garten- und Parkanlagen. Eine schon recht genaue Kenntnis der Römer über Gestaltung und Pflanzen ging verloren.
Zu Beginn des Mittelalters um 800 n. Chr. war nur eine wirtschaftliche Agrarnutzung als Gartenbauform bekannt. Karl der Große erließ zu der Zeit erstmals Vorschriften zum Feldanbau.
Klöster waren zu der Zeit die Hauptträger der Kultur. Neben Obst- und Gemüseanbau spielte die Anzucht von Heilpflanzen eine große Rolle, denn die Klöster bildeten die einzigen ärztlichen Versorgungszentren des Landes.
Bedeutend ist der frühmittelalterliche Plan eines Klosters mit Gärten und Bauten, der im Kloster St. Gallen (Schweiz) aufbewahrt wird. Er stammt wahrscheinlich von 816, wobei nicht klar ist, ob es sich um ein allgemeines Schema oder einen bestimmten Bauplan handelt. Er zeigt jedoch alle wesentlichen Ausstattungen eines Klosters.
Vier charakteristische Gartenbereiche waren um 900 im Klostergarten von St. Gallen schon vorhanden, wie auf dem folgenden Plan zu sehen ist.

Der mittelalterliche Burggarten

In den Burgen wurde der Garten ein Platz für geselliges Treiben und gesteigerte Lebensfreude, nachdem die befürchtete Apokalypse zur Jahrtausendwende ausgeblieben war. Die Enge und Kälte im Winter steigerten die Freude an Gartenfesten, deren Gesellschaft durch die Kreuzzüge zu Ansehen und gewisser Weltbildung gekommen war. Die Gartenanlagen waren durch die engen Burghöfe begrenzt. Baumgärten und Turnierplätze befanden sich oft etwas weiter von der Burg entfernt. Kleinere Gärten lagen direkt im geborgenen engeren Burgbereich, da die wilde Natur viele Gefahren barg. Sie waren von Hecken oder Flechtzäunen umgeben, an denen gelegentlich Wein, Geißblatt oder Rosen rankten. Das Zentrum bildete oft eine Rasenfläche. Beliebte Pflanzen waren Rosen, Lilien und Veilchen. Als Bäume wurden

Linden und Walnußbäume gesetzt. »Wurzgärten« wurden für die Küche angelegt.

Die Gärten der Gotik

Nach der Romanik, die eher eine künstlerische Ausdrucksform der Aristokratie war, wurde die Gotik zu einer eher bürgerlichen. Die Kulturschwerpunkte verlagerten sich vom Land in die Stadt. Dort legte man zuerst Gärten bei den Wohnsitzen an. Später wurden sie aus Platzmangel vor die Tore der Stadt verlegt und bildeten dort einen gepflegten Grüngürtel. Der Nutzwert dieser Gärten überwog bis zu der Zeit, als sich eine gartenbauliche Produktion gebildet hatte, die die Versorgung der Bevölkerung übernehmen konnte. Lustgärten entwickelten sich. Außerhalb der Städte lagen Wiesenflächen, die als Festplätze oder zum Bogenschießen genutzt worden sind. Bis zu dieser Zeit waren die Gärten eine Aufwartung an Gott, damit er den Bürgern wohlgesinnt sei. Die Gärten symbolisierten das Paradies.
Neben dieser repräsentativen Aufgabe wurden Gartenanlagen zunehmend als Forschungsobjekt gesehen. Eine Entwicklung, die sich durch die Gründung zahlreicher Universitäten ab 1350 in Prag über 1525 in Erfurt und 1530 in Marburg vollzog. 1525 wurde in Erfurt der erste botanische Garten durch Henricus CORDUS gegründet.

Die Gärten der Renaissance

Im frühen 16. Jahrhundert war das Ausmaß der Gartenentwicklung von den unterschiedlich intensiven Handelsbeziehungen und dem daraus resultierenden Reichtum der Städte abhängig. Führend in Deutschland waren Augsburg (Fugger), Frankfurt, Nürnberg, Leipzig, Erfurt, Dresden und Wien. Durch Handelsreisen kamen, besonders nach Süddeutschland, verstärkt italienische Einflüsse über die Alpen. Grotten, Labyrinthe, Brunnen und Wasserspiele waren die Attraktionen der Gärten. Später folgten noch französische und holländische Elemente, die jedoch häufig nicht stilgerecht, wohl aber mit großer Begeisterung wegen ihrer Vielseitigkeit übernommen wurden.
In großen Handelsstädten schuf man prächtige Gartenanlagen, die Patriziergärten. Sie dienten mit reicher Ausstattung der Unterhaltung und der Repräsentation.
Aus dem humanistischen Lebensideal »Bildung und Gelehrsamkeit« leitete sich das Interesse an Pflanzenzüchtungen sowie der Ehrgeiz ab, immer die neuesten Arten und Sorten im Garten zu haben.
Kriege mit Türken und Franzosen brachten einzelnen Fürsten einen steten Machtzuwachs, der sich bis zum Dreißigjährigen Krieg (1618–48) fortsetzte. Südliche Auslandsaufenthalte gehörten bald zur standesgemäßen Erziehung, und die neuen Einflüsse machten die deutschen Höfe zu einem kulturellen Mittelpunkt, der auch die Entwicklung der Gärten beeinflußte.
Die Ansichten des Kupferstechers und Malers Joseph FURTENBACH (1591–1667) bereiteten die Idee eines gesamtheitlichen Gartens, der sich an einer Mittelachse entwickelt, vor. Damit änderte sich der Garten zu einer frühbarocken Form hin. Den Abschluß der Phase der Fürstengärten bildete der Heidelberger Schloßgarten. Er lag in Terrassen eng an einem Hang und wirkte eher unnatürlich.

Der französische Barockgarten

Mit dem Bau der Anlage von Versailles bei Paris durch LE NÔTRE ab 1661 wurde der Stil des Französischen Barock geprägt. Dieser wirkte sich in seinen Merkmalen später in ganz Europa aus:

- eine klassische Abfolge von Schloß, Parterre und Bosketts, die sich an einer langen, im Wald verlaufenden Achse orientieren,
- die Orangerie zum Unterbringen von südlichen (Kübel-)Pflanzen,
- kleine Gartenhäuschen und Pavillons, oft mit flankierenden Kavaliershäusern, die das Haupthaus nachahmten,
- Vasen und Blumen überall im Garten. Sie unterstrichen die leichte und beschwingte Atmosphäre, die der Architektur der Gebäude entsprach.

Einen einheitlichen deutschen Barockstil gab es nicht. An den vielen Höfen wurden zahlreiche verschiedene Anlagen gebaut. Hervorzuheben sind die Gartenanlagen von Nymphenburg in München, Schloß Brühl und Kassel-Wilhelmshöhe, wo

auch starker italienischer Einfluß mitgewirkt hat. Bedeutend, und heute immer noch in voller Schönheit zu bewundern, ist der Große Garten in Hannover.
Dieser Park wurde nach holländischen Vorbildern angelegt, wo ein die gesamte Anlage umfassender Graben (Graft) ein wesentliches Gestaltungselement war. Der Bau wurde von Herzog Ernst August und seiner Gemahlin Sophie unter der Mithilfe des Gartenarchitekten Martin CHARBONNIER im Jahr 1682 begonnen. Bis 1714 wurde an der endgültigen Fertigstellung und Ausstattung gearbeitet.
Im Spätbarock und dem beginnenden Rokoko, im Laufe des 18. Jahrhunderts, verliefen die strengen Formen des Barock immer mehr. Es traten zunehmend individuelle Tendenzen in den Vordergrund. Der Dresdener Zwinger, die Eremitage in Bayreuth, Schloß Sanssouci in Potsdam und Schloß Veitshöchheim sind nur einige Beispiele für diese Zeit.

Der Landschaftsgarten

Nach der »Vergewaltigung des Individuums«, wie der englische Schriftsteller Earl of SHAFTESBURY den französisch-architektonischen Garten nannte, entwickelte sich der Stil hin zu freieren Formen für Wege, Rasen und Wasserflächen. Das Gelände wurde bewegter, und es wurde mehr Wert auf üppige Vegetation gelegt. Der Mensch mit seinen Heckenscheren war nicht mehr der »Alleinherrscher« über die Natur. Ein neues ethisches und ästhetisches Wertgefüge kam auf. »Zurück zur Natur« lautete das Schlagwort der Zeit, welches von dem Franzosen Jean-Jacques ROUSSEAU in seinem »Gesundheitsevangelium« beschrieben und geprägt worden ist. Landschaftliche und romantische Malerei, unter anderem von Caspar David FRIEDRICH (1774–1840) und Philipp Otto RUNGE (1777–1810) vertreten, stellte erstmals seit langem nicht den Menschen und sein technisches bzw. materialistisches Umfeld in den Vordergrund, sondern die subjektiv betrachtete Landschaft mit Motiven wie Sonnenuntergang und Mondschein.
In den Gärten wurde nun eine idealisierte Landschaft gestaltet. Der englische Landschaftsgarten entstand und kam ab 1750 von England, wo Lancelot »Capability« BROWN als bekanntester Gartenplaner der Zeit unter anderem den Park »Stowe Landscape Garden« nördlich von London baute, nach Deutschland und Europa.
In den 60er Jahren des 18. Jahrhunderts wurde der Park in Wörlitz bei Dessau gebaut. Er ist ein frühes Beispiel für den deutschen Landschaftsgarten und wird seit der politischen Wende 1989 wieder restauriert.
Berühmte deutsche Landschaftsgärten sind auch die von Hermann Fürst von PÜCKLER-MUSKAU (1785–1871) in Bad Muskau und in Branitz gestalteten Anlagen.
Weitere bedeutende Gartenplaner der Zeit waren Friedrich Ludwig von SCKELL (1750–1823) (Landschaftsgarten am Schwetzinger Schloß) und Peter Josef LENNÉ (1789–1866), der u. a. die Anlage von Sanssouci umgestaltete.

Der Historismus

Der Historismus beginnt etwa ab 1850. Eklektizismus (Duden: Rückgriff auf Stilmittel früherer Kunstepochen) kennzeichnet diesen Abschnitt, sowohl in der Gartengestaltung wie auch in der der Landhäuser. Die Gärten sollen den gesellschaftlichen Rang und die ästhetische Bildung des Besitzers dokumentieren. Private Bereiche wie Spiel, Sport und Liebhabereien haben repräsentativ zu sein und entsprechen auch dem Vermögen des Betreibenden.

Der Kleingarten

Die Entwicklung der Kleingärten wurde durch den Leipziger Arzt und Pädagogen Daniel SCHREIBER (1801–1861) begründet. Er schuf Spielplätze, die mit Kinderbeeten und Gärten für Erwachsene verbunden waren. Sein Schwiegersohn Dr. HAUSCHILD gründete um 1860 den ersten Verein mit dem Ziel, dem Versorgungsnotstand durch den Anbau von Obst und Gemüse Linderung sowie einen Ausgleich zur täglichen Arbeit für die Familie zu schaffen.

Der Volks- und Stadtpark

Bereits 1824/25, und damit acht Jahre nach dem wohl ersten Volksgarten in Budapest (Varosliget in Pest), schuf LENNÉ den ersten deutschen Volkspark. Es war der Kloster Berge Garten bei Magdeburg. Ansätze zu einer sozialeren Gartenbewegung hatte es schon Jahre zuvor gegeben, wie z. B. in freigegebenen stadtnahen Jagdgehegen. Diese Entwicklung wurde durch den stärker werdenden Einfluß des Bürgertums und einen an Bedeutung verlierenden Absolutismus begünstigt. Die neue Gartenepoche entwickelte sich Mitte des 19. Jahrhunderts auch in den USA. Dort wuchsen die Städte sehr rasch, und es galt, den Bürgern etwas Natur zu ersetzen. So plante Frederic OLMSTEDT den Central Park in New York, der zur Zeit seines Baus allerdings noch am Stadtrand lag. Typische Elemente aus Anlagen der Zeit sind Parkgebäude, Laubengänge, Alleen, ein großes Becken, ein landschaftlicher See mit Inseln, Musikrondell und Spielplätze.
Dieser Entwicklung und damit dem Bau eines Stadtparks in den immer dichter besiedelten Ortschaften konnte sich jedoch auch in Deutschland kaum eine Stadt entziehen.
Der erste hierzulande nach den Prinzipien eines »Grünen Stadtzentrums« entstandene Park war 1865 der Bremer Bürgerpark. Er wurde von Wilhelm BENQUES entworfen. Das Motto des Parks lautete:

> »Für Herr und Gesind, Mann, Weib und Kind, zu Nutz und Freud auf alle Zeit«.

In Deutschland war es Alfred LICHTWARK, ab 1886 Direktor der Hamburger Kunsthalle, der sich nicht nur in Hamburg häufig zu Fragen der Städteplanung, Architektur und Gartengestaltung äußerte. Er war auf kulturellem Gebiet einer der führenden Männer um die Jahrhundertwende und befürwortete, während sich der Jugendstil ausbreitete, die Verbindung von streng geometrischen mit natürlich-landschaftlichen Formen. So ist in Hamburg der Stadtpark entstanden. Damit gab es erstmals in größerem Umfang Grünanlagen für die Bevölkerung und nicht Gärten, die bisher den Wohlhabenden vorbehalten waren.
Mit LICHTWARK setzten sich AVENARIUS und deren gemeinsamer Schüler SCHULTZE-NAUMBURG für eine »neue Raumkunst im Freien« in strengen Formen, besonders in kleinen Gärten, ein.
Mit den Gartenbauausstellungen zu Beginn des 20. Jahrhunderts traten Gärten und Gartenarchitekten mehr ins Bewußtsein der Bevölkerung. Grüne Bereiche wurde in die Städteplanung mit einbezogen, die soziale Funktion wurde herausgestellt. Heute noch namhafte Gartenarchitekten waren Harry MAASS, Leberecht MIGGE, BAUER, BERGFELD, SCHNEIDER und ROSELIUS.
Bis heute gewinnen Kleingärten und private Hausgärten immer mehr Bedeutung und sind das Ziel vieler Bürger. Diesen Traum vom eigenen Grund und Boden zur freien Gestaltung und persönlichen Nutzung wollen und können sich heute mehr Menschen leisten als früher, als nur wenigen ein eigener Garten vorbehalten war. Vorgärten und begrünte Hinterhöfe sind aber auch heute noch für viele die einzige Beziehung zur Natur, so daß öffentlich benutzbare Anlagen unverzichtbar sind und weiter ausgebaut werden müssen.

Die Entwicklung der Hamburger Gärten

Die ersten Anfänge – Apotheker-, Baum- und Klostergärten

Gärten in und um Hamburg lassen sich schon in der ersten Entwicklungszeit des Gemeinwesens nachweisen. Der erste erwähnte Hamburger Garten war Ausgang des 12. Jahrhunderts ein Kräutergarten am östlichen Ende der damaligen Reichenstraße. Er gehörte einem Arzneikrämer. Die ältesten Erb- und Rentebücher aus dem 13. Jahrhundert erwähnen Gärten und Höfe, die innerhalb und außerhalb der Stadt liegen und Hamburgs Bürgern gehörten.
Wo heute die Alsterarkaden stehen, befand sich seit 1430 der Apothekergarten von Caspar de GOTA, der, wie sein Nachfolger Hinrigk von DALEM, schon früh auswärtiges Ideengut nach Hamburg brachte.
Ein Garten zu dieser Zeit war nicht viel mehr als ein Hof, der mit Obst und Gemüse bepflanzt war. Oft war ausdrücklich von Pomarien, Apfelgärten, die Rede. So schenkte der Graf von HOLSTEIN-

STORMARN den Blauen Schwestern, den Beginen, in der Steinstraße gegenüber St. Jakobi den ersten urkundlich erwähnten Baumgarten Hamburgs. Die (Apfel-)Bäumchen bezog man gerne von der Saale, wo die Zisterzienser auf dem Klostergut Borsendorf eine Sorte gezüchtet hatten, die wegen ihrer Heilkräfte, ihres Aussehens und ihres süßsäuerlichen Geschmacks gepriesen wurde. Die Vierlande hatten jährlich den Hamburger und Lübecker Rat damit zu versorgen. Noch heute soll es diese Sorte in leicht veränderter Form in Curslack geben.
»Das einzige Nonnenkloster zu Hamburg wurde um 1250 am Elbstrand nahe der Altonaer Grenze beim Dorfe Hewardeshude gegründet. Eine Sturmflut verschlang das Dorf, und die Zisterzienserinnen sahen sich genötigt, wegen Hochwassers und gelegentlicher Piratenüberfälle ihre Gebäude und Gärten zu verlegen. Mitsamt dem Dorfnamen zogen sie an die Alster, dorthin, wo die Gegend heute noch Harvestehude heißt«, so schreibt Hans LEIP in seiner »Unaufhörlichen Gartenlust«. Auch das Johanniskloster an der Alster hatte einen vornehmlich mit weißen Rosen bepflanzten Garten.
Die Gärten der Altstadt mußten aber allmählich den Kauf- und Brauhäusern, Lagerplätzen und Handwerksbetrieben weichen. Sie wurden vor die Mauern der Stadt verlegt, wo schon 1362 ein Hopfengarten lag und die Stadt 1367 erstmals Miete für Gärten am Schaardamm von den Bürgern verlangte.
In Staphorsts Kirchengeschichte heißt es 1496, daß man in Hamburg »enen lustbarlyken Garden, de dar ys vul Fyolen, Rosen unde Lilien« wohl zu schätzen wisse. Ansonsten wird bis zum Ende des 15. Jahrhunderts über nicht viel mehr berichtet als über Kräuter-, Kohl- und Nutzgärten, die bis zu der Zeit fast ausschließlich vorhanden waren.

Die Renaissancegärten

Einige Bürger wohnten in ihren Gartenhäusern vor der Stadt, obwohl die lange Anreise für den oft recht kurzen Aufenthalt sehr beschwerlich war. Die Obrigkeit in Hamburg sah ihre Bürger auch nicht gern außerhalb des Stadtgebiets, denn dort konnten sie den Verteidigungspflichten nicht nachkommen. Zudem stellten die Häuser einen Unterschlupf und Sichtschutz für Feinde und Angreifer dar.
In einem Prospekt über Hamburg von 1587 (dem Lappenbergschen Programm zur Jubelfeier von 1828 beigegeben) waren längs der Alster, am jetzigen Ballindamm, und in der sich bis zur Elbe erstreckenden Gegend viele kleine Gärten beschrieben. Sie besaßen kleine Blumenbeete und waren zum Teil mit Hecken oder niedrigen Mauern umgeben. Die Mehrzahl der Gärten gehörte zu Wohnhäusern, die im Charakter der Zeit aus Fachwerk mit spitz zulaufenden Giebeln gebaut waren. Oft hatten sie kleine Wetterfahnen oder Verzierungen. Zu dieser Zeit vergrößerte sich Hamburg schnell, und obwohl der Bund der Hanse zerfiel, entwickelte sich der Handel mit einzelnen Städten weiter.
Im Jahre 1567 kamen englische Kaufleute nach Hamburg und wenig später auch Niederländer. Es waren zumeist wohlhabende Familien, die höhere Kultur und feineren Geschmack mitbrachten. Die weitreichenden Handelsverbindungen ließen auch viele Hamburger ins Ausland fahren. Von dort brachten sie neue Eindrücke mit, die auch die Entwicklung der Gärten beeinflußte. Der neue Wohlstand durch die guten Geschäfte im Handel wirkte sich positiv auf die Produktion und die Vielseitigkeit im Gartenbau aus.

Die Barockgärten

Der Dreißigjährige Krieg (1618–1648) verschonte Hamburg und seine Umgebung aufgrund der von dem Holländer Johann van VALKENBORGH gebauten Festungsanlagen vor Zerstörung. Immer mehr Menschen bevölkerten die Stadt. Die Bürger gingen gern auf den noch baumlosen Festungswällen spazieren und erholten sich von der Enge des Stadtlebens.
Um die Mitte des 17. Jahrhunderts gab es im jetzigen St. Georg eine Reihe stattlicher Gartenhäuser, die reichen Städtern gehörten. Im Jahr 1652 entstand hier die »große Allee«, die auf beiden Seiten einer Landstraße vor dem Steintor angenehme, schattige Spaziergänge erlaubte. Sie war der Stolz der Hamburger und für die vielen Fremden eine Sehenswürdigkeit. Das tägliche Promenieren war äußerst beliebt und wurde auch »tour à la mode« genannt. Das Streben der Städte bzw. der Auf-

wand, die fürstlichen Anlagen nachzuahmen, wurde immer kostspieliger. Die französischen und italienischen Gärten kamen in Mode, und auch die schwerfällig wirkenden holländischen Gärten gewannen an Bedeutung.
Einige Städter erwarben jetzt Höfe in den Marschlanden, die von den Bauern nach mehreren Sturmfluten nicht mehr bewirtschaftet werden konnten. Sie bauten sie zu Häusern für ein verlängertes Wochenende um, welches oft bis Dienstag dauerte. Die Gärten hatten häufig lange und dunkle Alleen, geschorene Hecken und verschnörkelte Blumenbeete.
Viele Gärten des frühen Barocks, der in die Zeit von 1660 bis 1735 einzuordnen ist, lagen in Hamm und Billwerder. Noch heute sind Relikte der Zeit in der Straße Billwerder Billdeich zu bewundern. Der Grund für den Bau vieler Gartenanlagen hier war nicht zuletzt die 1692 vor den Toren der Stadt erbaute Kirche für Hamm und Horn. Zu der damaligen Zeit war es nämlich üblich, jeden Sonntag in die Kirche zu gehen. Das war vorher, da die nächste Kirche noch in Hamburg lag, schwer möglich, denn der Weg mit der Kutsche über das schlechte Pflaster war sehr beschwerlich.
Die Zeit des Barock, in der Hamburg etwa 60 000 Einwohner zählte, aber auch schon die ausgehende Renaissance ist durch einen architektonisch-geometrisch angelegten Garten gekennzeichnet. Er diente dem Bürgertum zur repräsentativen Geselligkeit. Haus und Garten waren als Einheit aufeinander bezogen, die einzelnen Gartenanlagen farblich aufeinander abgestimmt. Die Bäume und Sträucher waren streng in Form geschnitten. »Die Natur gibt dem religiös Empfindenden Anlaß zu Betrachtungen über die göttliche Ordnung und Allmacht.« Das »natürliche Leben« der vermögenden Gesellschaft erschöpfte sich meist in Picknicks und Schäferspielen, die den Charakter von Maskeraden trugen und zu denen die gärtnerisch geordnete Natur lediglich die geeignete Bühne abgab, wie das Museum für Hamburgische Geschichte in »Gärten, Landhäuser und Villen des hamburgischen Bürgertums« berichtet.
Um 1740 soll der Garten und das Gartenhaus des reichen Kaufmannes Peter HIS, in dessen Garten auch das Theater Tivoli stand, eine Miniaturnachahmung der Gärten von Versailles gewesen sein. 1745 kam der Prediger MANECKE von Rügen nach Hamburg. Über seinen Besuch im Garten von Kaufmann HARTOG wurde berichtet, daß der Garten an Schönheit, Pracht und Magnificence alle hamburgischen Gärten übertraf.
Schon Dr. VOIGT, Autor von gartengeschichtlichen Texten in Hamburg, schrieb 1870 darüber:

> »Ein sehr prächtiges Palais, mit einer Zugbrücke, stund in demselben mitten in einem sehr großen Karpfenteiche auf hohen steinernen Pfeilern. Hiernächst fand sich daselbst eine Grotte, deren Wände nicht allein mit köstlichen Perlenmuscheln und Mineralien vortrefflich ausgeziert waren, sondern auch mit vielen springenden Fontainen prangeten, so bei der großen Sonnenhitze uns die ausnehmende Erfrischung gaben. Das sich auf diesem Garten befindliche Orangeriehaus sah mehr einer Kirche als einem Hause ähnlich und war mit Zitronen und Apfel de Chine-Bäumen, nebst anderen raren Gewächsen aus Africa und America ganz angefüllt, und ward um derentwillen täglich mit 6 Oefen gehitzet, damit die Früchte möchten reif werden...«

Trotz dieser beschriebenen Pracht mutmaßt VOIGT 1870, daß

> »denn wohl auch freie Bewegung, ungezwungene Geselligkeit und muntere Laune auf den Gärten gefehlt haben. Zu den gezierten Anlagen gehörten eben gezierte Menschen in Puder und Reifrock, paßten eben nur altmodische Unterhaltungen, schwülstige Reimereien und elegische Liebeserklärungen nach den poetischen Vorbildern der Zopfzeit.«

Ein heute noch durch seine Größe und Anlage beeindruckender Barockgarten wurde durch Bendix von AHLEFELDT in Jersbek angelegt. Hier sind die damals beliebten Ausblicke ins vermeintlich Unendliche noch sehr gut erkennbar. In Jersbek wird die Blickachse durch eine vierreihige Lindenallee gebildet.
Die Gärten des Barock verdankten ihre Entstehung der Vorliebe für prächtige Feste. Man wünschte noch nicht, wie am Ende des Jahrhunderts, »als einsamer Naturschwärmer auf sich schlängelnden

Wegen malerische Haine zu durchwandeln«, sondern bevorzugte in einem größeren Freundeskreis eine anregende Umgebung für gesellige Veranstaltungen, für Aufführungen, Konzerte und Mahlzeiten.
Die Anzahl der Gärten vor der Stadt wurde mit »etlichen hundert« beschrieben, wobei deren Vielfalt und unterschiedliche Ausgestaltung beinahe ebenso groß war: Denn jeder versuchte, eine aus dem Rahmen fallende Ausstattung in seinem Garten zu besitzen.
Nach und nach änderte sich die Gartenkunst mit den wechselnden Ansprüchen. Immer mehr Gartenhäuser wurden ganzjährig bezogen und damit auch die Gärten für den täglichen Gebrauch genutzt.

Der Klassizismus und der Landschaftsgarten

Im frühen Klassizismus, etwa 1765–1795, setzte sich die Gartengestaltung nach dem Vorbild des englischen Landschaftsgartens immer mehr durch. Beflügelt durch den Aufruf Jean-Jacques ROUSSEAUS »Zurück zur Natur«, traten freie Formen im Garten auf. Nicht mehr streng geometrisch und prunkhaft, sondern natürlich und ungekünstelt sollten die Anlagen sein. Pavillons und Tempel standen zur Zierde im Garten und luden zum Aufenthalt ein.
Unterstützt wurde die Entwicklung im frühen Klassizismus durch die Literatur. Der Kieler Universitätsprofessor Christian HIRSCHFELD schrieb das zu jener Zeit vollständigste Werk »Theorie der Gartenkunst« über die künstlerische Gestaltung von Gärten. Es verband »wissenschaftliche Gründlichkeit und poetische Darstellungsgabe«.
In diese Zeit gehören Gärten wie die vom Schweizer Kaufmann de CHAPEAUROUGE mit seinen romantischen Bauten und das Landhaus Lawaetz an der Elbe. Ein Garten aus dieser Zeit ist auch der Hirschpark an der Elbchaussee, der heute vielleicht der bemerkenswerteste »englische« Landschaftsgarten in Hamburg ist.
Um 1792 zählte eine sozialstatistische Auswertung 512 Gartenbesitzer in Hamburg. Davon waren die Hälfte Kaufleute. Etwa zwei Prozent der Gärten gehörten Gärtnern.
In der zweiten Hälfte des 18. Jahrhunderts war eine, wenn nicht *die* Blütezeit der Gärten in und um Hamburg.
Im Dezember 1807 wurde eine Steuer für die Zimmer und Häuser, welche von den Hamburger Bürgern auf dem Lande als Sommersitze bewohnt wurden, vom Staat erhoben. Sie richtete sich nach der Anzahl der bewohnbaren Zimmer im Haus. Über 600 Häuser mit über 2700 Zimmern waren damit abgabepflichtig.
Während der Zeit der französischen Belagerung 1813/14 unter Marschall DAVOUT wurden vor dem Dammtor und in Hamm Hunderte von Häusern,

Gärten um Hamburg giebt es sehr viele. Besonders zu bemerken sind:

1) Der Garten des Hrn. De Chapeaurouge in Hamm. Die vortrefliche Anlage, nebst den vielen Abwechselungen so man hier findet, verdienen gesehen zu werden.
2) Der Garten der Frau Bürgermeisterin **Luis** am Hammerbaum ist außer seinen Schönheiten der sehr großen Sammlungen ausländischer Gewächse halber, merkwürdig.
3) Der **Danckertsche** Garten am Hammerbaum ist nicht allein seiner schönen Lage halber, sondern auch der Garten selbst sehenswerth. Zudem liegt das Gartenhaus so vortheilhaft, daß man fast alle schöne Gegenden Hamburgs übersehen kann.

4) Der

4) Der Garten des Herrn **Loffhagen** am Hammerbaum, ist wegen schöner Blumen aller Art, merkwürdig. Schwerlich wird man schönere Hyacinthen, Aurikeln und Nelken finden, als in diesem Garten.
5) Der Garten von Madame **Voght in Hamm**, ist eine der schönsten mit um Hamburg.
6) Des Herrn **Voght** Garten und Landguth zu Flottbeck verdienen gesehen zu werden.
7) Des Herrn **Godeffroy** Cäsar und Peter Landsitz in Dockenhusen, und die vortrefliche Gegend worinn es liegt, übertreffen fast jede Vorstellung, die man sich ungesehn davon macht.

Es würde zu weitläuftig seyn, eine genaue Beschreibung aller, um Hamburg, in Hamm, Horn, Billwärder ꝛc. belegenen Gärten zu geben, deren es auf etliche Hundert giebt. Gegenden und Gärten sind um Hamburg vorzüglich schön, und erstere den Rhein, Dreßdner und Meissener Gegend an die Seite zu setzen.

teilweise mit Lustgärten, aus strategischen Gründen zerstört. Ganze Parkanlagen wurden abgeholzt, auch der Hammer Park.
Nach dem Abzug der Franzosen und Russen beschloß die Bürgerschaft 1819 die Schleifung (= Abriß, Rückbau) der Befestigungsanlagen. Die eingeebneten Wälle wurden zur ersten öffentlichen Grünanlage in Hamburg umgewidmet.
Viele Besitzer großer Gärten zogen aus dem Marschgebiet auf die Geesthügel an der Elbchaussee, um dort die begonnene Besiedelung fortzusetzen.
Die voranschreitende Industrialisierung ließ trotz einiger hervorragender Gärten – eine gehörte z. B. von SIEVEKING in Hamm – kaum neue Vorstadtvillen mit Gärten nach altem Vorbild entstehen.
Im späten Klassizismus (1795–1825) und dem beginnenden Biedermeier ab 1820 setzte sich der Gartenstil der vorherigen Epoche fort. Die Bewohner trennten schärfer zwischen privater und gesellschaftlicher Ebene. Der Garten wurde im familiären Kreis genossen und als Spielplatz für die Kinder genutzt. Das gesellschaftliche Zeremoniell war nicht mehr so streng wie früher. Es wurde aber noch beachtet, um die Stellung zu betonen. Beispiele hierfür sind der »Hammer Hof« und das »Landhaus Hayn«.

Der Botanische Garten

Mit einigen Sammlungen seltener Pflanzen durch reiche Bürger und dem Bau eines kleinen Gartens durch J. FLÜGGE 1810 begann die Entwicklung in Hamburg. Nachdem der erste Botanische Garten von den Franzosen zerstört worden war, übernahm 1821 der als Professor am Akademischen Gymnasium tätige LEHMANN ein 1300 m² großes Stück Land von der Baubehörde. Es lag zwischen dem Dammtor und den Kirchhöfen, wo durch die Schleifung der Befestigungsanlagen größere stadtnahe Flächen frei geworden waren. Er bepflanzte es mit Gehölzen und Stauden aus seinem Garten und legte damit den Grundstein zum Hamburger Botanischen Garten.
1857 wurde der Garten ein Staatsinstitut mit finanziellen Zuwendungen, wodurch der Geldmangel bald beendet war, der vorher durch Pflanzenverkäufe gedeckt werden mußte. Nachdem der Botanische Garten über 100 Jahre eine wichtige Rolle in der Forschung, der Sammlung von Pflanzen und als Publikumsgarten gespielt hatte, wurde bei der Planung der IGA 1973 die Verlegung und damit die Neuanlage eines Botanischen Gartens beschlossen. Der heute »Alte Botanische Garten« ist mittlerweile in der Parkanlage Planten un Blomen aufgegangen. Gründe für die Verlegung lagen auch in den gestiegenen Studentenzahlen sowie an einem gesteigerten Bedarf an Pflanzflächen. Dazu kam eine Verschlechterung der Bedingungen durch Luftverunreinigungen, Bodenmüdigkeit, überalterte Bäume und ungünstige Wasserverhältnisse. So wurde seit 1970 am Neuen Botanischen Garten in Hamburg-Klein-Flottbek geplant und gearbeitet. 1979 ist hier der erste Teil für die Öffentlichkeit freigegeben worden.

Industrialisierung und Wachstum

In der zweiten Hälfte des 19. Jahrhunderts fanden in Hamburg städtebaulich große Umbrüche statt. Durch die Aufhebung der Torsperre schnellte die Bevölkerungszahl von ca. 175 000 im Jahr 1850 auf etwa 700 000 um das Jahr 1900 hoch. Die Menschen brauchten Arbeit, Wohnraum und ein Umfeld zum Leben. Viele Häuser mit Gärten fielen den neuen Ansprüchen zum Opfer. Hafenbecken wurden gebaut, wo vorher noch Barockpaläste der Patrizier oder Arbeiterwohnungen standen.

Die Gartenbauausstellungen

Die erste Gartenbauausstellung fand 1869 im Alten Elbpark in Hamburg statt. Mit ihr begann eine Reihe von Gartenschauen, deren Entwicklung sich 1897 (am Sievekingplatz), 1914, 1935 und nach dem Krieg mit den internationalen Gartenbauausstellungen (IGA) 1953, 1963 und 1973 fortsetzte. Hamburg erwarb sich den Ruf einer Gartenstadt. Durch die Gartenbauausstellungen wurden auch viele Anlagen außerhalb der eigentlichen Ausstellungsflächen neu gestaltet und entwickelt. Dabei ist das Alstervorland, das als Nebenprodukt der IGA 1953 nach fast 70jähriger Diskussion und Planung fertiggestellt wurde, zu erwähnen.
Nachdem 1973 die dritte IGA nacheinander in

An den

Christians Verlag

Kleine Theaterstraße 10

20354 Hamburg

Blick auf das Tivoli und die Rutschbahn (1842).

Planten un Blomen stattgefunden hatte und mit finanziellen Einbußen endete, bewarb sich Hamburg nicht mehr um weitere Gartenschauen. Ersatzmaßnahmen, wie der Ausbau des Harburger Stadtparkes, wurden statt dessen durchgeführt.

Die Lichtwark-Phase und die Stadtparkdiskussion

Zum Ende des 19. Jahrhunderts beschrieb Alfred LICHTWARK, städtebaulich interessierter Direktor der Hamburger Kunsthalle, des öfteren die vergangene und aktuelle Situation der Stadt, ihre Bau-, Lebens- und Gartenkultur.
Er kritisierte 1897 in seinem Buch »Hamburg« die mangelnde Berücksichtigung künstlerischer und repräsentativer Bedürfnisse bei der öffentlichen Gestaltung. Das gesellschaftliche Leben habe nur wenig Spuren im Stadtbild hinterlassen. Erst im 19. Jahrhundert seien öffentliche Parks angelegt worden, von denen aber viele schon um die Jahrhundertwende wieder verschwunden wären.
Lediglich bei der Gestaltung der Wallanlagen und der Umgestaltung der Ufer der Außenalster herrschte der großzügige englische Gartenstil vor. LICHTWARK schrieb es dem Naturgefühl des »niedersächsischen Stammes, der Hamburg bewohnt« zu, daß die Stadt von einem Luftballon aus gesehen so erschien wie ein großer Park mit Häusern darin. Es wäre ». . . ein Wunder, dass die Stadt so schön geblieben ist«. Er fragte aber auch, warum nach Promenaden, einem Stadtpark oder Korso kein Bedarf bestehe, und begründete es

damit, daß »die Vorliebe der Gesellschaft für das Einzelhaus dem öffentlichen Leben seinen Charakter verleiht, man möchte fast sagen: sie löscht es aus«.
LICHTWARK mischte sich später entscheidend in die Diskussion um den Bau eines Stadtparkes in Hamburg ein. Der Bau war durch das starke Bevölkerungswachstum, die steigende Industrialisierung und die damit aufkommenden Zivilisationskrankheiten notwendig geworden. Zusammen mit Fritz SCHUMACHER entwarf er später Pläne und trieb die Entwicklung eines Parkes mit sozialen und gestalterischen Ansprüchen voran.
Neben dem Hamburger Stadtpark entstanden zu Beginn des 20. Jahrhunderts noch weitere Parkanlagen für die Bevölkerung. Darunter der Altonaer Volkspark, der Harburger Stadtpark und der Eichtalpark in den drei damals noch eigenständigen Städten Altona, Harburg und Wandsbek.
In den ersten drei Jahrzehnten des 20. Jahrhunderts kaufte die Stadt zudem zahlreiche private Garten- und Parkanlagen an und rettete sie somit oft vor drohender Parzellierung und Bebauung. Die meisten Anlagen wurden nach dem Kauf recht bald der Öffentlichkeit zugänglich gemacht.

Die Gärten und Parks nach dem Krieg

Nach dem Zweiten Weltkrieg war es zu großen Teilen das Verdienst von Bürgermeister Max BRAUER, daß in Hamburg nicht nur viele Gärten an der Elbe öffentlich zugänglich gemacht worden sind, sondern auch so große Anlagen wie das Alstervorland.
Bei Gartenbauaustellungen, die alle in Planten un Blomen stattfanden, hat sich die große Tradition der Hamburger Gärten fortgesetzt. Besonders das Werk des Gartenarchitekten Karl PLOMIN ist hier herauszustellen. Er hatte schon 1935 als junger Mann die Gartenschau mitgestaltet und war auch 1963 noch aktiv beteiligt. Noch heute sind Teile seiner Anlagen in Planten un Blomen zu sehen. Dazu gehören die Wasserkaskaden und der Irisgarten.
In den 50er und 60er Jahren setzte mit dem Wirtschaftswunder und dem technischen Wandel der Zeit eine weiter verstärkte Landflucht in die Städte ein. Wohnungen und Arbeitplätze mußten hier geschaffen werden, wodurch der Raum für Grünflächen als Ausgleich und Ruhepol zu Häusern, Straßen, Streß und Hektik auch in Hamburg immer geringer wurde. Der Bedarf dafür stieg dagegen ständig. Die Ökologiebewegung seit dem Beginn der 80er Jahre förderte die Entwicklung und Umwandlung in naturnahe Gärten, Rückbau von geraden Betonbecken und extensive Pflege (z. B. nur noch zweimaliger Wiesenschnitt im Jahr auf vielen Hamburger Flächen).
Heute wächst das Bewußtsein, daß Gärten und Parkanlagen mehr sind als Ausgleich zu Beton und Asphalt. Sie sind durchaus schützenswertes Kulturgut mit einer langen Entwicklung, an der sich die Geschichte Hamburgs und zahlreicher Bürger beschreiben läßt. Dennoch fehlen im öffentlichen wie im privaten Bereich Gelder, um Anlagen herzurichten und andere gar nicht erst verfallen zu lassen. Hier gilt es, neue Wege zu suchen und mehr Menschen für die gärtnerischen Belange zu gewinnen, die ja jeder Bürger täglich, wenn auch meist unbewußt, wahrnimmt.
In Hamburg werden jedoch nicht nur einzelne Anlagen als Kunstwerk betrachtet, es werden auch einige zu Grünzügen verbunden. Beispiele dafür sind der Alstergrünzug, das Wandsegrün sowie diverse weitere Alsterquer- und -zuflüsse, die es ermöglichen sollen, daß der Bürger die ganze Stadt im Grünen durchqueren kann.
Parallel dazu sind einige Gärten unter Verwaltung spezieller Institutionen (z. B. Botanischer Garten, Arboreten, Planten un Blomen) oder in privater Hand. Sie können so differenzierteren Ansprüchen gerecht werden. Die Pflege ist meistens intensiver, und es stehen mehr finanzielle Mittel zur Verfügung. Oft gibt es hier mehr und/oder andere Freizeitmöglichkeiten.

Nutzgärten für Hamburg – Vier- und Marschlande, Altes Land, Baumschulgebiet Pinneberg

Hamburg liegt im Zentrum von drei bedeutenden Erwerbsgartenbaugebieten:
Im Nordwesten erstreckt sich das Baumschulgebiet um Pinneberg. Im Süden liegen die Gemüse- und Blumenzuchtflächen der Vier- und Marschlande, und westlich befindet sich eines der bedeutendsten Obstbaumgebiete Europas, das Alte Land.

Die Bedeutung des Gartenbaus um Hamburg wuchs mit der Bevölkerung der Hansestadt. Der Bedarf an Gemüse und Obst, der schon im 15. Jahrhundert aus dem Hamburger Umland (z. B. das Gebiet bei Curslack in den Vierlanden) geliefert wurde, konnte auf den Flächen der ehemaligen Lustgärten vor den Toren Hamburgs kaum noch bewältigt werden. Die Stadt wuchs in dieses Gebiet hinein und verdrängte die gärtnerische Produktion immer weiter nach draußen. Parallel dazu verlief die Entwicklung des Gemüse- und Obstanbaus.
Mit zunehmendem Wohlstand stieg auch die Nachfrage nach Blumen und Zierpflanzen, die häufig in den feudalen Privatgärten – und heute nahezu überall – verwendet wurden.
Alle diese gärtnerischen Produkte wurden von immer mehr Fachkräften und Gärtnern produziert, bewirtschaftet und gepflegt. So wurde Hamburg schon um 1800 neben Erfurt zu einem bedeutenden Zentrum für Gartenbaukultur.
Begünstigt wurden die Hamburger Anbaugebiete jeweils in den letzten Kriegen, als die heimischen Käufer und Verkäufer vom Ausland weitgehend unabhängig sein mußten und ihren Bedarf in der Umgebung deckten.
Heute ist die wirtschaftliche Bedeutung um so größer, wenn man alle Klein-, Hobby- und die professionellen Gärtner berücksichtigt, die Produkte aus der direkten Umgebung verwenden. Dazu kommt der Export ins übrige Deutschland, nach Europa und Übersee. Da heute allein in und um Hamburg mehr als 2,5 Mio. Menschen wohnen und sich ernähren, ist allein hieraus ein immenser Bedarf an frischen Lebensmitteln abzuleiten.

Das Blumen- und Gemüseanbaugebiet der **Vier- und Marschlande** ist topographisch niedrig und flach. Hier herrscht steinloser, fetter, fruchtbarer Kleiboden vor, der durch zahlreiche Gräben entwässert wird. Er eignet sich besonders zum Gartenbau. Die Anbaugebiete liegen hinter schützenden Deichen.
Schon im Mittelalter wurde in den Vier- und Marschlanden Obst und Gemüse produziert. Aus dieser Zeit begründet sich auch der Name Vierlande, der 1556 entstanden ist. Er ergibt sich aus den ursprünglich hier gelegenen vier Dörfern Altengamme, Neuengamme, Curslack und Kirchwerder.

Die Entwicklung der Vierlande als Blumenanbaugebiet setzte um 1689 ein. Schon damals gab es diverse Arten von Schnittblumen in Curslack und Neuengamme zu kaufen. Vier Jahre später wurde über den beginnenden erwerbsmäßigen Anbau von Erdbeeren am Zollenspieker berichtet. Eine solche Entwicklung setzte sich durch beinahe alle Gemüse- und Obstsorten fort.
Durch die große Nachfrage an exotischen Gewächsen seit der Barockzeit wurde es immer beliebter, die Pflanzen direkt vor Ort bei Hamburg zu züchten und zu vermehren. Das geschah in den Vierlanden, dessen heute weltbekannter Name im 19. Jahrhundert hauptsächlich durch Blumenzwiebeln begründet wurde.
Kritisch ist die Entwicklung des stark zunehmenden Gewächshausbaus in neuerer Zeit zu betrachten. Da ausreichende Gesetze zum Bau von Beetverglasungen und Gewächshäusern fehlen, verändert sich die Kulturlandschaft der Vier- und Marschlande ständig. Das könnte dahin führen, daß sich das gesamte Landschaftsbild in eine Glaswüste verwandelt.

Das **Alte Land** wurde im 12. und 13. Jahrhundert durch Deichbauten von holländischen Siedlern trockengelegt. Die »terra vetus«, das Alte Land, ist heute die Bezeichnung für die auf niedersächsischer Seite liegende Marsch, die von Hamburg bis hinter Stade reicht. Seit 1350 wird hier Obstbau betrieben, ab der Mitte des 19. Jahrhunderts fast ausschließlich. Gab es im Jahr 1900 im Dorf Francop noch knapp 20 000 Obstbäume auf einer Fläche von 42 ha, so waren es 1965 etwa 140 000 Bäume auf über 350 ha.
Heute ist das Alte Land nicht nur Obstanbaugebiet, sondern auch ein bedeutendes Ausflugsziel für Besucher aus ganz Norddeutschland. Besonders zur Blütezeit der Obstbäume ab Ende April lohnt sich ein Besuch. Und es gibt noch mehr zu sehen als blühende Bäume:
Zahlreiche alte Bauernhäuser präsentieren sich mit verziertem Fachwerk und Reetdächern. Dazu gibt es viele liebevoll angelegte Gärten. Oft weisen kunstvoll gearbeitete Tore den Weg zu den Grundstücken.
Erwähnenswert im Umkreis von Steinkirchen sind einige Vorgärten mit buchsbaumumrandeten Beeten, die traditionell mit gelbem Sand ausgefüllt sind.

Das im **Baumschulgebiet Pinneberg** herrschende Seeklima, der tiefgründige, lockere, frische Boden sowie die landschaftlichen Bedingungen des Kreises Pinneberg ermöglichten die erfolgreiche Entwicklung des heute größten zusammenhängenden Baumschulgebietes der Welt.

In Hamburg etablierten sich Baumschulen schon um 1640, als die in der Neustadt ansässige Familie Böckmann über mehrere Jahrhunderte die Gärten in und um Hamburg mit Gehölzen belieferte.

Der Schwerpunkt der Baumschulbetriebe verlagerte sich in die Gegend um Pinneberg, weil das Gebiet zwischen Wedel und Altona, wo im 19. Jahrhundert die von Caspar VOGHT 1798 gegründete und von BOOTH betriebene Baumschule lag, zu klein wurde. Es mußten Ausweichmöglichkeiten gesucht werden. Sie lagen bei Rellingen und Halstenbek.

Um 1900 hatte das Gebiet um Pinneberg dort etwa seine heutige Ausdehnung erreicht. Ein Drittel der gesamten deutschen Baumschulfläche lag 1963 im Kreis Pinneberg.

Von diesem Pflanzenproduktionsgebiet um Pinneberg werden heute Bäume, Sträucher und Rosen in weite Teile der Welt geliefert, wo deren Qualität hochgeschätzt wird.

Die Gartenstadt Hamburg

Im Großraum Hamburg gibt es heute zahlreiche besuchenswerte historische und moderne Garten- und Parkanlagen. Es ist erstaunlich, wieviel Unbekanntes und Reizvolles es zu entdecken gibt. Die Anlagen liegen weit verteilt in und um Hamburg und sind von vielen Orten aus auch über eine kurze Entfernung zu erreichen.

In ihrer Entwicklung war die Stadt Hamburg immer eine freie und fortschrittliche Stadt. Auch heute ist sie das noch, und ihre Bürger sind zu jeder Zeit stolz darauf gewesen. Mit diesem Wissen ist es leicht zu erklären, warum Hamburg keine prunkvollen herrschaftlichen Schlösser mit aufwendigen Parkanlagen hat, die in anderen Städten das Bild prägen. Hier war es das wohlhabende Bürgertum, bei dem sich Gärten und Gartenkultur entwickeln konnten. Viele Anlagen gehen darauf zurück. Da selten historische Anlagen bewahrt, sondern lieber abgerissen wurden, und da außerdem der Zweite Weltkrieg und einige schwere Brände die Stadt mehrmals in weiten Teilen vernichteten, ist es nicht verwunderlich, daß es nur wenige alte und guterhaltene Häuser und Gärten gibt.

In Hamburg sind es die weiträumigen Wasserflächen der aufgestauten Alster und der hier schon recht breiten Elbe, die der Stadt zu einer bemerkenswerten Großzügigkeit verhelfen und damit den Garten- und Parkanlagen ein einzigartiges Flair verleihen. Viele Grünanlagen haben zusätzlich Erholungswert. Das Wasser hat Hamburgs Erscheinungsbild über alle Zeit in Wirtschaft und Kultur beeinflußt und als Gartenstadt berühmt gemacht. Hinzu kommen der jahrhundertelange Einfluß wohlhabender Hamburger Kaufleute mit ihren internationalen Kontakten. Dies alles prägt den zurückhaltenden, typisch hanseatischen Stil, der die Parks und die häufig dazugehörenden Landhäuser kennzeichnet.

Ab dem 20. Jahrhundert sind wichtige Stadt- und Bürgerparks hinzugekommen. Sie wurden nicht aus Liebe zum Garten, sondern aus der sozialen Notwendigkeit gebaut und sind heute beliebte, in Hamburg nicht mehr wegzudenkende Anlagen.

Obwohl jedoch viele unterschiedliche Anlagen im Gartenführerteil dieses Buches beschrieben worden sind, die viele Menschen noch nicht kennen, ist die Vielfalt der Gärten spätestens seit dem Zweiten Weltkrieg zurückgegangen. Viele Grünflächen bestehen heute normalerweise aus einer Wiese mit ein paar älteren Bäumen. Das ist in einigen Fällen sehr ansprechend und beabsichtigt, oft fehlt aber Planung und Gestaltung.

In den zahlreichen öffentlichen Anlagen ist, gemessen an der großen Anzahl der Grünflächen, zu wenig Geld für einen aufwendigen Unterhalt vorhanden. Die Kosten für die notwendige Intensivpflege von Staudenanlagen sind um ein Vielfaches höher als z. B. das Mähen einer Rasenfläche. Hinzu kommt, daß für aufwendige Pflanzenanlagen oft sehr spezielle Pflegekenntnisse notwendig sind. Hierfür fehlt häufig Fachpersonal. Viele Gärtner sind »Landschaftsgärtner« oder »Staudengärtner«. Das bedeutet aber nicht, daß sie ein umfassendes Wissen über den Unterhalt und die Pflege von besonderen Anlagen besitzen. Es fehlen die »Pflegegärtner«, die über größere Erfahrung mit Pflanzen verfügen, Pflegemaßnahmen beherrschen, Dünger gezielt einsetzen können und

nicht zuletzt von Gestaltung, Pflanzenverwendung und Ökologie mehr verstehen als der herkömmliche Gärtner. Vielleicht kann sich hier ein dringend benötigter (neuer) Berufszweig entwickeln, denn nur mit der qualifizierten Pflege über die gesamte Dauer eines Gartens hinweg (und nicht nur in der Anwachsphase der Pflanzen) sind viele Gartenthemen umzusetzen und zu erhalten. Nicht zu vergessen ist, daß permanente Pflege ein wichtiger Gestaltungsaspekt ist, der die ursprüngliche Planung durchaus verbessern und verfeinern kann.
Zu bedenken ist auch, daß Besucher, wenn sie etwas Ansprechendes entdecken, es im eigenen Garten nachahmen wollen. Das ist häufig – wie z. B. den Gartenschauen in verschiedenen Städten in Deutschland – zu beobachten. Einzelne Pflanzen werden nachgekauft, leider auch manchmal gestohlen, und einzelne Gartenbilder oder sogar ganze Themen, z. B. »blaues« Beet, Duftgarten, werden nachgebaut. Leider werden auch schlechte Beispiele kopiert.

Organisation und Verwaltung von Grünanlagen

Jedes Gartenamt in Hamburg hat eine oder sogar mehrere »Schmuckanlagen« in seinem Bezirk zu verwalten und zu pflegen. In diese wird mehr Geld investiert als in andere. Dadurch besteht die Möglichkeit, wenigstens einige Anlagen in gehobenem Standard zu halten. Andere Garten- und Parkanlagen müssen dann allerdings mit weniger Aufwand überleben.
Oft kann man aus dem laufenden Pflegeetat kein Geld für Renovierung, Neubau oder Umgestaltung entnehmen. Diese Maßnahmen sind häufig nur durch Neuverschuldung finanzierbar. Zusätzlich müssen die Anlagen, damit sich eine komplette Neu- oder Umgestaltung lohnt, schon recht verwahrlost sein. Daß dieser Weg nicht der richtige sein kann, liegt auf der Hand. Viele Vorschläge zur Verbesserung werden diskutiert: Einführung von Eintrittsgeld für einzelne Anlagen, Privatisierung, Gründung von Stiftungen oder Sponsoren.
In der heutigen Zeit entwickelt sich das Interesse und Verständnis an alten Garten- und Parkanlagen und deren Kultur positiv. Viele Menschen erkennen den kulturellen Wert sowie die Bedeutung der gestalteten Natur als notwendige Lebensqualität an. Die Geschichte der Gärten ist oft untrennbar mit der der Menschen und einem Stadtteil verbunden. Dennoch werden wahrscheinlich immer noch, besonders beim (möglichst schnellen) Aufbau der neuen Bundesländer, aber leider nicht nur dort, viele Anlagen als nicht bedeutend oder als »zu teuer für deren Erhaltung« beurteilt.

Der Wert eines Gartens in der Stadt und auf dem Land

Garten- und Parkanlagen als gestaltetes Bindeglied zwischen Haus und Natur sind angenehm für das Auge und harmonisch. Allein deshalb sind sie einen Besuch wert. Im Laufe ihrer Entwicklung haben Garten- und Parkanlagen für die Menschen jedoch häufig eine unterschiedliche Bedeutung gehabt.
So war der Garten im Barock repräsentativ-geometrisch gestaltet und gab einen Rahmen für Feste, Veranstaltungen und Mahlzeiten. In der Zeit des Landschaftsparks wollte man »auf sich schlängelnden Wegen malerische Landschaften durchwandern« und sich an der Natur erfreuen. Im Biedermeier stellte dann der Garten die nach draußen verlegte Wohnstube dar, die fast ebenso intensiv gepflegt und geschmückt wurde.
Welche Bedeutung hat ein Garten in der heutigen Zeit, welche Aufgaben erfüllt er, und welchen Ansprüchen muß er gerecht werden?
Zu unterscheiden sind die Gärten im städtischen und im ländlichen Raum, für die jeweils eigene Voraussetzungen zugrunde liegen.

Die Gärten und Parks **in der Stadt** schaffen Ausgleichsflächen zu bebauten und versiegelten Gebieten. Die Pflanzen wirken als Luftfilter, indem sie Sauerstoff abgeben, Staubpartikel herausfiltern und binden. Sie halten das Regenwasser fest und führen es dem Boden so schonend zu, daß dieser nicht verschlämmt. Mit der Atmung geben die Pflanzen Wasser ab, was die Luftfeuchtigkeit in der unmittelbaren Umgebung (Mikroklima) positiv beeinflußt. Aber auch in der weiteren Umgebung wird die Reinheit, Temperatur und Feuchtigkeit der Luft positiv beeinflußt (Makroklima). An heißen Tagen ist es im Wald immer kühler als in der Stadt. Auch die Temperatur-

schwankungen sind dort nicht so groß, was wir als sehr angenehm empfinden.
Für zahlreiche Tierarten sind Garten- und Parkpflanzen der einzige Lebensraum. Das gilt sowohl für Insekten wie auch für Säugetiere und Vögel. Viele Tiere sind an unsere Gärten angepaßt und brauchen diese besonderen Nischen zum Überleben.
Die Bedeutung für die Menschen ist jedoch noch weitreichender: Das Parkgrün bildet oft den einzigen Kontakt zur Natur und ist für viele Städter die alleinige Möglichkeit zur Naherholung und Freizeitgestaltung. Dabei geht vom Grün eine positive Wirkung aus, das Laub vermittelt ein Gefühl der Geborgenheit.
Alle Anlagen sind von Menschen geschaffen worden und sind damit wichtige Kulturobjekte. Viele Parks sind allein durch die Raumwirkung von oft Jahrhunderte alten Pflanzen und Bauwerken ein Anziehungspunkt und nicht selten von zu ihrer Zeit hochgeschätzten (Garten-)Künstlern und -Architekten erstellt worden. Damit sind alle Garten- und Parkanlagen Produkte einer bestimmten Zeit. In älteren Anlagen sind die Lebensgefühle und Bedürfnisse aus vergangenen Epochen erkennbar, in den Gärten, die heute angelegt werden, sind viele der heutigen Ansprüche erkennbar.
Heute wie früher sind Gärten eine Begegnungsstätte. Man trifft sich mit Freunden und Bekannten zum Spazierengehen. Schon damals wurden Grünanlagen zur Begegnung verschiedener Stände genutzt und waren ein gesellschaftliches oder geselliges Ereignis. Die aktive Freizeitgestaltung ist in den letzten Jahren immer stärker in den Vordergrund getreten. Sport, wie Ballspiele und Joggen, Drachensteigen, Minigolf, aber auch Grillen und Picknicken sind immer beliebter geworden. Die Leiter der Parks reagieren darauf, indem sie entsprechende Anlagen zur Verfügung stellen.
Möglichkeiten und Aufgaben einer städtischen Gartenanlage liegen heute auch in der Volksbildung. Dabei wird der Schulgarten immer beliebter. Hier kann sich jeder vor Ort informieren.
Da Stadtmenschen sich in ihrer Freizeit häufig mit Dingen beschäftigen wollen, mit denen sie beruflich nichts zu tun haben, brauchen sie einen Ausgleich. Deshalb ist ein Lehrgarten ein wichtiger Platz für Informationen und Anregungen.
Jeder Stadtbewohner kommt in den Genuß öffentlicher Grünanlagen. Um so erschreckender ist es, mit welcher Gleichgültigkeit mit (Straßen-)Bäumen, Rasenflächen (als Hundeklo), Sommerblumenbeeten (als Selbstbedienungsladen) und Gebüschen (als Müllhalde und Trampelpfad) umgegangen wird. Diese Bereiche brauchen wir alle, sie kosten viel Aufwand und Pflege und verdienen unsere Wertschätzung.

Auch **auf dem Lande** sind die Schönheit eines Gartens und der Erholungseffekt wichtig, es gibt aber auch außerhalb des Gartens meistens ausreichend Grünflächen und naturnahe Umgebung. Ebenso ist in ländlichen Bereichen nicht eine so große Distanz zwischen Mensch und Natur festzustellen. Die Liebe zum Gärtnern und sein Nutzwert als Nahrungsproduzent steht im Vordergrund. Ein Ziergarten macht Freude. Die Möglichkeiten, einen Garten anzulegen, sind außerhalb der Stadt günstiger, denn es ist nicht ganz so schwierig, Grundstücke in einer angemessenen Größe zu erwerben.
Neben öffentlichen und privaten Garten- und Parkanlagen gibt es auch auf dem Lande historische und herrschaftliche Anlagen, die den gleichen Kultur- Freizeit-, Bildungs- und Unterhaltungswert wie Anlagen in der Stadt haben. Zudem sind sie Ausflugsziele für Städter. Sie unterliegen aber auch ähnlichen Problemen in der Finanzierung, im Unterhalt und in der Restaurierung.

Die Garten- und Parkbeschreibungen

Die beschriebenen Anlagen sind im Überblick in der aufklappbaren Titelseite zu finden.
Bei der Bewertung der Gärten und Parks ist und bleibt der persönliche Eindruck der jeweiligen Anlage ausschlaggebend. Jeder Besucher wird das Objekt je nach Geschmack, Wissensstand, Empfinden sowie nach den äußeren Einflüssen wie Wetter und Jahreszeit anders bewerten. Ein einmaliger Besuch ist für jeden Beobachter eine Momentaufnahme. Wenige Tage, im Extremfall sogar einige Stunden später, kann ein Garten verändert auf den Besucher wirken. Das unterscheidet ihn von einer berechenbaren Maschine. Die Bewertung nach technischen Kriterien, wie z. B. bei einem Auto nach Hubraum, PS, Energieverbrauch etc., ist für den Garten nicht möglich. So ist es, um beim Beispiel des Autos zu bleiben, eher das Fahrgefühl, die Farbe und das Image, das neben einigen sachlichen Aspekten den Reiz und eine positive Bewertung ausmacht.
Bei einer Umfrage der Fernsehsendung ARD der »Ratgeber Heim und Garten« im Frühjahr 1993 antworteten mehr als ein Drittel der befragten Bundesbürger auf die Frage, woran sie denken, wenn sie an etwas »besonders Schönes« denken: an einen Garten. Dabei hat sich jeder einen anderen Garten vorgestellt. Oder gibt es viel Gemeinsames?
Was gehört zu einem Garten und zu einem Park?
Wie äußert sich heute der Anspruch an eine Anlage?
Was macht den Reiz eines Gartens aus?
Diese Fragen wird jeder anders beantworten, dennoch gibt es Gemeinsamkeiten in Geschmack und im Anreiz, einen Garten zu besuchen. So vermittelt die Bewertung zu jeder Anlage einen persönlichen Eindruck wieder und ist damit nur Anhaltspunkt und Entscheidungshilfe. Jeder wird nach einigen Gartenbesuchen eigene, für ihn wichtige Dinge finden und diese auch in anderen Anlagen suchen. Wenn nicht anders beschrieben, dann sind die Gärten zu jeder Zeit offen und ohne Eintrittsgeld zu betreten.
Da vor dem Besuch eines Gartens oder Parks nicht klar ist, welchen Stellenwert die Anlage besitzt, sind auch solche Gärten kurz beschrieben, die von regionaler Bedeutung sind, die nicht zugänglich sind oder die nicht in jedem Fall eine weitere Anfahrt lohnen. Dennoch haben auch diese Anlagen ihre Reize und sind oft gut gepflegt: Sie sind mit einer Rose bezeichnet und am Ende des Parkführerteils angehängt. So ist ein Nachschlagewerk entstanden, das nicht nur die Top ten der Ausflugsziele beschreibt, sondern auch sagt, was bei anderen fehlt.

Herausragende Anlagen mit erwähnenswerten, einmaligen Merkmalen, hervorragender Pflege und gelungenem Umfeld

Sehr besuchenswerte Anlagen aufgrund von Eigenart, Spezialitäten und Attraktionen

Besuchenswerte Anlagen mit durchaus sehenswerten Merkmalen

Lokal bedeutsame Örtlichkeiten oder eingeschränkt besuchenswerte sowie nicht zugängliche Anlagen.
Das bedeutet nicht, daß man nicht auch hier eine gute Zeit verbringen kann und daß diese Anlagen nicht auch etwas zu bieten haben.
Alle Anlagen mit einer Blume haben keine Bewertung erhalten.

1 Agathenburger Schloßpark

Straße: Hauptstraße (B 73)

Ort: 21684 Agathenburg

PKW: Einige Parkplätze auf dem Grundstück, einige vor der Einfahrt vorhanden

Bahn: Direkte Verbindung nach Hamburg-Neugraben und Stade

Fläche: Ca. 13 ha

Zur Geschichte: Das Schloß Agathenburg wurde 1655 von dem schwedischen Feldherrn Graf von KÖNIGSMARCK erbaut. Es liegt am oberen Rand der Geestkante oberhalb des Elbtales. Der Schloßpark ist erst später, im Laufe des 18. Jahrhunderts, östlich und südlich des Schlosses angelegt worden. Im Gegensatz zu anderen Gartenanlagen der Zeit war der Garten nicht axial zum Schloß ausgerichtet. Ursprünglich ließen sich mehrere Teile unterscheiden:

1. Ein quadratisch gegliederter Baum- und Laubengarten im Bereich der jetzigen Eisenbahnlinie und im dahinter liegenden Marschgebiet. Dieser Teil ist nicht mehr vorhanden.
2. Der Bereich um das Schloß mit symmetrisch angeordneten Wirschaftsgebäuden. Daran anschließend lag die damals lückenlose Lindenallee zur jetzigen B 73.
3. Nordwestlich des Schlosses befand sich ein heckenumschlossener kleiner Garten mit kreuzförmiger, axialer Wegegliederung und einem kleinen Gartenhaus. Drei Fischteiche im Anschluß daran sind heute nicht mehr vorhanden.
4. Der steile Teil hinter dem Schloß war stufenförmig angelegt. Reste der Eichenallee aus der Zeit von 1743 sind noch vorhanden.
5. Ein Begräbnisplatz befand sich im waldigen Gelände dort, wo heute noch eine Grabplatte unter alten Eichen im Gelände liegt.

Im 19. Jahrhundert wurde der Park zum Landschaftspark umgestaltet und danach stark vernachlässigt. Nach einem Brand 1921 mußte er neu gestaltet werden. Zahlreiche Gartenpflanzen, wie chinesischer Wacholder, Rhododendren und rotlaubige Gehölze, wurden gesetzt. 1984, nach dem Tod der letzten Schloßbesitzerin, hat der Landkreis Stade die gesamte Anlage übernommen und für eine öffentliche Nutzung ausgebaut. Der Wuppertaler Gartenarchitekt WÖRNER hat 1985 den Park umgestaltet und restauriert.

Was ist zu sehen? Um das rote Backsteinschloß herum befindet sich ein restaurierter historischer Landschaftspark mit terrassenartigen Wegen auf einem Grundstück am Geestrand.

Durch das Eingangstor gelangt man über eine kopfsteingepflasterte Lindenallee (Alter der Bäume etwa 220 Jahre) zum Schloß. Auf der linken Seite liegen die z. T. noch genutzten bäuerlichen Wirtschaftsgebäude. Rechts vom Weg befindet sich ein umzäunter Garten mit Obstbäumen und Sträuchern. Ein heckenumgebener, geometrisch geschnittener Bauerngarten ist für Besucher zusätzlich angelegt worden und schließt sich unmittelbar an den Obstgarten an. Die Beete sind mit flachen Buchsbaumhecken eingefaßt, die Ecken mit Eiben oder Kugelbuchsbaum betont. Diverse Begleitstauden ergänzen und verlängern die Rosenblütezeit.

Am Schloß vorbei führt eine leicht geschwungene Treppe aus rotem Wesersandstein hinunter auf Höhe eines größeren Teiches. Darin liegt eine malerische kleine Insel, die über eine Holzbrücke erreichbar ist. Von dort schließt sich ein Waldstück mit Spazierwegen im hügeligen Gelände an. Im höhergelegenen Teil des Waldes liegt noch heute ein Wasserlauf, der in den ehemaligen Fischteich mündet. Nach einem der verschiedenen Rundwege gelangt man über diverse kleine Treppen durch das stufig angelegte Gelände auf die mit zwei konisch geschnittenen Eiben geschmückte

Noch heute werden die alten Fachwerkgebäude z. T. traditionell genutzt.

Terrasse des Schlosses. Von hier aus hat man einen herrlich weiten Blick über das Marschland und das Elbtal.
Ein großer Teil des Grundstückes ist von einer bis ca. 1,8 Meter hohen Mauer aus gespaltenen Findlingen umgeben. Viele Pflanzflächen sind mit Schattenstauden und Efeu bepflanzt. Einige Dreiergruppen von Buchsbäumen stehen im Unterholz.
Im Park sind schöne Natursteinarbeiten zu bewundern. Nicht nur die lange Mauer um den Park, sondern auch diverse Treppen und Mauern, z. B. um eine Granitbank am Teich, sind sehenswert und anderenorts nicht häufig bei uns zu sehen. An einem Waldweg liegt eine Grab- oder Gedächtnisplatte für die 1776 einjährig verstorbene Dorothee HOFMEISTER.
Veranstaltungen: Im Schloß sind eine historische Dauerausstellung sowie wechselnde Ausstellungen zu besichtigen.
Öffnungszeiten Schloß: Di.–Sa. von 14.00 – 18.00, So. von 10.00–18.00.
Gastronomie: Auf der Straßenseite gegenüber liegen ein Imbiß und das Restaurant »Hohmann«.
Behinderte: Ein PKW-Stellplatz ist vorhanden. Der Park ist ohne Hilfe nur im ebenen Geländeteil um das Schloß zugänglich. Im unteren Bereich liegen Treppen und steile Wegstücke, die eine Benutzung mit Rollstühlen sehr schwierig machen.
Bewertung: Im Landschaftspark sind eindruckvolle Pflanzungen, Steinarbeiten und gartenarchitektonische Raumgestaltungen zu sehen. In das Flair des alten Gartens wurde behutsam eingegriffen. Die Mischung aus Neu und Alt ist dabei hervorragend gelungen. Der Blick über die Elbe vom Geesthügel des Schlosses ist einzigartig. Leider sind die Pflanzungen nicht mit der erforderlichen Sorgfalt gepflegt.

Zwei Reihen mit fast schloßhohen Linden begrenzen seitlich den Wassergraben.

Zwei steinerne Löwen bewachen den Eingang zum Schloß.

Weg an der Außenalster

Arboretum Baumpark Ellerhoop Thiensen

Schloß Agathenburg ▷

◁ Blick auf das Gutshaus in Seestermühe

Ahrensburger Schloß ▷▷

Arboretum Baumpark Ellerhoop Thiensen

Hachmanns Rhododendronschaugarten

Daliengarten im Altonaer Volkspark

Zitronenfalter beim Nektarsaugen

Arboretum Marienhof ▷

Ahrensburger Schloßpark 2

Straße: Lübecker Straße

Ort: 22926 Ahrensburg

Bus: 169, 569, bis Marktstraße

PKW: Ein kleiner Parkplatz liegt an der Lübecker Straße, hier ist auch Platz für 3 Busse

S-Bahn: S 4, bis Ahrensburg

U-Bahn: U 1, bis Ahrensburg West

Öffnungszeiten: Schloß, Museum: täglich außer Montag 10.00–12.30 und 13.30–17.00 von April bis September, 13.30–16.00 im Februar, März, Oktober, 13.30–15.00 von November bis Januar

Zur Geschichte: 1595 ließ Peter RANTZAU Schloß Ahrensburg als Wasserburg erbauen. Er verwendete dabei als einer von wenigen zu dieser Zeit den Stil der Renaissance, indem er zwar die Form der drei Parallelhäuser beibehielt, aber in den behelmten Edeltürmen und in den Schweifgiebeln dekorative Motive bevorzugte. 1762 wurde dem Architekten HORN die Planung für den Bau des Schlosses übertragen. 1765 wurden die beiden Löwen, gefertigt von Ludwig von LÜCKE, an der Eingangstreppe aufgestellt.

Die Planung des Gartens fällt in die Übergangszeit zwischen dem strengen Gartenstil, wie er in Jersbek zu sehen ist, und dem freien englischen Stil. HORN plante 1766 einen Garten im straffen holländisch-französischen Stil.

Was ist zu sehen? Das Ahrensburger Schloß, in den 60er Jahren oft Kulisse für Edgar-Wallace-Filme, stellt heute den Höhepunkt der Renaissancebaukunst in Schleswig-Holstein dar. Es liegt auf einer Insel in einem Wassergraben und ist über Brücken zu erreichen. Hier, wo die »Bünningstedter Au« umgeleitet und teilweise verbreitert wurde, blühen im Sommer zahlreiche Seerosen. Auf die Schloßinsel leiten weite Rasenflächen repräsentativ hin. Direkt um das Schloß befindet sich ein weiterer, kleinerer Graben. Leicht bewegtes Gelände gestaltet den landschaftlich angelegten hinteren Teil. Hier stehen auf einer Wiese herrliche Baumsolitäre. Ein kleines Wegenetz und Bänke zum Aufenthalt sind vorhanden.

Besondere Bäume: Auf der Insel hinter dem Schloß steht eine schmalblättrige Buche (Fagus sylv. »Asplenifolia«). Weite Schleppen reichen bis zum Boden. Wer bis zum Stamm herangeht, fühlt sich wie unter einem angenehm kühlen Gewölbe. Lindenreihen stehen links und rechts vom Schloß und bilden praktisch einen Rahmen für den Betrachter aus der Ferne.

Auch hinter der Schloßinsel stehen diverse alte Linden, deren Höhlungen von zahlreichen Vögeln als Brutplatz genutzt werden.

Veranstaltungen: Das Museum im Schloß zeigt Porzellan, Möbel, Gemälde und Kunsthandwerk aus der Zeit des 18. Jahrhunderts.

Behinderte: können die Anlage gut auf Rollstühlen erkunden.

Bewertung: Der Ahrensburger Schloßpark ist heute ein grüner Rahmen um das prächtige weiße Schloß mit seinem Museum. Die Gesamtanlage ist so bekannt, daß ein Besuch nicht versäumt werden sollte. Viele tausend Touristen bestätigen das jedes Jahr. Der Besuch des Schloßparks allein lohnt sich eher für Liebhaber.

3 Alstervorland

Straße: Harvestehuder Weg bis Krugkoppelbrücke

Ort: Hamburg-Harvestehude, Pöseldorf

PKW: Meistens übervoller Parkplatz in der Fährstraße

U-Bahn: U 1, bis Klosterstern, Hallerstraße

S-Bahn: S 11, S 21, bis Dammtor

Alsterschiff: ab Fährhaus, Krugkoppelbrücke, Alte Rabenstraße. Eine Fahrt ist bis zum Jungfernstieg und zum Stadtpark möglich

Fläche: 14,6 ha

Zur Geschichte: Die Wiesen an der Außenalster wurden im 18. Jahrhundert als Nutzgarten des Klosters in Harvestehude genutzt. Später waren sie Weideland der Sommerhäuser, denn als feuchte Marschwiesen durften sie nicht bebaut werden. Nur Büsche waren erlaubt. Schon 1855 sah LINDLEY Häuser an einer Uferstraße vor. Seit 1866 wurde dann der Bereich am Pöseldorfer Hang bebaut, und der Ort Pöseldorf entstand. Der Name soll vom »Herumpöseln«, einem mehr unproduktiven Arbeiten einiger (Haus-)Angestellter aus dem Gebiet stammen. Franz Andreas MEYER, der Erbauer der Speicherstadt, sah auf dem heutigen Parkgelände Grünflächen vor, um den Reiz Hamburgs nicht zu zerstören. So begann spätestens um 1880 eine Diskussion um das sehr begehrte und repräsentative Stück Hamburg. LICHTWARK verlangte 1910 den »Künstler im Ingenieur«, um nicht zu viele Chancen zu vergeben.

An der Alster zog nicht jene Üppigkeit ein, die sich an der Elbe im 19. Jahrhundert ausgebreitet hatte. Die Grundstücke blieben verhältnismäßig klein. Nirgends dehnten sich Gärten zu Parks. Auch ist nichts über Gartenliebhaber bekannt. Dennoch war um die Jahrhundertwende jedem klar, daß hier der Wohlstand der Stadt zu finden war. Besonders die Bäume, die teilweise aus der ursprünglichen Landschaft übernommen wurden, begrünten das Gebiet am Harvestehuder Weg. Darunter lagen oft weite Rasenflächen. Nachdem die meisten Besitzer ihre Häuser nicht mehr halten konnten, zogen immer mehr Firmen, später Konsulate und Botschaften, in die alten Villen ein. 1944 forderte KALLMORGEN, den Park für eine Alsteraufweitung zu opfern und das dahinter liegende Pöseldorf mit einem Buchenwald zu begrünen. Bei Kriegsende lagen ca. 50 % des Geländes in staatlicher Hand, nachdem viele jüdische Besitzer vorher enteignet worden waren.

Nach dem Krieg ist es dem Engagement von Bürgermeister Max BRAUER zu verdanken, daß der Park nicht bebaut wurde. Er wollte ihn als »Hebel des Wiederaufbaus« nutzen und für die geplante IGA 1953 als Nebenfläche herrichten lassen. So sind die weiten, z. T. verwilderten privaten Vorgärten für die Öffentlichkeit nutzbar gemacht worden. Gartenarchitekt LÜTTGE (1909–1968) plante die Anlage und den Rahmen der 1953 stattfindenden Skulpturenausstellung. Mit den gemauerten kleinen Sitzbänken und Mauern am Harvestehuder Weg auf Höhe des Fährhauses sind heute noch Reste der Anlagen zu sehen.

Die baumbestandene Straße Harvestehuder Weg wurde in die Planung mit einbezogen, was den recht schmalen Park optisch etwas erweitert. Eröffnet wurde der Park am 30. April 1953 nach nahezu 70jähriger Planungsvorgeschichte.

Was ist zu sehen? Der Alsterpark begleitet die 180 ha große Außenalster von der Alten Rabenstraße bis zur Krugkoppelbrücke auf einer Länge von ca. 2 km. Die weiten baumbestandenen Rasenflächen liegen nur wenig über dem Niveau der Alster. Diverse Stich- und Rundwege mit Bänken durchziehen den Park und bieten allen Besu-

Im Frühling sind die Alsterwiesen mit Krokussen übersät.

»Die Stehende« aus Bronze schmückt einen der vielen Spazierwege in der Nähe des Harvestehuder Wegs.

chern die Möglichkeit des »Lustwandelns«. Man flaniert hier in der gepflegten Atmosphäre der angrenzenden Villen und genießt die Weite und Großzügigkeit der fast 1 km breiten Außenalster. Das ist es, was diese Anlage so einzigartig macht. Der Dichter Friedrich von HAGEDORN sagte einmal: »Die Alster lehrt gesellig sein . . .«

Ausgefallen an der Lage des Promenadenweges ist, daß er nicht direkt am Wasser verläuft, wie dies sonst meistens der Fall ist. Hier verläuft zwar auch ein mittlerweile sogar sehr breiter Weg, die eigentliche gerade Promenade verläuft jedoch am Harvestehuder Weg. Architektonisch ist der Park in zwei Bereiche geteilt. Der eine zeigt streng architektonische Mauern und Wege, der andere wird durch Wiesen und Bäume geprägt.

Ruder- und Tretboote können an mehreren Stellen ausgeliehen werden. Möglich ist es auch, die gesamte Außenalster zu Fuß zu umrunden.

Besondere Pflanzen: Im März blühen weite, bunte Krokuswiesen im Bereich Fährhausstraße. Im April/Mai blühen außer Narzissen über 200 japanische Kirschbäume und ergänzen die Farbpalette um zartes Rosa. Sie wurden 1968 als Spende vom japanischen Konsul gepflanzt, der hier jeden Tag hindurchging. Viele sind mittlerweile gefällt worden.

Zwischen Fährhaus und Krugkoppel lassen 5 im Kreis gepflanzte Säulenpappeln bei einem Blick in die Höhe einen neuen Raumeindruck entstehen.

Besondere Bauten: Drei japanische Granitlaternen stehen beim kleinen Alsterteich beim Fährhaus. Dort findet man auch die Bronzestatue zweier Kinder beim Drachensteigenlassen. »Orpheus und Eurydike« sind in Bronze am Alsterweg zu bewundern. Die »große Stehende« an der Promenade ist aus Bronze gearbeitet, »die Knieende« aus Granit und Bronze. Der »Sturmwächter« stammt von RITTHOFF-LIENAU: ein Kopf auf einem Baumstupf am Ufer.

Gastronomie: Café und Restaurant »Fährhaus«. Vom Fähranleger beim Café »Fährhaus« fahren die weißen Alsterdampfer Richtung Jungfernstieg.

Toiletten: befinden sich an der Krugkoppelbrücke.

Kinder: Ein Spielplatz ist kurz vor der Krugkoppelbrücke gelegen. Ausstattung: kleine Sandkiste und Wackeltiere.

Bewertung: Der Alsterpark ist Hamburg! Die Außenalster vermittelt mit ihrer hell reflektierenden Wasserfläche eine beinahe südliche Ausstrahlung. Doch wenn bei tiefblauem Himmel die weißgetünchten Häuser in der Ferne leuchten, die Segel einiger hundert Boote Ton in Ton mit den spielenden Möwen um die Wette strahlen und mit den gelbgrünen Weidentrieben, den tiefgrünen Rasenflächen sowie dem rötlichen Wegebelag einen weichen Farbkontrast bilden, dann ist hier Hamburg unverwechselbar!

Alter Elbpark 4

Straße: Millerntordamm, Helgoländer Allee, Am Elbpark

Ort: Hamburg-St. Pauli

PKW: Einige Parkplätze an der Straße vorhanden

Bus: 36, 37, 112, bis St. Pauli

U-Bahn: U 3, bis St. Pauli

Fläche: 3,64 ha

Zur Geschichte: Im Alten Elbpark fand 1869 die erste internationale Gartenbauausstellung (IGA) von Hamburg statt. Sie verband ein 16 ha großes Gelände, welches vom Millerntor bis zum Hafentor reichte. Später, zwischen 1894 und 1898, wurde der hier verlaufende Stadtgraben zugeschüttet. Von 1903 bis 1906 wurde das heute noch stehende und weithin sichtbare Bismarckdenkmal errichtet. Es erinnert an den ersten Reichskanzler des deutschen Reiches, Fürst Otto von BISMARCK (1815–1898). Das Denkmal ähnelt in seiner Form den mittelalterlichen Rolandstandbildern. Damit wird der Schutz des Reiches für Hamburgs Seefahrt und Handel sowie der imperiale Anspruch von Hamburg als »Tor zur Welt« symbolisiert. Ausführende des Baus waren der Architekt Emil SCHAUDT und der Bildhauer Hugo LEDERER.

Was ist zu sehen? Den Alten Elbpark beherrscht heute das Bismarckdenkmal, das, am höchsten Punkt stehend, weithin sichtbar ist. Die teilweise recht steilen Böschungen sind mit Wiesen, Sträuchern und Bäumen bedeckt. Die Anlage müßte gründlich gepflegt und durchforstet werden, damit die Verbindung von der Reeperbahn zu den Landungsbrücken etwas attraktiver wird.

Alter Elbpark am Bismarckdenkmal.

Sehen und gesehen werden: ein »Promenierpfad« an der Außenalster.

Der kunstvolle Buchsbaumgarten von Th. Sumfleth vor einem landschaftstypischen Backsteinhaus mit historischer Tür.

Buchsbaumgärten bei Steinkirchen

Altes Land 5

PKW: Das Alte Land umfaßt den Landstrich, der sich von Finkenwerder bis Stade in ost-westlicher Richtung bzw. von der Elbe bis Buxtehude in nordsüdlicher Richtung erstreckt.

Es wird von der B73 erschlossen, die von Harburg nach Stade führt. Autobahnabfahrt A7: Waltershof, Richtung Finkewerder, Cranz, Jork, den Hauptdeich entlang.

Was ist zu sehen? Im Obstanbaugebiet Altes Land sind von Ende April bis Ende Mai Hunderttausende blühender Obstbäume zu erleben, die die Landschaft in einen weißen Blütenteppich verwandeln. Die am meisten gepflanzten Obstsorten sind Äpfel und Kirschen. Zahlreiche alte Bauernhäuser, zum Teil kunstvoll verziert, mit ortstypischen Vorgärten an den Straßen, sind im Vorbeifahren, bei einer Radtour oder bei einem Spaziergang zu sehen. Die Elbe ist durch große, begehbare Deichbauten abgegrenzt. Vom Deich hat man einen herrlichen Blick auf die Elbe und das gegenüberliegende Blankenese.

Typisch für die Gegend sind einige Buchsbaumgärten, die heute in und um Steinkirchen, in Huttfleth und ehemals im ganzen Alten Land nach historischem Vorbild angelegt worden sind. Die flach geschnittenen Buchsbaumhecken und Ornamente waren ursprünglich mit gelbem Sand ausgefüllt. Er wird in Gruben der nahen Geest gewonnen. Die kräftige gelbe Farbe stammt wahrscheinlich vom Eisengehalt. Früher wurden sogar die gepflasterten Höfe zu Hochzeiten und Familienfeiern mit dem Sand abgestreut.

Mehr hat der Gartenarchitekt Theis SUMFLETH an der Straße Bergfried 16a in Guderhandviertel bei Steinkirchen aus seinem Vorgarten gemacht. Bei der Neuanlage 1988 verband er traditionelle Buchsbaumhecken mit abwechslungsreichen blühenden Pflanzen. So hat er vor seinem im Jahr 1907 gebauten Backsteinhaus einen liebevoll gestalteten, geometrischen Buchsbaumgarten mit weißen Narzissen, Tulpen, Rosenhochstämmchen und zahlreichen Pflanzen angelegt, die vom Frühjahr bis zum Herbst blühen. Sehenswert ist der Garten nicht nur während der Blüte der Obstbäume, wenn hier Tulpen und Frühlingsblumen blühen.

Gastronomie: Zahlreiche Ausflugslokale stehen im Alten Land zum Essen und Kaffeetrinken zur Verfügung.

Bewertung: Das Alte Land ist vom Frühjahr bis zum Herbst immer einen Besuch wert. Millionen von Obstbäumen und die alten Bauernhäuser garantieren eine einmalige Atmosphäre hinter dem Deich.

In Verbindung mit einer Besichtigung der Parkanlagen bei Kamclien-Fischer in der Wingst, den Wallanlagen in Stade und Agathenburg bietet sich ein Besuch im Obstanbaugebiet Altes Land an.

Blindenwanderpfad, Dahliengarten, Elisabethgehölz, Schulgarten, Volkspark

6 Altonaer Volkspark

Straße: Luruper Chaussee, Hellgrundweg, Stadionstraße, August-Kirch-Straße, Am Volkspark

Ort: Hamburg-Lurup, Bahrenfeld, Stellingen

PKW: Zahlreiche Parkplätze in der Umgebung

BUS: 39, 111, 180, 186, 188, diverse Stationen

S-Bahn: S 3, S 21, bis Eidelstedt, Stellingen

Fläche: Das Gesamtareal beträgt etwa 350 ha. Davon sind 145 ha jedoch nur beschränkt öffentlich nutzbar. Auf diesem Gelände liegen die Trabrennbahn Bahrenfeld, der Friedhof Altona, ein Schießplatz, Kleingärten, eine Schule, Desy-Parzellen sowie einige Einfamilienhausgrundstücke

Zur Geschichte: Altona war in den 20er Jahren unseres Jahrhunderts mit 88 Einwohnern pro ha nach Breslau (113 EW/ha) die am dichtesten besiedelte Stadt in Deutschland. Dennoch besaß die Stadt den Ruf einer Garten- und Parkstadt. Gründe hierfür sind in der Grundstückspolitik zu sehen: Seit 1889 kauften die zuständigen Behörden diverse Grundstücke ohne direkte Nutzungsabsichten. Viele Flächen wurden erst einmal aufgeforstet. So ist auch der größte Teil des Volksparkes nach und nach zusammengekauft worden. Vorbesitzer großer Teile des Parkes war Konsul GAYEN, der seinen selbstgepflanzten Wald nicht nutzte, sondern einfach wachsen ließ. Nicht sicher ist, ob die Bürgermeister bei Beginn der Grundstückskäufe schon an den Bau eines Stadtparkes gedacht haben.
Schon 1895 wurde ein Komitee zur Förderung der Idee der Einrichtung eines Volksparkes in Altona gegründet. Initiator war G. NECKER, ein pensionierter Postschaffner. 1912 wurden von Kaiser Wilhelm II. Enteignungsrechte an die Stadt verliehen, damit Parzellen übernommen werden konnten, über die man sich nicht preislich einigen konnte. Im Februar 1913 beschlossen die städtischen Kollegien einstimmig, dem Kaiser zum 25. Regierungsjubiläum einen Volkspark einzurichten. Baubeginn sollte jedoch erst nach dem Stadtjubiläum und der aus diesem Grunde veranstalteten Gartenbauausstellung an der Elbe im Jahre 1914 sein. Förderer der Volksparkidee waren der Oberbürgermeister SCHNAKKENBURG und Senator SYLVESTER.
Auf eine neu eingerichtete Stelle des Gartenbaudirektors in Altona wurde im April 1913 Ferdinand TUTENBERG berufen. Später wurde er wegen seiner Verdienste zum »Königlichen Gartenbaudirektor« ernannt. Im September 1914 begannen die Arbeiten mit dem Freischlagen der großen Spielwiese. Dabei wurden 1000 Arbeitskräfte angestellt, die durch den Beginn des Krieges erwerbslos geworden waren. Die Wiese wurde mit 200 Linden umpflanzt, die heute noch stehen. Gebaut worden ist nach Plänen TUTENBERGS, die er 1916 überarbeitete. Zusätzlich wurde er mit der Planung eines Zentralfriedhofes beauftragt, der alle Gräberarten enthalten sollte.
Nach Kriegsende wurde erneut mit 1000 Arbeitern nach den neuen Plänen weitergearbeitet. Es entstanden ein Zentralschulgarten mit Gartenbaulehrstätte, Musterkleingärten, ein Arboretum, ein Dahlienversuchsfeld, Hoch- und Niedermoor, ein Alpinum, eine Obstbauanlage etc.
1920 wurde das niedersächsische Bauernhaus von der Gartenbauausstellung 1914 an der Elbe abgebaut und im Volkspark am heutigen Standort des

Restaurants wieder aufgebaut. Im selben Jahr begann die Planung für ein Sportgelände an der jetzigen Stadionstraße.

1923 wurde ein 35 ha großer Teil des Friedhofes eingeweiht. 1925 ist eine große Sportanlage mit Stadion (50 000 Plätze), Licht-, Luftbad, Fußballplatz etc. eröffnet worden. Das Schwimmbad wurde 1927 in Betrieb genommen. Es konnte mit Grundwasser gespeist werden und benötigte keine Abdichtung, denn langjährige Wasseruntersuchungen von TUTENBERG hatten ergeben, daß es sich um reines Quellwasser handelte.

In den Jahren 1930 bis 1932 entstand ein neuer Dahliengarten mit 40 000 Schaupflanzen an der Luruper Chaussee.

Mit den Nationalsozialisten geriet TUTENBERG in Konflikt. Schließlich wurde er suspendiert. Brunnen wurden gebohrt und weite Teile des Waldes sowie das Schwimmbad fielen trocken. Nach dem Zweiten Weltkrieg wurde viel Wald als Brennholz geschlagen und ab 1949 sogar Schutt im Bornmoor abgeladen, so daß das letzte Feuchtgebiet wegfiel. Ab 1950 begann ein zaghafter Wiederaufbau des Parks. Die Autobahntrasse entstand ab 1968 an der Ostseite. Für das Gelände eines Autobahnzubringers sollte der Volkspark verkleinert und das Trabrennbahngelände verschoben werden. Eine Bürgerinitiative bildete sich, und statt der geplanten Abholzung von 8000 bis 10 000 Bäumen sind nur 400 geschlagen worden.

Was ist zu sehen? Im Erscheinungsbild des Altonaer Volksparkes dominiert der Wald. Charakteristisch sind die etwas hügeligen bewaldeten Partien. Die Gründe sind in der früheren Nutzung zu sehen, in der Sand- und Kiesabbau sowie Trümmeraufffüllungen stattgefunden haben.

Einige intensiv gepflegte Gartenteile, eine große Festwiese, ein Heckentheater und viele Sondernutzungen machen den Volkspark jedoch sehr viel attraktiver als einen »Nur«-Wald.

Von August bis zum ersten stärkeren Frost bildet der **Dahliengarten** ein buntes Meer aus ca. 15 000 Dahlien, die durch Sommerblumen ergänzt werden. Die Anlage ist in ihrer Art und Größe so einzigartig, daß Besucher von weither zusammenkommen. Alle Arten und Sorten sind mit Namensschildern versehen, so daß man auch für den eigenen Garten Sorten auswählen kann. Ein einmaliger Garten für Freunde von grellen und bunten Farben in einer hervorragend gepflegten Anlage.

Vom Parkplatz beim Restaurant führt ein schmaler Rhododendronweg, begleitet von einer Douglasienallee, auf den **Schulgarten** zu. Der lange Pfad führt durch den gesamten Gartenteil und wird im weiteren Verlauf von Stauden- und Sommerblumenbeeten begleitet. Die Beete sind von einer Buchenhecke begrenzt, einige Blutpflaumen bilden ein Gehölzgerüst. Zur Pfingstrosenblüte Anfang Juni ist es hier besonders schön. Die Staudenblüte dauert den ganzen Sommer über an.

Links des Weges liegt der Schulgarten, ein weiterer, sehr intensiv gepflegter, formal angelegter Staudengarten. Einige Blütengehölze bilden ein Leitgerüst durch die mit zahlreichen Wegen erschlossene Anlage. Wünschenswert wären Namensschilder bei einigen Pflanzen und Informationstafeln über bestimmte Beete.

Rechts des Weges gelangt man zu einem ruhigeren Gartenteil mit einem Ententeich und einem kleinen Heidegarten.

Auf dieser Seite liegt auch der **Schleswig-Holstein-Garten**. Hier ist der Grundriß des Bundeslandes durch Hecken und Rasenflächen dargestellt. Städte sind durch Findlinge mit ihrem Wappen markiert.

Eine Alternative zu den übrigen Blindengärten ist der **Blindenwanderpfad** im Altonaer Volkspark. Der Beginn eines längeren Rundweges mitten im Wald liegt beim Eingang des Dahliengartens. Dort, gegenüber dem Friedhofseingang, sind auch diverse Parkplätze vorhanden. Die Wegeführung ist durch eine etwa 20 cm über dem Boden liegende Metallbande gegeben. Bei den Wegekreuzungen und Abzweigungen sind die Kurven des Pfades mit Klinker- und Pflastersteinen tastbar gemacht. Sehenswürdigkeiten sind durch Betonplattenstreifen, die auch quer zum Weg verlaufen, erkennbar gemacht worden. Diverse Bäume sind mit Braille- und Schwarzschrift beschrieben. Bänke sind ebenfalls aufgestellt und kenntlich gemacht.

Als weiteres Freizeitangebot befindet sich eine Minigolfanlage am Restaurant. Hier kann auch Pit-Pat, eine Art Billard-Minigolf, gespielt werden. Über der Anlage liegt eine heckenbegrenzte Freilichtbühne mit Rasensitzstufen. Ein »Vita-Parcours« (Trimm-dich-Pfad) beginnt ebenfalls hier.

Am Rande des Volksparks steht das Volksparkstadion, mit etwa 60 000 Plätzen das größte Stadion Hamburgs. Hier finden überwiegend Fußballspiele des Hamburger Sport Vereins und Großkonzerte statt.

Tip: Vogelkundliche Wanderungen des Deutschen Bundes für Vogelschutz finden ab Anfang April jeweils Donnerstags um 18.00 Uhr statt. Treffpunkt ist der Haupteingang in der Stadionstraße.

Besondere Bäume: Ein näheres Hinsehen lohnt sich auf die Wuchsform einer Birke, die links von der Hauptachse des Schulgartens am Wegrand steht. Neben einem Hauptstamm sind hier zwei Nebenstämme ausgebildet, die zuerst rund nach unten gewachsen sind, bevor sie sich aufgerichtet haben.

Gastronomie: Bei der Freilichtbühne und der Minigolfanlage liegt im Bauernhaus das Restaurant »Dubrovnik«. Viele Plätze sind auch draußen gelegen. In der Straße Hellgrundweg befindet sich ein Imbiß.

Eis gibt es beim Minigolfplatz.

Toiletten: sind über die Anlage verteilt, siehe Übersichtsplan.

Kinder: Attraktive Spielplätze sind ebenfalls über den Park verteilt. Allesamt im Wald auf Lichtungen gelegen, sind sie sehr großräumig errichtet. Eine Spiellandschaft liegt im Wald auf der anderen Straßenseite des Restaurants »Dubrovnik«. Die Ausstattung besteht aus viel Sand, Drehscheibe, Hütten, Wippe, Rutschen, Schaukeln, Tischtennisplatten, Wackeltieren und Planschbecken. Für die Eltern sind viele Bänke aufgestellt, einige Plätze sind überdacht in einem Haus vorhanden.

Ein weiterer Spielplatz befindet sich auf der großen Liegewiese.

Bewertung: Der Volkspark ist ein Park für moderne Freizeitansprüche aller Bevölkerungsschichten. Herrliche und außergewöhnliche Gartenanlagen verbinden sich mit einem kleinen Freizeitangebot und vielen Freiflächen zur eigenen Freizeitgestaltung. Große Waldbereiche ermöglichen auch längere Spaziergänge. Der Dahliengarten ist eine einmalige Attraktion. In der Anlage liegt der einzige Blindenwanderpfad in Hamburg.

Solche prachtvollen Exemplare gibt es im Dahliengarten zu besichtigen.

Amsinckpark

7

Straße: Deelwisch, Hinter der Lieth

Ort: Hamburg-Lokstedt

PKW: Parken in den Straßen gut möglich

U-Bahn: U 2, bis Hagendeel

Fläche: ca. 5,7 ha

Zur Geschichte: 1868 erwarb der Kaufmann Wilhelm AMSINCK das Grundstück auf dem Liethberg, einer Endmoräne aus der Eiszeit. Er ließ das Haus durch den Architekten Martin HALLER, der auch am Bau des Hamburger Rathauses beteiligt war, errichten. Die Gartenanlagen schuf der Landschaftsgärtner Christian Friedrich JÜRGENS. Später verkaufte AMSINCK das Anwesen an zwei Landwirte, die es 1939 an die Polizei vermieteten. 1956 kaufte die Stadt die Anlage, und der Park wurde öffentlich. 1981 mietete ein Architekt das Haus und renovierte es. Seit 1993 steht das dreigeschossige Gebäude unter Denkmalschutz.

Was ist zu sehen? In einem englisch anmutenden Landschaftspark mit weiten Rasenflächen und z. T. altem Baumbestand steht auf einer Anhöhe die weiße Amsinckvilla, die vom gesamten Park aus sichtbar ist.
Die älteste Rotbuche ist ca. 140 Jahre alt, die alten Eichen sind etwas jünger. Die große Wiese wird extensiv gepflegt, d. h. einmal im Jahr gemäht.
Der über die Straße Hinter der Lieth angrenzende und in das Niendorfer Gehege führende Liethpark ist aufgeschüttet und gegen Ende der 50er Jahre unseres Jahrhunderts bepflanzt worden.

Auf einer Anhöhe liegt die heute denkmalgeschützte Amsinckvilla.

8 Arboretum Ellerhoop Thiensen

Baumpark

Straße: Thiensen

Ort: 25373 Ellerhoop

Rad: Über das Radwegenetz des Kreises Pinneberg und über den Radweg Nr. 1 des Radwanderwegnetzes Schleswig-Holstein ist der Park gut zu erreichen

PKW: BAB 23 Ausfahrt Tornesch, Richtung Oha, 1. Kreuzung rechts, nach ca. 300 m dem Wegweiser nach links folgen. Zahlreiche Parkplätze sind vorhanden

Bus: 394 von Pinneberg bis zur Endstation Ellerhoop, dann Thiensener Weg zu Fuß

S-Bahn: S 5, Tornesch, von dort aus mit dem Fahrrad

Öffnungszeiten: Sommer von 9.00–21.00 Uhr, im Winter nach Aushang

Führungen: Öffentliche Führungen für Gruppen. Anmeldung unter Tel.: 0 41 20 / 2 18

Fläche: 17 ha

Zur Geschichte: Im Jahr 1943 wurde das Gelände um den 1664 gebauten Münsterhof von der Baumschule TIMM & Co. gekauft. Als erste Gartenanlagen wurden 1956 ein 3,5 ha großes Arboretum Erich FRAHM und dem Dendrologen Dr. h. c. KRÜSSMANN geplant und angelegt.
1980 erwarb der Kreis Pinneberg das Gelände. Neben dem Arboretum wurde noch eine 10 ha große Erweiterungsfläche gekauft, um die wertvolle Gehölzsammlung nicht nur zu erhalten, sondern auch zu einer Anlage mit vielfältiger Nutzung auszubauen. Bei der Renovierung des historischen Bauernhauses 1984/85 wurde auch Raum für fachliche Veranstaltungen und Schulungszwecke ausgebaut. Zur gleichen Zeit machte ein Gartenarchitektenteam einen Entwurf für das Erweiterungsgelände. Der Teich und die Wegeführungen sind heute davon zu sehen. Neue Pflanzensammlungen sind seit der Gründungszeit entstanden, so daß heute ca. 2200 verschiedene Arten und Sorten auf dem Gelände des Baumparkes kultiviert werden.
Die aufwendige und gelungene Bepflanzungsplanung sowie die vielfältige Thematik wurde von Prof. Dipl.-Ing. Hans-Dieter WARDA ausgearbeitet, der die Anlage ehrenamtlich leitet und wissenschaftlich betreut.
1989 wurde der gemeinnützige »Förderkreis Arboretum Baumpark Ellerhoop-Thiensen e. V.« gegründet. Zu den Aufgaben des Förderkreises, dessen Mittel ausschließlich der Entwicklung des Arboretums zugute kommen, zählt neben der Öffentlichkeitsarbeit auch das Sammeln und Restaurieren alter Baumschulmaschinen und -geräte, da es gerade diese speziellen, in der historischen Baumschulwirtschaft benutzten Geräte immer seltener gibt und sie bisher nirgendwo konzentriert gesammelt worden sind. Für die Mitglieder werden zudem Vorträge in der Diele des Hofes veranstaltet.
Was ist zu sehen? Hinter dem hölzernen Eingangstor öffnet sich dem Besucher ein herrlicher Blumengarten, der inmitten der typischen holsteinischen Knicklandschaft liegt. Drei Schwerpunkte kennzeichnen die Arbeit des Baumparks.
– Es werden vielfältige Informationen gegeben, die Schülern wie Besuchern die Möglichkeit bieten praktisch und theoretisch Neues über Biologie, Botanik und Ökologie zu erfahren.
– Baumschulen erhalten viel Raum zur Sichtung von Pflanzen, zu Belangen der Lehre und der botanisch-dendrologischen Forschung.
– Einheimische Pflanzen sind zahlenmäßig am meisten vertreten. Themen wie Artenschutz, Öko-

logie und Umwelt werden umfassend behandelt und interessant dargestellt.

Der Baumpark Ellerhoop ist eine landschaftlich reizvolle und harmonische Anlage, die beweist, daß sich Schulgartenthemen, Gehölzsichtung, Naherholung, botanisch-dendrologische Wissenschaft und Ökologie einerseits sowie Gartengestaltung andererseits nicht ausschließen. So hat der Besucher das Gefühl, sich in einem Park zu befinden, der fast ausschließlich nach ästhetischen Gesichtspunkten angelegt wurde. Mit Ausnahme der Monate November und Dezember sind hier Tausende von Stauden, Bäumen, Sommer- und Zwiebelblumen blühend anzutreffen. Viele außergewöhnliche Früchte wie Zieräpfel, Vogelbeeren und Misteln in Augenhöhe sind vorhanden. Sie verlängern die Zeit der bunten Blüten und bereichern die Nahrung der zahlreichen Vogelarten.

Um einen kleinen See herum sind weite Teile naturnah gestaltet. Wildwiesen mit Orchideen, Wiesenschaumkraut und Schachbrettblumen, ein ökologischer Lehrpfad und ein Pfad mit heimischen Pflanzen bieten die Möglichkeit, seltene Arten kennenzulernen und auf engem Raum nebeneinander zu sehen. Eine besondere Attraktion ist ein Moor, welches viele Menschen sonst nur noch aus der Torftüte kennen. Es ist mit den typischen Pflanzen bewachsen, die, wie überall im Park, alle mit Namensschildern versehen sind.

Im Baumpark Ellerhoop werden neben den genannten noch viele andere Gartenthemen behandelt. Dazu gehören z. B. weißlaubige Pflanzen, Pflanzen der Braunkohlezeit vor 27 Mio. Jahren mit einem übermannsgroßen Stück einer versteinerten Sumpfzypresse, ein Heidegarten sowie ein Bauerngarten.

Auf kleinen Feldern, dem eigentlichen Schulgarten, werden dem Besucher Getreidearten gezeigt, womit eine unmittelbare Beziehung zur eigenen Nahrung und Anbaukultur während der Jahrhunderte hergestellt wird.

Im Arboretum ist der wohl schönste Bauerngarten Norddeutschlands zu bewundern. Vor dem Giebel des historischen Münsterhofs sind ab dem zeitigen Frühjahr zahlreiche Stauden und Sommerblumen ungebändigt in symmetrisch angelegten Beeten zu bewundern. Dazwischen wird Gemüse angebaut, wie es auch in früherer Zeit der Fall war. In den angrenzenden Bereichen sind Beerensträucher und Kräuter gesetzt worden. Auch hier sind alle Pflanzen mit Namensschildern versehen, so daß man sich über die vielen, heute oft unbekannten alten Kräuter und Blumen informieren kann.

Die Erhaltung dieses alten bäuerlichen Kulturgutes, welches über Jahrhunderte durch ihre typischen Gestaltungsmerkmale und ihren charakteristischen Pflanzenbestand das Gesicht der Dörfer mitgeprägt hat, ist eine wichtige Aufgabe des Arboretums.

Im Park stehen einige Tafeln mit Sinnsprüchen, Gedichten und Gedanken zum Thema Garten, Pflanze und Lebensweisheit.

Besondere Pflanzen: Eine Augenweide bilden die Blüte der Wildalpenveilchen von Juli bis Oktober und die zahlreichen Blumenzwiebelverwilderungen (mit mehreren hunderttausend Zwiebeln!!!) von Februar bis Mai.

Ein leuchtendes Farbenspiel entfacht sich im Herbst während der Laubfärbung. Rund um die große Wiese sind bewußt zahlreiche Herbstfärber gepflanzt worden, die besonders nach sonnigem Wetter ihr volles, kräftiges Farbenspektrum zeigen.

Zu einer weiteren Attraktion wird sich in den nächsten Jahren der »Blauregentunnel« entwickeln. Hier sind zahlreiche Blauregen (Wisteria) als Begrenzung um ein spiralförmiges Wegenetz gepflanzt worden. Für den Besucher entsteht so ein völlig neues Raumgefühl.

Beispielhaft sind die Unterpflanzungen von Bäumen und Sträuchern. Die Kombination verschiedener Stauden und Sommerblumen (z. B. Hyazinthen in einem sonst eher ruhigen Teppich aus den immergrünen Pachysandra, rosa blühendes Sibirisches Quellkraut, bot. Montia sibirica, als Baumscheibe unter zahlreichen Bäumen) mit Gehölzen lassen jeden, Laien wie Fachmann, neue Ideen und Anregungen mit nach Hause nehmen.

Toiletten: sind vor dem Eingang vorhanden.

Behinderte: Eine Behindertentoilette ist vorhanden. Der Park ist ohne Probleme von Rollstühlen zu befahren.

Bewertung: Der Baumpark in Ellerhoop ist neben seinen Hauptaufgaben als Gehölzsichtungspark, Schaufenster der Baumschulen und Schulgarten einer der wenigen Blumengärten in und um Hamburg. Neben zahlreichen blühenden Pflanzen in großen extensiv gepflegten Bereichen sind noch viele Attraktionen zu erleben. Ein Besuch lohnt deshalb beinahe zu jeder Tages- und Jahreszeit.

Der blühende Bauerngarten vor dem historischen Münsterhof.

Liebevoll bis ins Detail sind die Pflanzungen angelegt. Auch Farbkombinationen der Blüten sind berücksichtigt worden. Die Wildnis in den naturnahen Bereichen paßt sich in die ansonsten hervorragend gepflegte Gesamtanlage ein.

Arboretum der Bundesanstalt für Forst- und Holzwirtschaft (BFH)

Arboretum Lohbrügge 9

Straße: Leuschnerstraße 91

Ort: Hamburg-Lohbrügge

PKW: Parkplätze an der Straße vorhanden

Bus: Linie 234, bis Station Plettenbergstraße

S-Bahn: S 2, S 21, bis Bergedorf

Öffnungszeiten: Nur nach Vereinbarung in der Zeit von Mo.–Fr. 7.30–16.00. Interessierte können sich unter Tel. 040/73962-1 beim Pförtner/Zentrale melden

Fläche: Die gesamte Anlage umfaßt 9 ha. Auf dem Gelände stehen jedoch zahlreiche Gebäude, so daß die »Pflanzfläche« sehr viel geringer ist

Zur Geschichte: Im Jahre 1939 wurde das wegen zunehmender Bedeutung zum »Reichsinstitut« erhobene »Institut für ausländische und koloniale Forstwirtschaft« von Tharandt bei Dresden nach Reinbek verlegt, wo nach dem Krieg mit Hubert H. HILF (Forstliche Arbeitswissenschaften), W. SANDERMANN (Holzchemie), J. WECK (Waldbau) und F. KOLLMANN (Holztechnologie) bedeutende deutsche Wissenschaftler zusammentrafen. 1950 wurde das Reinbeker Institut vom Bundesministerium für Ernährung, Landwirtschaft und Forsten übernommen und 1951 in Bundesforschungsanstalt für Forst- und Holzwirtschaft (BFH) umbenannt. Seit 1976 verfügt das Institut mit neuen Gebäuden und einem Gewächshaus über moderne Lehr- und Forschungsanstalten. Ab dieser Zeit wurden auch die meisten Gehölze gepflanzt. Außenstellen befinden sich in Großhansdorf und Reinbek.

Was ist zu sehen? Auf dem Gelände sind etwa 1100 verschiedene Gehölze aus aller Welt gepflanzt. Sie sind geographisch gegliedert (Ausnahme: die Eichen am Eingang sowie einige Winterlinden). Die Pflanzenauswahl erfolgt nach der forstlichen Nutzung und nach Pflanzengesellschaften. Es wird darauf geachtet, viele Gehölze ihren Naturstandortansprüchen gerecht zu unterpflanzen. Probleme gibt es bei vielen Arten mit dem durch die Bautätigkeit stark verdichteten bindigen Boden, der besondere Vorbereitung zum Pflanzen erfordert. So mußte oft ein Bodenaustausch vorgenommen werden, oder der Boden mußte tiefgründig (drei Spaten tief) von Hand gelockert werden.

Die Pflanzarbeiten sind jetzt weitestgehend fertiggestellt, und eine gärtnerische Hauptarbeit liegt im Freistellen der Gehölze, so daß für fast alle ein Solitärstandort geschaffen wird.

Die Wiesenflächen werden extensiv, d. h. ein- bis zweimal pro Jahr, gemäht. Die angestrebten Blumenwiesen sind wegen des tonigen Bodens schwer zu erhalten. Wege sind überall vorhanden, jedoch kein spezieller Rundweg.

An das Arboretum schließt sich ein 680 m² großes Gewächshaus an, wo in sechs Versuchskammern (jeweils mit unterschiedlicher Temperatur, Luftfeuchtigkeit, Lichtintensität) und drei Kleinklimagebieten (1. Mittelmeergebiet, 2. winterfeucht und 3. sommertrocken, 4. ein wechselfeuchtes Tropenhaus, 5. Winter trocken, monsunartiger Regen, z. B. für Teakholz, sowie 6. ein immerfeuchtes Tropenhaus, welches den tropischen Regenwald imitiert) Reaktionen von Holz- und Forstpflanzen auf klimatische Umwelteinflüsse getestet werden. Forstpflanzen sind hier sogenannte Hilfspflanzen, die eine stabilisierende Wirkung auf das speziell bei tropischen Pflanzen komplizierte Ökosystem haben.

Das Arboretum Lohbrügge wird zu Forschungszwecken und zur Lehre für die z. Zt. etwa 240 Studenten der Holzwirtschaft der Universität Ham-

Die weißblühende Magnolie steht am Eingang zum Arboretum Ellerhoop Thiensen.

burg genutzt. Zielsetzung ist es, reine Arten, möglichst vom Naturstandort entstammend, zu bekommen. Es werden »... beispielsweise Zuwachsleistungen, Immissionsresistenz und Gewebestrukturen verschiedener Pflanzenarten ermittelt...«, wie eine Informationsbroschüre der BFH aussagt. Aus der eigenen Gehölzsammlung werden zudem von reinen Arten Samen gewonnen und an Fachstellen weiterverkauft. Schilder mit Pflanzennamen sind an den meisten Gehölzen vorhanden.

Besondere Bäume: Da die meisten Pflanzen erst in den letzten 25 Jahren gesetzt wurden, ist es ein recht junges Arboretum. Die ältesten Pflanzen sind die etwa 150 Jahre alten Eichen am Eingang. Bemerkenswert sind auch die etwa 50 Jahre alten Sumpfzypressen am Teich.

Wissenswertes: Auf dem Gelände sind über 100 Nistkästen aufgehängt, und über 50 verschiedene Vogelarten, z. B. Tannenhäher auf Durchzug und die Waldohreule, sind hier schon beobachtet worden.

Gastronomie: Auf dem Gelände gibt es keine Möglichkeit, etwas zu essen, gegenüber dem Haupteingang liegt jedoch die Ingenieurschule mit einer Mensa.

Toiletten: sind in jedem Gebäude vorhanden.

Behinderte: Rollstühle können das Wegenetz weitestgehend befahren. Manche Wege sind mit Holzhäckselauflage versehen.

Hunde: sind auf dem Gelände nicht zugelassen.

Bewertung: Das Arboretum der BFH hat für Fachleute und Hobbydendrologen viele Schätze und Raritäten zu bieten. Wer aber eine Anlage mit ästhetischem Wert erwartet, wird enttäuscht. Ohne erklärende Führung ist es recht schwierig, sich zurechtzufinden und alles Wichtige zu sehen.

Arboretum Marienhof

10

Straße: Poppenbütteler Markt

Ort: Hamburg-Poppenbüttel

PKW: Parkplätze vor dem Park vorhanden.

Bus: 178, 276, bis Poppenbütteler Markt

S-Bahn: S 1, S 11, bis Poppenbüttel

Öffnungszeiten: Nur nach telefonischer Vereinbarung. Anmeldung unter Tel.: 0 40 / 60 22 84
Di. + Do. 9.00–12.00

Fläche: 3,22 ha

Zur Geschichte: In den Jahren 1306 bis 1310 erwarb die Stadt Hamburg von den Holsteiner Grafen, den Schauenburgern, den gesamten Alsterlauf. Das war zu einer Zeit, als Poppenbüttel noch ein Stormarner Dorf von sieben Vollhufen war. Nachdem sich ab 1825 vier Vollhufen zu einem Landgut zusammengeschlossen hatten, gelangte dieses 1853 an Konsul SCHILLER, der es schon zwei Jahre später zum Verkauf anbot. So erwarb Amalie LÖBBECKE, geb. HENNEBERG, einen Besitz für ihren Neffen Albert HENNEBERG, der 1855 von einem damals bekannten Landschaftsgärtner den Park anlegen ließ. Es wurden diverse, für die Zeit ungewöhnliche Gewächse in die Wiesenlandschaft des Marienhofs gepflanzt. Ein natürlicher Rahmen war dabei durch den Wald im Alstertal gegeben.
Drei Jahre nach dem Erwerb wurde Albert HENNEBERG der Besitz zu groß, und er trat den größeren nördlichen Teil an seinen Schwager ab. Zusammen mit einer Bauernstelle ergab sein verbliebener Besitz den heutigen Marienhof, der nach seiner Frau Marie benannt wurde. Er ließ einen steilen Alsterhang abtragen und mit dem Erdüberschuß einen Hügel anlegen. Hierauf entstand später eine Burg. 1940 erwarb Otto HENNEBERG-POPPENBÜTTEL den Besitz.
»Seine ganze Liebe galt der Natur und vor allem den Bäumen, denen er im Marienhof eine besondere Stellung einräumte.«
Er verschrieb sich der Dendrologie und pflanzte diverse seltene und wertvolle Baumarten in den Park. Das Bestreben des Besitzers, den Park nach seinem Tod für die Nachwelt zu erhalten, gelang durch die Einrichtung einer Stiftung.

Für die Zukunft ist neben dem Erhalt der Bestände geplant, die Anlage um Spezialpflanzensammlungen zu ergänzen. Die wissenschaftliche Nutzung durch Institute und die Universität soll intensiviert werden, denn auch im Zeitalter der Molekularbiologie sind Bäume an naturnahen Standorten als Anschauungs- und Forschungsmaterial nach wie vor für Schüler und Forscher wichtig.

Was ist zu sehen? Über dem Alsterlauf liegt der hervorragend gepflegte, im Stil eines englischen Landschaftsparks angelegte Marienhof. Das Gelände ist sanft gewellt und zur Alster hin abfallend.
Man betritt den Park durch ein Tor und gelangt durch eine kurze Allee aus Kugelahornen zu einem Torhaus, hinter dem das Wohnhaus liegt. Da die Einfahrt und das Haus höher liegen als weite Teile vom Park und das anschließende Alsterüberschwemmungsland, hat man von hier einen herrlichen Blick über die Alster und einen aufgestauten Teich. Vom Haus aus ist zudem eine weite Allee aus Urweltmammutbäumen zu sehen, die sich im Tal erstreckt. Auf Wiesenstücken, die sich durch das gesamte Gelände ziehen, sowie unter zahlreichen Gehölzen sind in den letzten Jahren Blumenzwiebeln und Stauden angepflanzt worden.
Heute stehen etwa 110 Arten und Sorten von Gehölzen im Park. Alle sind taxonomisch ein-

wandfrei definiert. Die meisten Bäume stehen frei und konnten so ihren arttypischen Wuchs (oft mit weiten Schleppen) ausbilden. Die Gehölze sind nicht wissenschaftlich, sondern nach ästhetischen Gesichtspunkten gepflanzt worden. Dadurch wird der Parkcharakter betont, und der Besucher hat zu keiner Zeit den Eindruck, sich in einer auch wissenschaftlich genutzten Anlage zu befinden. Obwohl die Gesamtfläche recht groß ist, sind durch geschickte Pflanzungen viele kleinere Räume entstanden.
Da unterhalb des Parks die Alster mit ihren Wanderwegen verläuft, bietet sich ein Spaziergang dorthin an. Der Teil hinter dem Arboretum heißt Hennebergs Park und ist ein Teil des im 19. Jahrhundert abgetrennten Grundstückes.

Besondere Pflanzen: Einige Bäume sind auf Grund ihres Alters, ihres ausgeprägten Wuchscharakters und ihrer Seltenheit zweifellos als Naturdenkmale einzustufen.
Bemerkenswert ist eine Blutbuche, die 1855 gepflanzt wurde. Der Baum hat weite Schleppen ausgebildet, die ihrerseits schon wieder Wurzeln geschlagen haben und zu eigenen Bäumen geworden sind. Die davon bedeckte Gesamtfläche beträgt über 900 m^2.
Eine Douglasie aus dem Jahr 1870 ist eine der ältesten in Hamburg und in Alter und Wuchs eine Seltenheit.
Eindrucksvoll ist auch die Allee aus 14 Urweltmammutbäumen (Metasequoia glyptostroboides) im Alstertal. Sie wirkt jedoch etwas fremd in dieser Umgebung.

Besondere Bauten: Die Henneberg-Burg steht heute leider nicht mehr im Park, sondern ist durch einen Zaun abgetrennt. Dennoch ist sie gut vom Park aus zu sehen. Sie wurde 1884 bereits als Ruine gebaut und bis 1912 als Familienmuseum und Trinkstube genutzt. Die Burg stellt eine Nachbildung im Maßstab 1:4 einer thüringischen Raubritterburg dar. 1991 wurde sie an den Burgensammler Herbert HILLEBRAND aus dem Rheinland verkauft, der sich zur Renovierung und zum Erhalt verpflichtete. Im Park befindet sich das Grab des letzten Besitzers Otto HENNEBERG, das mit einem großen Grabkreuz geschmückt ist. Es war sein Wunsch, nach seinem Tod 1986 hier beerdigt zu werden.
Im Torhaus ist im Durchgang die Inschrift »Non mihi sed posteris« – »Nicht für mich, sondern für die Nachwelt« – zu lesen; ein Wahlspruch der Familie HENNEBERG.

Beste Besuchszeit: Eine passende Zeit für einen Besuch ist die Blütezeit von Schachbrettblumen, Wildtulpen, Narzissen und anderen Zwiebelblumen von April bis Mai. Im Oktober bildet die Herbstfärbung noch einmal einen Höhepunkt.

Hunde: sollten möglichst nicht mitgebracht und dürfen ggf. nur angeleint geführt werden.

Bewertung: Das Arboretum Marienhof ist eine der wirklich sehenswerten Anlagen in Hamburg. Das weitgehend unbekannte Gelände ist hervorragend gepflegt und beherbergt viele außergewöhnliche Gehölze. Die Nähe zu Hamburgs einziger Burg gibt dem Park auch historische Bedeutung. Für Gartenfreunde lohnt sich ein Besuch auf jeden Fall, so daß auch der Weg über die Voranmeldung nicht abschrecken sollte.

Tausende von Narzissen blühen auf den freien Parkflächen.

Barockgarten Seestermühe 11

Straße: Im Felde, Schulstraße

Ort: 25371 Seestermühe

PKW: Ausreichend Parkplätze in der Umgebung vorhanden

Zur Geschichte: In einem Aufsatz von 1752 in den »schleswig-holsteinischen« Anzeigen wurde Seestermühe nach Jersbek und Traventhal zur prächtigsten Gartenanlage in Schleswig-Holstein erklärt.
Das Marschgut wurde zu Beginn des 18. Jahrhunderts von Hans Heinrich von AHLEFELDT (1656–1720), dem Vater des Schöpfers von Jersbek, angelegt. Das ursprünglich dreistöckige Herrenhaus brannte, kaum fertig, 1713 ab. Auf seinem Platz steht heute ein Gutshaus. An der Stelle des Teehauses, das wahrscheinlich 1763 von SONNIN erbaut worden ist, befand sich auch vorher ein Gebäude.

Was ist zu sehen: Mitten in der ruhigen Lage im schleswig-holsteinischen Marschgebiet sind Reste eines alten Gutes zu finden. Der noch zum Teil von einem Wassergraben umgebene Gutshof wird heute privat genutzt und darf nicht betreten werden. An seinem Vorplatz beginnt jedoch ein Spazierweg entlang einer Achse, die als wasserführender Kanal beginnt und später in eine schmale Rasenfläche mündet. Kanal und Rasen werden auf der gesamten Länge von ca. 700 Metern von einer Lindenallee begleitet. An ihrem Ende steht das hervorragend renovierte Teehaus. Die alten Wegeverbindungen an der Gutshofinsel, die spielerisch verzierten Beete und Laubengänge sind heute allerdings verschwunden oder überwachsen. Auf der gegenüberliegenden Straßenseite des Gutes liegt das ehemalige Armenstift aus dem 19. Jahrhundert.

Gastronomie: Das Restaurant »Ton Vossbau« liegt mit Blick auf die Lindenallee einige hundert Meter entfernt. Öffnungszeiten Mo.–Sa. ab 17.30, So. ab 12, Di. Ruhetag. Vom 01.04. bis 30.09. auch Sa. ab 12.00.

Bewertung: Vieles von den alten Anlagen ist in Seestermühe nicht mehr vorhanden oder kann nicht betreten werden. Die ruhige Lage und die Abgeschiedenheit der Marsch machen einen Spaziergang durch die lange Lindenallee bis zum Gartenpavillon dennoch zu einem Erlebnis. Der Glanz früherer Zeiten ist in der verwilderten Anlage noch gut zu erkennen. Man sollte den Besuch in Seestermühe mit einem Essen oder Kaffeetrinken im »Ton Vossbau« verbinden.

Am Ende der Lindenallee trifft man auf das vorbildlich restaurierte Teehaus.

12 Barockgarten Traventhal

Straße: Schweiz, Schandulle

Ort: 23795 Traventhal (bei Bad Segeberg)

Zur Geschichte:
Im kleinen Ort Traventhal bei Bad Segeberg befand sich im 18. Jahrhundert einer der schönsten Gärten in Schleswig-Holstein. Er wurde von Georg Diedrich SCHIERSKE geplant. Hier zeigten die Gartenwege am Rande der Anlage einst die ersten Schlängelbewegungen und waren damit ein Vorbote des landschaftlichen Gartens auf holsteinischem Boden am Ende der Barockzeit. Auf dem Grundstück stand bis 1738 nur ein hölzernes Jagdhaus, welches von dem letzten Herzog von Holstein-Plön, Friedrich CARL, durch ein Steinhaus ersetzt werden sollte. Architekt CARSTENS kam 1740 aus Jersbek hierher und war mit dem Ausbau des Schlosses von Traventhal beschäftigt. Dabei brachte er Erbsen des Herrn von AHLEFELDT aus Jersbek mit, was zeigt, daß damals nicht nur Ziergärten angelegt wurden, sondern auch Küchengärten große Bedeutung hatten.

Die Gartenanlagen waren mit zahlreichen Bauwerken und liebevollem Zubehör wie marmorne Brustbilder, Porzellanfiguren, hölzerne Statuen und steinerne Vasen geschmückt. Der Gärtner SIDON fertigte 1765 einen Lageplan für den Gartenarchitekten HORN an. Nach dem Tod des Herzogs fiel das Land an Dänemark, dessen Hofstaat sich hier regelmäßig einige Wochen im Sommer aufhielt. 1885 wurde das einstöckige Herrenhaus abgerissen und wich dem heutigen Bau eines großen Landgestütes.

Was ist zu sehen? Heute sind Teile der Urform des Gartens nur noch mit viel Phantasie zu erkennen. Zwei Lindenalleen, die über dem bewegten Gelände enden, eine verfallene Steingrotte, Reste eines Lindenkreises und der erste ehemalige Fontänenteich sind noch zu sehen. Das Gelände, von dem aus man einen herrlichen Blick in die Landschaft hat, ist völlig von Schößlingen und Kräutern überwuchert und nicht zu betreten.

Baurs Park

Straße:	Mühlenberger Weg, Strandweg
Ort:	Hamburg-Blankenese
PKW:	Parken am Mühlenberger Weg möglich
Bus:	48, bis Mühlenberger Weg
S-Bahn:	S 1, S 11, bis Blankenese
Fläche:	7,8 ha

Zur Geschichte: Zwischen 1802 und 1815 kaufte G. F. BAUR etwa 18 ha Land zusammen, auf dem er in den folgenden Jahren einen aufwendigen Park gestalten ließ. Auffallend waren die zahlreichen Kleinbauten, die überwiegend zur Zierde im Park standen. Zu nennen sind eine Pagode, ein Apollotempel, eine Turmruine und weitere Tempel. Große Blumenteppiche, Lindenalleen und ein Palmenhaus schmückten die Anlage.
1921 kaufte die Gemeinde Blankenese den Park, verkaufte ihn jedoch bereits ein Jahr später an Dr. BACH, der ihn parzellierte. Einige Parzellen wurden bebaut, so daß heute zahlreiche Landhäuser auf dem ehemals großen Grundstück stehen. Nach der Eingemeindung von Altona wurde eine weitere Parzellierung verhindert, und der Park wurde der Öffentlichkeit zugänglich gemacht.

Was ist zu sehen? Baurs Park ist ein modelliertes Grundstück im Elbhang. Weite geschwungene Wiesenflächen führen vom weißen Landhaus den Hang hinab und leiten über in waldige Bereiche. Einige Sitzplätze bieten eine imposante Sicht auf die Elbe und damit spezifische Hamburger Parkatmosphäre. Leider sind die vielen romantischen Bauten im Laufe der Zeit abgerissen worden, so daß nur das Grundkonzept erhalten ist. Herrlich gelegen ist die Promenade auf Höhe der Elbe am Strandweg, wohin der Park hinunterführt.

Weite, gepflegte Rasenflächen sind Kennzeichen der fast zweihundertjährigen Parkanlage.

14 Bergedorfer Rathauspark

Straße: Wentorfer Straße, Schulenbrooksweg

Ort: Hamburg-Bergedorf

Pkw: Einige Parkplätze in den anliegenden Straßen

Bus: 235, bis Bergedorfer Rathaus

S-Bahn: S 2, S 21, bis Bergedorf

Fläche: 1,15 ha

Zur Geschichte: Auf dem Gelände befand sich Mitte des 19. Jahrhunderts ein Gartenhaus, welches 1839 von Bürgermeister LAMPRECHT gekauft wurde. 1882 ging der Besitz an den Sohn des Geistlichen RITTER. Dieser nutzte ihn mehrere Jahre als Sommersitz. Einige Jahre später erwarb der Kaufmann Friedrich MESSTORFF, der durch Handel mit dem zaristischen Rußland viel Geld verdient hatte, das Anwesen. Es ist nicht nachgewiesen, warum er es 1924 wieder an die Stadt Bergedorf verkaufte. 1927 erfolgte der Umbau zum Rathaus. Anbauten wurden nötig, um alle Verwaltungen, die früher u. a. im Schloß untergebracht waren, im Rathaus zu zentralisieren. Heute ist nur noch das Arbeitszimmer des Bezirksverwalters und der Spiegelsaal im Wohnstil der alten Kaufmannszeit erhalten.

Bemerkenswert ist, daß Bergedorf, obwohl es seit 1275 das Stadtrecht besitzt, über 652 Jahre kein Rathaus besessen hat.

Was ist zu sehen? Hinter dem Rathaus befindet sich eine kleinere Schmuckanlage mit einigen Rosenbeeten und Rasenflächen. Am Rathaus steht eine prachtvolle Rotbuche, daneben eine größere immergrüne Eiche. Über die Straße Schulenbrooksweg, deren Straßenbäume (Blutpflaumen) Anfang April rosafarben blühen, liegt im Tal des Baches Schulenbrooksbek ein Abenteuerspielplatz sowie eine schattige Freilichtbühne. Außergewöhnlich ist für unsere Breitengrade die Anlage einer Hecke aus gelb-weiß-grünlaubigen Aucuba japonica an der sonnigen Wand eines Rathausnebengebäudes.

Kinder: Im hinteren Teil liegt ein Abenteuerspielplatz, der vielfältige Spielmöglichkeiten durch die Kombination aus hügeligem Gelände, Spielgeräten, einem Bolzplatz und einem Teich bietet.

Kaiser-Wilhelm I. auf einem Sockel am Bergedorfer Schloßpark.

Bergedorfer Schloßpark

Straße: Bergedorfer Schloßstraße

Ort: Hamburg-Bergedorf

PKW: Einige Parkplätze in den umliegenden Straßen

Bus: 132, 136, 137, 234, bis Lohbrügger Markt

S-Bahn: S 2, S 21, bis Bergedorf

Fläche: 4,69 ha

Zur Geschichte: Zur Zeit der Dänenherrschaft (1201–1227) wurde der Bau des Schlosses auf einer Insel in der zum Mühlenteich gestauten Bille begonnen. Die erste urkundliche Erwähnung datiert aus dem Jahr 1217. Im Laufe der Jahrhunderte ist das Schloß häufig umgebaut und erweitert worden. Die Befestigungen aus der Zeit ab 1610 wurden hier, wie auch in Hamburg, 1805 wieder abgetragen. Die heutige Form des Schlosses, die alle Phasen der Schloßgeschichte vereint, entstand in den Jahren 1877 bis 1897. Der Schloßpark wurde 1900 mit Gräben und der kleinen schmiedeeisernen Brücke angelegt.

Was ist zu sehen? Der Bergedorfer Schloßpark zeigt die letzten erhaltenen Wallreste aus der Zeit nach der Schleifung der Befestigungsanlagen im Jahr 1805, als Bergedorf noch eine eigene Stadt war. So sind die größtenteils bewachsenen Grabeneinschnitte im gesamten Park wichtige Elemente der Gestaltung, die durch einige Findlingsmauern und eine kleine Hängebrücke zum Schloß mit Jugendstilelementen betont wird. Unter den z. T. alten Bäumen stehen zahlreiche Rhododendren, die die Unterpflanzung mit Farnen (Polystichum), Gräsern (Carex morowii und plantaginea), Pachysandra, Astilben, Lonicera nitida, Efeu, Pieris und Eiben bilden und, besonders zur Blüte im Mai, einen schönen Rahmen schaffen. Die Ufer eines teichartigen Grabenausläufers sind mit Kiespackungen neu befestigt und mit Feuchtpflanzen begrünt worden, so daß ein naturnaher Uferschutz mit einer wichtigen wasserreinigenden Funktion entsteht.

Im einem angrenzenden Garten sind Rosen-, Potentillen- und Sommerblumenbeete um eine rechteckige Rasenfläche angelegt. Gleichmäßig aufgestellte Terrakottatöpfe schmücken die Randbereiche.

Besondere Bauten: Ein Denkmal von Kaiser Wilhelm I. steht zur Schloßstraße hin.

Ein Bismarckdenkmal steht auf drei massiven Steinsäulen im geometrischen Gartenteil. Inschrift: »In trinitate robur« (in der Dreieinigkeit liegt die Kraft). Ein 1911 aufgestellter Gedächtnisfindling zeigt eine Jahn-Bronzeplatte.

Auf beiden Seiten zum Schloßeingang stehen barocke Kriegerplastiken aus den Reitbrooker Gärten.

Veranstaltungen: Im Schloß befindet sich ein Museum für Bergedorf und die Vierlande. Dazu finden zahlreiche Sonderveranstaltungen und Konzerte statt. Öffnungszeiten: Di.–So. 10.00–17.00, Eintritt DM 2,–.

Kinder: Angrenzend an den Schloßpark liegt eine Rollschuhbahn.

Ein Spielplatz mit diversen Spielgeräten, Bänken und einem Pavillon ist ebenfalls vorhanden.

Bewertung: Im zentrumsnahen Bergedorfer Schloßpark steht eines der wenigen Schlösser um Hamburg. Der Park um das Schloß besitzt einen alten Baumbestand mit herrlicher Rhododendronunterpflanzung.

Abteipark

16 Bolivarpark

Straße: Abteistraße, Rothenbaumchaussee

Ort: Hamburg-Harvestehude

PKW: Wenige Parkplätze in den umliegenden Straßen

Bus: 109, bis Harvestehuder Weg

U-Bahn: U 1, bis Klosterstern

Fläche: 1,19 ha

Zur Geschichte: Auf der Fläche des Bolivarparks befand sich ehemals die Sandgrube des Klosters St. Johannis. 1875 wurde diese zum Abteipark umgewandelt. Mit dem Geschenk eines Denkmals vom Land Venezuela, das Simon BOLIVAR darstellt, wurde der Park in Bolivarpark umbenannt. Simon BOLIVAR (1789–1830) befreite Venezuela, Kolumbien, Peru und andere süd- und mittelamerikanische Staaten.

Was ist zu sehen? Der Bolivarpark liegt heute als übergroße, dreieckige Verkehrsinsel in einem vielbefahrenen Straßenkreuz, nachdem er als ruhiger Park für den noch nicht so dicht besiedelten Stadtteil Harvestehude gebaut worden war, als sich hier Mitte des 19. Jahrhunderts bessersituierte Bürger niederließen. Eine weich modellierte Rasenfläche reicht von einem Hügel bis auf Straßenniveau. Um die große Wiese herum stehen z. T. hohe Bäume. Eindrucksvoll sind besonders drei alte Rotbuchen am Spielplatz. Ein asphaltierter Rundweg verläuft um die Anlage. Oben auf dem Hügel steht das genannte Denkmal von Simon BOLIVAR.

Kinder: Im Park bieten sich ideale Rodelmöglichkeiten. Ein kleiner Spielplatz ist mit Sandkasten, Tischtennis und Häuschen ausgestattet.

Blick über den Parkrasen auf die angrenzende St.-Nikolai-Kirche.

Bonsai-Jörgensen

Straße: Blankeneser Chaussee 138

Ort: 22869 Schenefeld

PKW: Ein großer Parkplatz liegt vor dem Gewächshaus

Öffnungszeiten: Mo.–Fr. 10.00–18.00, Sa. 9.00–13.00

Fläche: Schau- und Verkaufsgewächshaus ca. 1000 m².

Was ist zu sehen? Seit 1991 stellt hier die Familie Jörgensen Bonsais zum Verkauf aus. Die Pflanzen sind nach Arten im Gewächshaus angeordnet und werden auf Holzregalen präsentiert. Die Wege sind mit Rindenmulch abgedeckt, und an manchen Stellen wachsen Farne und Orchideen direkt aus dem Boden. Eine kleine Teichanlage mit Pflanzen ist integriert. Zimmerbonsais, die in Sukkulente, Coprosma, Feigen, Oliven, Rosmarin, Ulmen, Zitronen, Exoten, Falscher Tee und Geranien eingeteilt und räumlich sortiert sind, werden in über 20 Arten gezeigt. Dazu ist eine Zusatzabteilung für Freilandbonsais eingerichtet worden. An der Kasse werden Jungpflanzen, Bücher, Erde und Zubehör verkauft: Die ältesten Exemplare sind etwa 70 Jahre alt, die teuersten kosten mehrere zehntausend Mark. Besucher werden intensiv beraten und erfahren viel Wissenswertes.

Bewertung: Man stellt immer wieder erstaunt fest, was es für eigenartige Wuchsformen und Ausprägungen von Bäumen zu kaufen gibt. Bei Bonsai-Jörgensen werden die Bonsais in ihrer ganzen Vielfalt gezeigt. Wer Informationen braucht, geht nicht unwissend nach Hause. Eine Anlage für Neugierige und Fachleute.

Hier entdeckt auch der verwöhnteste Bonsai-Liebhaber noch neuartige und ausgefallene Wuchsformen.

18 Botanischer Sondergarten

Straße: Schulgarten, Walddörfer Straße 273

Ort: Hamburg-Wandsbek

PKW: Wenige Parkplätze in den umliegenden Straßen vorhanden

Bus: 164, 262, bis Ölmühlenweg

S-Bahn: S 4, bis Wandsbek-Ost

Öffnungszeiten: Im Sommer von 7.30 bis 20.00, im Winter von 7.30 bis zum Einbruch der Dunkelheit

Fläche: 5,5 ha

Zur Geschichte: Der Schulgarten ist in den Jahren 1926/27 auf Anregung des Wandsbeker Lehrervereins gegründet worden. 1929 wurde er um die Gewächshausanlage ergänzt. Nachdem das Gelände im zweiten Weltkrieg als Gemüseanbaufläche genutzt worden ist, erfolgte später eine Wiederherstellung des Gartens und eine Erweiterung auf die heutige Fläche.

Was ist zu sehen? Der Botanische Sondergarten ist ein ruhiger Blumengarten. In einem Gerüst aus größeren Gehölzen, die auch als Pflanzen zur Wohnbebauung fungieren, sind verschiedene Gartenthemen dargestellt. Ein Rosengarten mit zahlreichen verschiedenen Beet- und Strauchrosen ist um eine zentrale Rasenfläche gelegen. Auch einige historische Rosen sind zu bewundern.
Ein formal angelegter Mittelteil enthält ein dicht mit Seerosen bewachsenes, rechteckiges Wasserbecken und zahlreiche Stauden- und Sommerblumenbeete. Dawischen liegen Wege. Ein Alpinum mit trockenheitsliebender Vegetation ergänzt die Pflanzungen.
Gewächshäuser und Anzuchtfelder, auf denen auch »Rote-Liste«-Arten vermehrt werden, liegen am Eingang zur Straße Schulgarten. Dort können Vertreter von Gartenanlagen und Vereinen unter bestimmten Bedingungen auch Pflanzen für ihre eigenen Anlagen kostenlos bekommen.
Ein weiterer Zugang ist vom Wandsegrünzug aus möglich, der nur wenige Meter entfernt liegt.

Bewertung: Der Botanische Sondergarten ist eine kleinere Schmuckanlage in Wandsbek. Sie ist aufwendig bepflanzt und gut gepflegt. Zudem sind Blumengärten dieser Art nicht sehr häufig. Um so erstaunlicher ist es, daß diese Anlage noch recht unbekannt und damit angenehm leer ist.

Die Sonnenuhr in Form einer steinernen Schnecke zeigt, was die Stunde geschlagen hat: halb zwei

Ein quadratisches Wasserbecken, dicht mit Seerosen bewachsen, bildet das Zentrum der Anlage.

19 Breitenburger Schloß

Ort: 25524 Breitenburg bei Itzehoe

Öffnung: Die Anlage des Schlosses von Breitenburg wird privat genutzt und ist nicht für die Öffentlichkeit zugänglich

Was ist zu sehen:
In Breitenburg herrscht ein besonderer Typ des Renaissancegartens vor, den Heinrich von RANTZAU geschaffen hat. Völlig ohne Beziehung zum Schloß liegt hier der Garten neben dem Wirtschaftshof und enthält mehrere Reihen mit gemusterten Beeten und baumbestandenen Rasenstücken. Regellos sind Laubengänge, Bäume und ein Aussichtsturm eingestreut; den Abschluß bilden zwei Quergräben. Der Schloßpark in Breitenburg ist heute ein wunderbar gepflegter Park. Bei einem Besuch ist die Fahrt bis zum Gestüt möglich. Von dort aus hat man einen schönen Blick auf das Schloß und den Schnittblumengarten. Obwohl Schloß und Anlage der Öffentlichkeit nicht zugänglich sind, lohnt sich ein Abstecher, wenn man in der Nähe ist.

Das liebevoll restaurierte Schloß mit Schloßhof und maurisch anmutendem Brunnen.

Bürgermeistergarten Wilster 20

Straße: Rathausstraße

Ort: 25554 Wilster

PKW: Ein kleiner Parkplatz ist am Ortsamt vorhanden, Zugang auch von der Straße Lange Reihe möglich

Zur Geschichte: Der Kanzleirat Johann Hinrich DOOS ließ sich 1784 ein Herrenhaus bauen. Es ist im Stil des Spätbarock mit Übergängen zum Klassizismus errichtet worden. Vermutet wird, daß der bekannte Baumeister SONNIN am Bau mitwirkte. Das Grundstück an der heutigen Rathausstraße wurde wohl deshalb gewählt, weil hinter dem Haus genügend Platz für einen Garten war. Das alte Inventar ist zum Teil heute noch im jetzigen Rathaus zu sehen. Der Garten wurde zur gleichen Zeit im Stil des Französischen Barock angelegt. Probleme lagen dabei in der ungleichmäßigen Form der Anlage, wobei der Hauptweg nicht genau durch die Mitte verlaufen konnte. Bis 1805 wurde das Haus mit dem Garten von der Familie DOOS bewohnt. Nach dem Tod des Mannes verfügte seine Witwe testamentarisch, daß die Anlage mit Garten, Gartenhaus, Stallungen und Grasland an die Stadt fallen sollte und der Bürgermeister dort ständig zu leben habe.
1894 wurde das Wohnhaus umgebaut und mit neogotischen Elementen versehen. Jedoch bereits 1936 wurde die alte Bauform wiederhergestellt. Zahlreiche Nebengebäude, die früher im Garten standen, sind im Krieg zerstört worden und heute nicht mehr vorhanden. Der Garten verfiel im Laufe der Zeit, die Gehölze gerieten außer Form, und die Kleinarchitekturen wurden zerstört. Dennoch ist die ursprüngliche Form heute noch erhalten.
Spätere Umgestaltungsversuche in einen Landschaftspark fanden nur in Ansätzen statt, da für eine komplette Neuanlage die Fläche von 250 m Länge und 80 m Breite zu klein war.
Nach einem Gutachten der Landschaftsarchitekten Ulrich BRIEN und Ernst WESSELS 1989 wurde der Garten in Teilen restauriert.

Was ist zu sehen? Der Garten zeigt noch die gesamte Anlage einer Anlage aus der Zeit um 1800 im Stil des Französischen Barock. Der Grundriß zeigt die langgestreckte Form mit einem gegliederten Teil, einer langen Achse und einem Waldstück mit kleinem, heute nierenförmigen Teich. Im ebenfalls geometrischen Teil des Gartens am Rathaus liegt neben einem rundlichen Sitzplatz mit Sommerblumenbeeten ein buchsbaumumsäumtes Parterre, welches durch Wege in vier Quadrate geteilt ist. Beetrosen sowie einige Gehölze und Stauden bilden die Pflanzung.
Auf der Rasenfläche im hinteren Bereich sind mit vier Gruppen zu je drei Weißdornen in runden, buchsgesäumten Beeten barocke Elemente zu sehen. Der Wassergraben in der Rasenfläche ist im Rahmen der Renovierung wieder geöffnet worden. Markant sind zwölf weiße Figuren aus Carraramarmor. Sie sind 1788, nach dem Abbruch des Schlosses Friedrichsruhe bei Drage, hierhergebracht worden.
Im Garten stehen Findlingsdenkmale für Johann MEYER (1829–1904) sowie je ein Gedenkstein der Stadt von 1966 für die Etaträtin C. D. C. DOOS und den königlichen Kanzleirat Johann Heinrich DOOS (1738–1805).

Besondere Bauten: Ungewöhnlich ist, daß bei einem Bürgerhaus der strenge Barockstil angewendet wurde, zumal in einer Zeit, da schon die sich wandelnde Naturauffassung (»Zurück zur Natur«) ihren Einfluß auf die Gartengestaltung genommen hatte. Außerdem liegt hier die Hauptachse nicht in der Mitte des Hauses.

Kinder: Ein sehr kleiner Spielplatz liegt hinter dem Rathaus.

Bewertung: Der Bürgermeistergarten in Wilster ist deshalb erwähnenswert, weil die Anlage noch nach fast zweihundert Jahren beinahe vollständig erhalten ist. Die Bepflanzung mit Rosen könnte intensiver und dichter sein. Die fehlende Abgeschirmtheit zu den angrenzenden Grundstücken wirkt etwas störend. Ein Besuch dorthin sollte mit einem anderen Ziel kombiniert werden.

Zwölf solcher Statuen aus Carraramarmor bevölkern den Barockgarten.

Café Jacob 21

Straße: Elbchaussee 401/403

Ort: Hamburg-Nienstedten

PKW: Parkplatz vorhanden

Bus: 36, 39, 286, bis Sieberlingstraße

Zur Geschichte/was ist zu sehen?
Seit 1765 bestand an dieser hoch über der Elbe gelegenen Stelle eine Gaststätte, die durch Heirat in den Besitz des Kunstgärtners Daniel Louis JACOB kam. Das schlichte, zweigeschossige Giebelhaus aus der zweiten Hälfte des 18. Jahrhunderts wurde im Laufe des 19. Jahrhunderts durch Anbauten und Aufstockungen mehrfach verändert und erweitert. Das weithin berühmte Gasthaus mit der breiten Lindenterrasse am steilen Elbhang befand sich bis vor kurzem in Familienbesitz.
Berühmt und über die Grenzen Hamburgs bekannt wurde die herrliche Kaffeeterrasse durch ein Gemälde des deutschen Impressionisten Max LIEBERMANN aus dem Jahr 1902.
Zur Zeit sind Hotel und Restaurant mit der Terrasse geschlossen. Das Gebäude wird renoviert, und die weitere Nutzung ist noch nicht geklärt.

Blick von der Kaffeeterrasse auf die Elbe.

22 Donners Park

Straße: Elbchaussee östlich der Elbtreppe

Ort: Hamburg-Othmarschen

PKW: Wenige Parkplätze an der Elbchaussee und auf der Elbhöhe vorhanden

Bus: 36, bis Hohenzollernring (Süd)
183, bis Neumühlen

Fläche: 4,56 ha

Zur Geschichte: 1676 kaufte Barthold JENCQUEL, ein Neffe des Hamburger Senators Georg JENCQUEL, das Grundstück und baute sich einen Lustgarten. Zu großen gesellschaftlichen Ehren gelangte der Besitz jedoch erst ab 1793, als SIEVEKING, POEL und MATHIESSEN ihn übernahmen. Ihre Gäste waren zu der Zeit unter anderem Klopstock, M. Claudius, Alexander von Humboldt, Caspar Voght und Lafayette.
1820 kaufte C. H. DONNER den Besitz, dessen Sohn das Sievekingsche Herrenhaus abreißen ließ und 1855 das »Donnerschloß« im neugotischen Stil errichtete.
Für die Gartenbauausstellung 1914 kaufte die Stadt Altona das Grundstück und baute es später für kulturelle Zwecke aus. Die Geschäftsstelle der Gartenbauausstellung an der Elbchaussee 79 ist noch erhalten.
Im Krieg brannte das Haus aus und wurde dann später gesprengt. Der Mühlenteich wurde mit Trümmern aufgefüllt, der Park nach einer verkleinernden Parzellierung wieder öffentlich zugänglich gemacht.
Was ist zu sehen? Beinahe unmerklich gelangt man vom Rosengarten in den auf halber Elbhanghöhe gelegenen Donners Park.
Eine weite Wiesenfläche mit leichtem Gefälle zur Elbe hin bestimmt den Park, von dem aus man einen imposanten Blick über die Elbe und den Containerhafen hat. Man kann hier von der Elbchaussee bis zur Elbe auf einem Asphaltweg hinunterlaufen.
Kinder: Weiter oben gelegen gibt es einen kleinen Spielplatz mit Bänken. Die Kinder finden Rutsche, Wippe, Schaukel und Häuschen vor.
Bewertung: Donners Park ist ein weiträumiger Parkraum in der Kette der Elbparks, von denen andere vielleicht besuchenswerter sind. Die große Wiese mit Blick auf die Elbe läßt sich vielfältig nutzen. Störend wirkt der breite Asphaltweg, der den Park durchschneidet.

Weidenkätzchen in Donners Park.

Drosteipark 23

Straße: Am Drosteipark/Bismarckstraße

Ort: 25421 Pinneberg

PKW: Stellplätze in der Straße Am Drosteipark

Bus: 195, 394, 395, bis Bismarckstraße

S-Bahn: S 3, S 5, S 21, bis Pinneberg

Zur Geschichte: Das Drosteigebäude wurde 1765 vom Droste (Stadthalter) der Schauenburger Grafen errichtet und diente dem Vertreter des dänischen Königs als Sitz. Später wurde die Drostei als Wohnung der preußischen Landräte des Kreises Pinneberg genutzt.

Was ist zu sehen? Der Drosteipark ist eine nach außen hin weitgehend offene kleine Grünanlage. Am Eingang von der Fußgängerzone aus steht die schöne, gut restaurierte Drostei, in der wechselnde Ausstellungen stattfinden.

Hinter dem Gebäude liegt ein kleines Wegenetz, an dem ein kleiner Teich und einige Bänke liegen. Reste einer schönen Lindenreihe führen zur Hochhaussiedlung. Die ehemals als Lindenallee durch die Achse der Drostei verlaufenden Bäume sollten vor Jahren rekonstruiert werden. Man verzichtete jedoch zugunsten der großen Veranstaltungswiese, die sonst zerstückelt worden wäre, auf die Nachpflanzung. Im Park steht ein Kriegerdenkmal für die Gefallenen von 1870/71.

Gastronomie: Im alten Drostei-Gebäude befindet sich das Restaurant »Landdrostei«.

Kinder: Ein Spielplatz ist, den angrenzenden Hochhäusern zugeordnet, vorhanden. Ausstattung: Zwei Tischtennisplatten, Wackeltiere, Sandkiste, Klettergerüst mit Rutsche, dazu ist die große Wiese zu verschiedenen Spiel- und Sportarten zu nutzen.

Die aufwendig restaurierte Drostei liegt in der Nähe des Einkaufszentrums von Pinneberg.

Krugkoppelpark

24 Eichenpark

Straße: Harvestehuder Weg/Krugkoppelbrücke

Ort: Hamburg-Harvestehude

PKW: Einige Parkplätze in den umliegenden Straßen vorhanden

U-Bahn: U 1, bis Klosterstern

Alsterschiff: Anlegesteg Krugkoppelbrücke

Fläche: 1,95 ha

Zur Geschichte: Der Eichenpark ist ein Teil der vom Kloster Harvestehude unentgeltlich an den Staat abgegebenen sumpfigen Weide. Sie war mit einigen alten Eichen bestanden und 1871 durch Aufhöhung zum Krugkoppelpark umgestaltet. Die vorhandenen Eichengruppen wurden durch ausländische Eichen ergänzt.

Was ist zu sehen? Der Eichenpark liegt am Alsterlauf vor der Außenalster. Kurz vorher mündet der Isebekkanal in die Alster. Hier stehen auf einer Rasenfläche diverse alte Eichen. Die ältesten sind etwa 250 Jahre alt. Die meisten davon wurden im Rahmen einer Baumsanierung mit Efeu und Mahonien unterpflanzt. Einige Bänke laden zur Aussicht auf die kleine Alsterverbreiterung ein. Im Rahmen der Mediale 1993 entstand in der Alster ein Kunstwerk zum Thema »Windformen«: eine Leine mit Wäsche.

Besondere Bauten: Im Park steht ein etwa 3 m hoher Findling mit einer bronzenen Flachbildplatte von Karl BÖRNER zum Gedächtnis an den Dichter Friedrich HAGEDORN (1708–1754). Das Denkmal wurde vom Pöseldorfer Bürgerverein 1897 gestiftet.

Toiletten: an der Krugkoppelbrücke.

Bewertung: Eine kleine Parkanlage, die als Verlängerung des Alstervorlandes zu verstehen ist. Ein Abstecher lohnt sich, um die alten Bäume und die noble Wohnbebauung am Leinpfad zu besichtigen.

Kunst im öffentlichen Raum: Die bronzene Reliefplatte im drei Meter hohen Findling zeigt den Dichter Hagedorn.

Fischers Park

Eichtalpark 25

Straße: Ahrensburger Straße, Kedenburgstraße, Walddörfer Straße, Bei der Hopfenkarre

Ort: Hamburg-Wandsbek

PKW: Kleiner Parkplatz am Restaurant »Zum Eichtal«, einige Parkplätze in den umliegenden Straßen

Bus: 164, 262, bis Eichtalstraße

S-Bahn: S 4, bis Wandsbek

Fläche: 8,41 ha

Zur Geschichte: Der Name des Parks rührt von dem Garten »Eichtal«, der dem Fabrikanten LUETGENS gehörte. Früher war er der Sommersitz der Familie. Im Luetgensschen Schloß befand sich ein Heimatmuseum, welches aber im Zweiten Weltkrieg zerstört wurde.

Der Eichtalpark ist erst 1925/26 und damit einige Jahre nach den anderen großen Stadtparks in Hamburg zu einem öffentlichen Park ausgebaut worden, allerdings nicht mit ähnlich aufwendiger und durchdachter Planung und Ausstattung.

Was ist zu sehen? Der Eichtalpark ist heute eine großzügige Erweiterung des Wandsegrünzuges, der an den Park angrenzt und durch mehrere Stadtteile verläuft. So ist der Park neben weiten, leicht bewegten Rasen- und Wiesenflächen vom Wasser geprägt. Zwei große Teiche, die aus dem aufgestauten Fluß »Wandse« entstanden sind, liegen am Rande des Parks. Um sie herum liegen naturnahe Wiesen und Uferbereiche. Neben zahlreichen Weiden und Erlen bestimmen weite Pestwurzbestände das Uferbild. Die Teiche sind an Angelvereine verpachtet. Im Park sind zahlreiche Bänke und auch Unterstände vorhanden.

Obwohl der Eichtalpark direkt im Zentrum hoher Wohnbebauung liegt, hat man durch geschickte, langjährig gewachsene Pflanzungen den Eindruck, in einer weit abgelegenen Parkanlage zu sein.

Die Anbindung an den Wandsegrünzug erlaubt Wanderungen im Grünen und führt in den angrenzenden Fischers Park und den Botanischen Sondergarten. Besonders letzterer ist einen Besuch wert, denn er zeigt blühende Pflanzungen, die im Eichtalpark nur in einer Sommerblumenanlage zu sehen sind.

Besondere Bauten: Das Bauwerk am Eingang von der Ahrensburger Straße verbindet Elemente der Gotik (Spitzbogenarkaden) mit dem Ägyptischen. Die beiden Sphingen stammen vom Schimmelmannschen Schloß und wurden von Johann Wilhelm MANSTAED um 1775 entworfen.

Im Park steht ein Findlingsdenkmal mit einem Bronzemedaillon zum Gedenken an den Generalfeldmarschall Helmuth von MOLTKE (1800–1891). Es wurde nach MOLTKES Tod von Carl GARBERS errichtet.

Gastronomie: An der Ahrensburger Straße liegen Restaurant, Café und Biergarten »Zum Eichtalpark«.

Kinder: Im Park gibt es einen gut ausgestatteten Spielplatz. Neben Sand, Schaukel, Klettergerüsten, Tischtennis, einer Drehscheibe und Wackeltieren bildet die Seilbahn einen großen Anziehungspunkt. Ein größerer Hügel kann als Rodelberg genutzt werden.

Neben dem Spielplatz liegt ein Tiergehege. Hier werden Ziegen und Hühner gehalten. Die Kinder können die Ziegen durch den Zaun hindurch streicheln und füttern.

Bewertung: Der Eichtalpark ist ein naturnah gestalteter Park. Die weiten Wiesenflächen lassen sich als Spiel- und Sportrasen, für Picknicks und als Liegewiese nutzen. Von hier aus ist auch ein Spaziergang von der Wandse bis zur Alster möglich.

Diesen idyllischen Landstrich würde niemand an der verkehrsreichen Ahrensburger Straße vermuten.

Eimsbüttler Park

Straße: Im Gehölz, Ottersbekallee, Am Weiher

Ort: Hamburg-Eimsbüttel

PKW: Diverse Parkplätze in den umliegenden Straßen

Bus: 113, bis Goebenstraße, 182, bis U-Bahn Osterstraße

U-Bahn: U 2, bis Osterstraße

Fläche: 2,96 ha

Zur Geschichte: Die Fläche des Parks gehörte ursprünglich mit zum Kloster Harvestehude, deren Bewohner den Bach Ottersbek auf einem Stück zu einem Fischteich aufgestaut hatten. Im Jahre 1832 kaufte der Senator und spätere Bürgermeister Ascan Wilhelm LUTTEROTH einen Teil des Geländes und wandelte ihn in einen Landschaftsgarten mit Sommersitz um.

1872 erwarb Carl Friedrich BÜSING den Sommersitz, um ihn zu parzellieren und als Bauland zu verkaufen. Drei Jahre später begannen die Bauarbeiten durch G. WESTENDORP. Die Straße Am Weiher entstand, und die jetzige Anlage wurde als »Binnenpark« mit zwei Teichen gebaut.

1892 kaufte die Stadt Hamburg eine 1,5 ha große Fläche, die bis zum Jahr 1906 auf die heutige Größe von 3 ha vergrößert werden konnte.

1910 wurde der erste Kinderspielplatz gebaut.

Der Eimsbüttler Park ist ein Beispiel für einen Binnenpark mit Randbebauung, was durch die kurzen Abstände zur Stadthausrandbebauung erkennbar ist. Dadurch unterscheidet er sich von allen anderen Hamburger Grünflächen des 19. Jahrhunderts.

Was ist zu sehen? Der Eimsbüttler Park liegt inmitten der umliegenden Wohnbebauung. Um einen langgestreckten Teich verlaufen einige Wege. Zahlreiche Trauerweiden stehen am Ufer und spenden mit ihren gelblich-grünen Trieben und Blättern Schatten.

Ein bemerkenswerter Baum ist eine etwa 160 Jahre alte Eiche, die durch einen freien Standort ungehindert wachsen konnte. Zusätzlich hat man jetzt die Wegeführung dahingehend verändert, daß sie unterpflanzt werden konnte und dadurch optimale Wachstumsmöglichkeiten erhielt.

Zur Ottersbekallee steht eine Gruppe von Silberahornen. Die Rasenflächen sind ebenfalls mit Bäumen bepflanzt worden.

Ein hübsches Überbleibsel aus alter Zeit ist ein nicht mehr benutztes Fachwerktoilettenhäuschen.

Kinder: Zwei Spielplätze sind vorhanden. Auf dem einem gibt es ein Planschbecken, der andere bietet diverse Möglichkeiten mit Spielgeräten.

Blick vom Toilettenhäuschen in den Park.

Bauerngarten im Freilichtmuseum am Kiekeberg, Kiekeberg

27 Freilichtmuseum am Kiekeberg

Ort: 21224 Ehestorf im Landkreis Harburg

PKW: Der Weg ist ausgeschildert, ein großer Parkplatz vorhanden

Bus: 144, 240, bis Freilichtmuseum

Öffnungszeiten: März–Oktober Di.–Fr. 9.00–17.00; Sa.–So. 10.00–18.00
November–Februar: Di.–So. 10.00–16.00

Eintritt: Erwachsene DM 4,–
Gruppen ab 15 Personen DM 3,– pro Person
Kinder bis 16 Jahre und Schulklassen frei

Zur Geschichte: Das Museumsdorf am Kiekeberg ist in den fünfziger Jahren nach langer gedanklicher Vorbereitung als Außenstelle des Helms-Museums entstanden. Initiator war der damalige Leiter Professor Willi WEGEWITZ. Zielsetzung war es, Elemente der neueren Geschichte des Landkreises Harburg zu sammeln und auszustellen. Das Museum zeigt Häuser vom 17. bis zum 19. Jahrhundert aus einem Heidedorf, wie es südlich von Hamburg gestanden haben könnte. 1987 erwarb der Landkreis Harburg das Freilichtmuseum von der Stadt Hamburg. Ein Teil der Einrichtung wurde als Dauerleihgabe überlassen. Seitdem wird zusätzlich die Kulturgeschichte der Winsener Marsch museal aufgearbeitet. Zur Zeit entsteht hier ein Winsermarschdorf, das sich durch die unterschiedliche Landschaftsstruktur der Marsch und eine daraus hervorgegangene Kulturlandschaft mit eigenen Hausformen und Anbauformen auszeichnet.
Dem Umfeld entsprechend nehmen die Landwirtschaft und der agrarische Bereich den Schwerpunkt der Themen und Exponate im Museumsdorf ein.

Der Bauerngarten befindet sich hinter dem Meybohmschen Haus, ein um 1797 errichtetes Kleinkötnerhaus aus Kakenstorf, das hier in den fünfziger Jahren wieder aufgebaut worden ist.

Was ist zu sehen? Die Anlage des Bauerngartens geht auf Vorbilder der Zeit von 1880 bis 1900 zurück, dessen Ursprünge jedoch weit früher liegen. Der Nutzgarten ist hier, entgegen der sonst häufig vorkommenden Form, vom Ziergarten getrennt. Seine Beete sind mit niedrigen Buchsbaumhecken eingefaßt, damit auch im Winter ein Schmuck zu erkennen ist. Diese Zierform entspricht einem holländischen Garten, der im 19. Jahrhundert seine Spuren besonders deutlich in den großbäuerlichen Gärten des Münsterlandes und des Osnabrücker Artlandes hinterließ. Ein 100 m^2 großer Hauptteil ist mit Centifolien (Rosen) und Stauden bepflanzt. Eine zweite, etwa 50 m^2 große Fläche ist in vier Quadrate aufgeteilt. Hier sind auf zwei diagonal gegenüberliegenden Beeten Dahlien und auf den anderen Beeten Stiefmütterchen, Tagetes, Löwenmäulchen und Statizen gepflanzt worden. Daneben liegen ein Gemüse-

Ein bäuerlicher Ziergarten mit Astern und Goldruten.

garten und ein Apfelhof, der gleichzeitig als Grashof zur Heugewinnung genutzt wurde.

Neben der Bauerngartenanlage sind viele Elemente der Hofgestaltung zu sehen, wie sie in der Nordheide typisch waren: die Findlingsmauer als Abgrenzung zur Straße, Zäune aus gespaltenem Eichenholz und geflochtene Zäune, damit das Vieh nicht weglaufen konnte. Früher diente der wuchtige Eichenholzzaun wahrscheinlich sogar zu Wehrzwecken.

Neben den Gartenanlagen sind einige alte Gebäude wie Bauernhäuser, eine Pattenser Schmiede, ein Bienenzaun aus Ehestorf, eine Torfscheune, eine Pfarrscheune, ein Backhaus, ein Schafstall und vieles mehr zu besichtigen.

Ein alter Kartoffelspeicher zeigt die Bedeutung der Kartoffel als »Gold der Heide« für die Region ab 1900. Die Kartoffel ist bei uns nicht heimisch, sondern wurde erst im 16. Jahrhundert aus den Anden Südamerikas nach Europa eingeführt. Ab 1750 war sie eine beliebte Gartenfrucht im Kurfüstentum Hannover, wurde jedoch erst weitere 150 Jahre später in der Heide intensiv angebaut.

In neuen Gebäuden befindet sich eine Landtechnische Sammlung mit Geräten und Informationen zu Vorgängen und Arbeitsweisen von der Zeit der Agrarreformem zwischen 1750 und 1850 bis zur Vollmechanisierung um 1970.

Tip: Von hier aus ist es nicht weit zum Wildpark Schwarze Berge. Der Weg dorthin ist gut ausgeschildert. Di Ruhetag, sonst täglich von 8.00 bis Sonnenuntergang geöffnet. Eintritt: DM 8,–.

Gastronomie: Direkt neben der Anlage liegt das Café-Restaurant »Gasthaus Kiekeberg«.

Parkführer: Ein Park- und Museumsführer ist im Museum zu erwerben.

Bewertung: Das Museumsdorf am Kiekeberg ist für die ganze Familie einen Ausflug wert. Kinder und Erwachsene haben gleichermaßen viel zu sehen und zu entdecken. Die Anlage ist aufwendig und abwechslungsreich gebaut, und zahlreiche Veranstaltungen wie Brotbacken etc. und Ausstellungen machen den Besuch noch attraktiver. Die Bauerngartenanlage ist zwar authentisch nachgebaut, jedoch etwas lieblos bepflanzt.

28 Freilichtmuseum Rieck-Haus

Straße: Curslacker Deich

Ort: Hamburg-Curslack

PKW: Parkplatz vorhanden

Bus: 324, Rieck-Museum

Öffnungszeiten: Freilichtmuseums: Oktober–März 10.00–16.00
April–September 10.00–17.00, Mo. Ruhetag

Zur Geschichte: Das Rieck-Haus ist ein typisches Vierländer Bauernhaus. Der Hauptteil wurde 1530 errichtet, 1663 ist der Wohnteil angebaut worden. Von 1948 bis 1954 wurde das Haus renoviert und seitdem vom Altonaer Museum als Außenstelle genutzt. Das Rieck-Haus ist heute das letzte erhaltene Beispiel für die frühe Form eines niederdeutschen Fachbollenhauses, welches sich durch einen ungeteilten Flett-Dielen-Raum auszeichnet.

Was ist zu sehen? Um das Rieck-Haus ist eine Hofanlage gelegen, wie sie früher in den Vierlanden ausgesehen haben mag. Im hinteren Hofbereich stehen alte Nebengebäude und eine Windmühle. Vor dem Haus liegt ein kleiner, geometrischer Bauerngarten. Niedrige Buchsbaumhecken fassen hier einige Beete ein, die mit verschiedenen Stauden bepflanzt sind.

Der Hof und die Traufkante sind mit dem ortstypischen Katzenkopfpflaster (etwa faustgroße Findlinge) befestigt. Ein Stück eines typischen Flechtzaunes ist zu sehen.

Besondere Bauten: Ganz Curslack ist einen Besuch wert. Hier stehen noch zahlreiche alte reetgedeckte Fachwerkhäuser mit teilweise hübschen Vorgärten neben gründerzeitlichen Häusern aus Backstein mit städtischem Zementstuckdekor in Neorenaissance, die den Besucher in die historische Umgebung der Vierlande einstimmen.

Wer von Curslack auf dem Deich kommt, sollte bei der Einfahrt in den Curslacker Deich rechts bei der alten Kirche St. Johannis anhalten und sich die schönen alten Gebäude und den Friedhof ansehen. Die Kirche wurde 1306 erstmals erwähnt. 1599–1603 wurde sie als Fachwerksaal neu errichtet, 1801/02 sind Querarme angefügt und der Chor sowie das hölzerne Tonnengewölbe umgebaut worden.

Neben der Kirche steht der hölzerne Glockenturm frei im Gelände. Er hat einen geschweiften, schindelgedeckten Helm von 1761.

Bewertung: Ein Besuch lohnt sich für Liebhaber alter Bauernhausanlagen und stilgerechter Hofanlagen. Wer aber wegen des Zier- und Bauerngartens kommt, der wird enttäuscht sein. Das Freilichtmuseum ist jedoch sehenswert.

Fürstengarten Lauenburg

Straße: Fürstengarten, Friedrichsbrücke, Amtsplatz
Ort: 21481 Lauenburg
Bus: 31 ab HH-ZOB, 231 ab Bergedorf bis Lauenburg ZOB
PKW: Zahlreiche Parkplätze vorhanden

Zur Geschichte: Der Fürstengarten wurde schon 1583 von Herzog FRANZ II. angelegt. Erst 1661 ließ sich der Askanierherzog Julius HEINRICH ein Schloß mit Orangerie und einem Lustgarten in barockem Stil bauen. Nach dem Aussterben der Askanier 1689 lag der Garten brach. Die heutige Anlage des Schlosses geht auf Umbauten des Hannoverschen Hauses ab 1725 zurück.
Die 1979 restaurierte Grotte ist, ebenso wie eine erhaltene Backsteinmauer, ein Überbleibsel aus der Zeit vor 1779. Die weiten Teile des Gartens wurden lange als Gärtnerei genutzt und sind in den 70er Jahren des 20. Jahrhunderts als Parkanlage hergerichtet worden. Seitdem haben abermals Veränderungen stattgefunden.
Was ist zu sehen? Hoch über der Lauenburger Altstadt und der Elbe liegt der Fürstengarten. Vom alten Schloß ist nur der Turm übriggeblieben. Von dort aus hat man einen herrlichen Blick über das Elbtal bis weit hinein nach Niedersachsen. Der Garten um die Amtsgebäude ist in Terrassen angelegt. Einige Rosenbeete und viele alte Bäume schaffen schöne Räume und Aussichtplätze am steilen Hang. Ein Fußweg führt über die »Askanierstufen« hinunter in die historische Altstadt. In diesem vom naturbelassenen Elbhang geprägten Teil finden sich zahlreiche verwilderte Gartenpflanzen, darunter der Winterling, Schneeglöckchen, Wildtulpe und der Milchstern.
Der größere Bereich des Gartens liegt auf einem Hochplateau und ist zu einem kleinen Stadtpark umgebaut worden. Einige Bäume, sehr gute Spielmöglichkeiten und eine Freilichtbühne sind hier vorhanden. Am Rande liegt eine Wiese mit alten Obstbäumen.

Gastronomie: Das Restaurant »Schützenhof« (mit Elbblick von der Caféterrasse) liegt im Park.
Behinderte: Ein Behindertenparkplatz ist vorhanden. Das Gelände unterhalb des Schlosses ist jedoch für Rollstuhlfahrer sehr schwer zugänglich.
Kinder: Ein Spielplatz mit der selten üblichen Alterstrennung bis/ab 14 Jahre ist hier vorhanden. Dazu gehören: eine Rutsche, Wackeltiere, BMX-Bahn, ein Bolzplatz, Tischtennis, Sand und Klettergerüste.
Bewertung: Vom historischen Fürstengarten ist heute nicht mehr viel zu sehen. Die neuen, modernen Gartenanlagen auf dem Plateau locken wenige auswärtige Besucher an. Dennoch sind der Ort Lauenburg, der unmittelbare Schloßbereich und die Aussicht auf die Altstadt und Elbe einen Besuch wert.

Terrasse im Fürstengarten Lauenburg

30 Garten der Schmetterlinge Friedrichsruh

Straße: Am Schloßteich

Ort: 21521 Friedrichsruh

PKW, Busse: Ein großer Parkplatz ist vorhanden, von dort aus sind noch etwa 150 m zu laufen

S-Bahn: S 21 bis Aumühle, von dort aus 20 Min. zu Fuß durch den Sachsenwald. Der Weg ist ausgeschildert

Öffnungszeiten: Meistens von Ostern bis Ende Oktober. Telefon: 0 41 04 / 60 37
Fax: 0 41 04 / 15 74

Eintritt: Erwachsene DM 7,–, Kinder DM 5,–, Gruppen ab 20 Pers. DM 6,– p. P. Familienkarte DM 6,–

Fläche: Schmetterlingsgarten 570 m²
Singender Wassergarten 260 m²
Duftgarten ca. 1000 m²

Zur Geschichte: Den »Garten der Schmetterlinge« gibt es in Friedrichsruh seit dem 3. 7. 1985. Er entstand dort nach dem Vorbild eines Schmetterlingsgartens in der Nähe von Bordeaux/Frankreich und einem Garten bei London/England. Idee und Planung stammen von Fürstin Elisabeth von BISMARCK, die auf dem Gelände der vorhandenen Schloßgärtnerei zwei Hallen für tropische und heimische Schmetterlinge errichten ließ.
Der »Singende Wassergarten« ergänzt seit 1992 die Anlage. 1993 ist ein »Duftender Garten« angeschlossen worden, der in der neu gestalteten Außenanlage liegt. Diese beiden Ideen stammen auch von der Fürstin von BISMARCK. 1994 wird der Bereich hinter den Schmetterlingshallen zu einem weiteren Außenpark umgestaltet.
Was ist zu sehen? Der Schmetterlingsgarten ist in zwei Bereiche unterteilt:

1. den tropischen Bereich,
2. den einheimischen Bereich.

Der tropische Bereich hat eine Grundfläche von 450 m². Hier sind 50 bis 60 Schmetterlingsarten aus Asien, Süd- und Nordamerika, Afrika und Australien zu sehen. Die Temperatur und Luftfeuchtigkeit ist sehr hoch, um den Tieren einen optimalen Lebensraum zu geben. Ca. 500 Falter fliegen ständig frei herum. Ein Rundweg führt über eine Brücke und einen Teich vorbei an vielen blühenden Pflanzen zur Halle der heimischen Falter. Hier sind auf 120 m² ca. 20 Arten zu sehen, die sich von heimischen Pflanzen ernähren.

In beiden Hallen sind Kästen mit Raupen aufgestellt, in denen man die Entwicklung zum Schmetterling beobachten kann.
Als **Futterpflanzen** für Raupen dienen z. B. Brennessel, Distel, Klee, Eiche, Faulbaum und

Ein Rundweg mit Teichen und Brücken führt durch die tropische Pflanzenwelt.

Vielseitige, bunte und exotische Vegetation erwartet den Besucher in der Halle der Schmetterlinge.

verschieden Gräser, für Schmetterlinge sind es Distel, Klee, Geißblatt, Fetthenne und zahlreiche Wildkräuter. Diese Pflanzen entwickeln sich im eigenen Garten oft ganz von allein, wenn man sie wachsen läßt! Zur Beschleunigung können Saatmischungen ausgebracht werden, die viele Arten enthalten.

Der »Singende Wassergarten« ist einzigartig in Deutschland. In diesem japanisch anmutenden Gartenteil sind viele immergrüne Pflanzen verwendet worden. Es ist fesselnd zu beobachten, wie das fließende Wasser dabei durch mechanische Bambuswippen und Rohre ungewohnte Geräusche erzeugt. Absolute Ruhe ist erforderlich, um den angestoßenen Klangspielen und dem Plätschern des Wassers zu lauschen und den Bewegungen der kostbaren japanischen Koi-Karpfen zu folgen. Hier wird ». . . das Ohr zum Tor zur Seele« (indisches Sprichwort).

Im Duftgarten ist der Versuch unternommen worden, Düfte zu komponieren: das heißt, nicht einen einzigen Duft einzusetzen, sondern durch die Kombination mit anderen Düften eine neuartige Wirkung entstehen zu lassen. Eine in Deutschland wohl bisher einmalige Unternehmung.

Neben dem Duftgarten liegen noch kleinere Themengärten und der Libellenteich.

Auf einer Insel im angrenzenden Schloßteich befindet sich ein ruhiger Sitzplatz.

Gastronomie: Vorhanden ist eine Cafeteria bzw. ein Imbiß mit vielen Plätzen draußen am Schloßteich.

Ein Café ist Anfang 1994 eröffnet worden.

Behinderte: Das gesamte Wegenetz ist gut befahrbar.

Der »Singende Garten« und der Duftgarten sind gut für Blinde und Sehbehinderte geeignet. Das Gehör und der Geruchssinn werden angesprochen. Einige nicht alltägliche Vorgänge können wahrgenommem werden, z. B. das tropische Klima mit hoher Temperatur und Luftfeuchtigkeit, die ungewöhnlichen Klänge und Geräusche oder auch die Düfte.

Kinder: Eine kleine Sandkiste mit Spielzeug und Schaukel ist vorhanden, ebenso ein Streichelgehege mit Kaninchen, das alle Kinder erfreut.

Die gesamte Anlage ist für Kinder sehr spannend, informativ und lehrreich, weshalb häufig Schulklassen zu Führungen kommen. Der Preis für eine Klassenführung beträgt pauschal DM 10,–.

Hunde: Hunde sind im Schmetterlingsgarten nicht zugelassen. Im »Singenden Garten«- und im Duftgarten können sie mitgenommen werden. Es besteht dort eine generelle Anleinpflicht. Eine Hundebar (mit Wasser und meistens auch Hundekuchen) ist im Sommer geöffnet.

Toiletten: sind vorhanden.

Bewertung: Der »Garten der Schmetterlinge« ist eine bedeutsame Anlage. Denn das Thema Schmetterlinge und ihre Futterpflanzen ist aktuell und in einer immer noch weiter verarmenden Umwelt wichtig zu zeigen. In dieser Anlage kann sich der Besucher an der Schönheit der lebenden Tiere und Pflanzen erfreuen und Wissenswertes über heimische Schmetterlinge und Futterpflanzen lernen. Gleichzeitig erfährt er etwas über die Abhängigkeit von Nahrung, Lebensraum und Lebenszyklen.

Nicht nur die eigentliche Attraktion, der »Garten der Schmetterlinge«, sondern auch die umliegenden Gartenanlagen sind bestens gepflegt und rechtfertigen ebenfalls einen ausgiebigen Besuch. Dazu werden ein Souvenir- und Antiquitätenladen, ein eigener Bereich für Kinder und Hundebetreuung in der herrlichen Atmosphäre des Sachsenwaldes geboten.

Das Bismarckmuseum und die Familiengruft liegen nur wenige hundert Meter entfernt und sollten besichtigt werden.

Garten Horstmann in Schneverdingen 31

Straße: Rotenburger Straße, am Ortsausgang Richtung Lünzen

Ort: 29640 Schneverdingen

PKW: Parken ist auf dem Grundstück möglich

Was ist zu sehen? Im Garten der Firma Horstmann, der seit 1977 besteht, sind über 1000 Gehölze zu sehen. Fast alle sind Nadelgehölze. Die meisten sind kleinwüchsig und zu Sichtungszwecken aufgepflanzt. Die Baumschule Horstmann beschäftigt sich seit vielen Jahren mit der Züchtung und Vermehrung kleinwüchsiger Koniferen. Viele kleinc Gehölze werden aus sogenannten Hexenbesen gezogen, die durch natürliche Mutationen (genetische Veränderungen) an Gehölzen, meistens an Nadelgehölzen wie Fichten, Kiefern, Lärchen, entstehen. Diese Hexenbesen werden gesammelt und auf »normale« Gehölze der gleichen Gattung veredelt, wo sie weiterwachsen. So entstehen häufig kompaktwachsende Arten, die dann auch für den Verkauf vermehrt werden.

Wer neue Züchtungen kaufen möchte, sollte am besten im September kommen, wenn schon die Veredelungen vom Frühjahr verkaufsfertig sind. Neben den kleinen Nadelgehölzen können auch zahlreiche Gehölze aller Arten erworben werden.

Bewertung: Der Garten der Firma Horstmann ist eine Anlage für Fachleute und Liebhaber. Die Gehölze sind nicht nach ästhetischen Gesichtspunkten gepflanzt, sondern als Sammlung und stehen recht eng in Reihen. Wer sich für Sorten und Arten interessiert, die gut beschildert sind, und ein Fachgespräch mit Herrn oder Frau Horstmann sucht, der ist auf jeden Fall gut beraten.

Die Baumschule züchtet vorwiegend kleinwüchsige Nadelgehölze.

Vor dem historischen Glockenhaus, heute Museum, breitet sich die kunstvolle Barockanlage aus Buchsbaumornamenten aus.

Glockenhausgarten 32

Straße: Billwerder Billdeich 72

Ort: Hamburg-Billwerder/Billbrook

PKW: Wenige Parkplätze vorhanden

Bus: 330, Billwerder Billdeich

Öffnungszeiten: Der Garten ist permanent geöffnet, das Maler- und Lackierermuseum nur Sa. und So. 10.00–13.00. Führungen durch das Museum nach Vereinbarung

Zur Geschichte: Das Glockenhaus ist ein Beispiel für die frühe Landhauskultur im Hamburger Umland. Ein Bauernhaus ist hier um das Jahr 1600 durch einen landhausartigen Wohnteil erweitert worden, woraufhin es 1605 der Hamburger Jacob TROCKE als Sommersitz kaufte. Zwischen 1779 und 1785 wurde der Landhausteil durch den Hamburger Paridom Daniel KERN umgebaut. Der Wirtschaftsteil ist 1911 abgebrannt. Seit 1972 wurde das Haus renoviert und wird heute als Maler- und Lackierermuseum genutzt. Um das Haus ist ein kleiner Garten gebaut worden, wie er in der Zeit des Barock (etwa 1660–1770) hätte aussehen können. Die Entwürfe sind nach HENNEBOs: »Historische Gärten« entstanden.

Der Name des Gebäudes stammt von dem Glockendachreiter.

Was ist zu sehen? Die kleine Gartenanlage neben dem Museum ist in drei Abschnitte eingeteilt. Zur Straße steht eine Anpflanzung von Linden. Es schließt sich ein Beetteil mit kunstvollen Ornamenten aus Buchsbaum an. Streng geschnittene Eiben markieren wichtige Punkte. Kieswege führen hindurch. Im hinteren Teil befindet sich ein Nutzgarten mit alten Kräuter- und Gewürzpflanzen.

Auf der gegenüberliegenden Straßenseite stehen zwei Scheunen aus den Jahren 1649 (links) und 1566 (rechts).

Im Glockenhaus, das von der Stadt Hamburg zur Verfügung gestellt wurde, befindet sich seit 1984 das Maler- und Lackierermuseum.

Tip: Ein Erlebnis ist die Anfahrt von Bergedorf aus über die Straße Billwerder Billdeich. Man fährt an zahlreichen Landhäusern und z. T. reetgedeckten alten Bauernhäusern vorbei. Viele sind Zeugen aus der Zeit, da Hamburger Bürger hier ihre Sommersitze hatten. Teilweise stehen noch die traditionellen, heute oft verwachsenen, Lindenreihen aus der Zeit des Barock vor dem Haus. Weiter, durch das Billetal mit Bruchwäldern, Kopfweiden und alten Kastanien, gelangt man zur alten Billwerder Kirche. Sie wurde 1737–1739 vom Hamburger Architekten KUHN errichtet. Nach einem Brand 1911 wurde sie 1913 wieder aufgebaut. Die Innenausstattung mit Kanzelaltar und Orgelparterre wurde der von KUHN entworfenen barocken Einrichtung nachempfunden. Auf dem Friedhof um die Kirche liegen viele alte Gräber, die nach traditioneller Art mit Buchsbaum-, Eiben- oder Thujahecken umpflanzt sind.

Diese Tour läßt sich auch sehr gut mit dem Fahrrad durchführen.

Gastronomie: Einige Restaurants und Cafés liegen am Billwerder Billdeich.

Bewertung: Der Glockenhausgarten ist eine kleine, liebevoll neu angelegte Gartenanlage im barocken Stil. Die Umgebung im alten Billwerder hätte passender nicht ausgesucht werden können. Besonders nach einer Anfahrt von Bergedorf ist man richtig auf die alte Zeit eingestimmt. Garten, Museum und die historische Umgebung sind ein lohnenswerter Ausflug!

33 Goßlers Park

Straße: Goßlerstraße, Blankeneser Landstraße

Ort: Hamburg-Blankenese

PKW: Zahlreiche Parkplätze vorhanden

S-Bahn: S 1, S 11, bis Blankenese

Fläche: 8,5 ha

Zur Geschichte: Auf dem Krähenberg lag zwischen 1795 und 1865 der Besitz der Familie BLACKER, die hier einen Landschaftspark um das vom Architekten C. F. HANSEN errichtete Landhaus bauen ließ. 1897 wurde die Anlage an John GOSSLER verkauft.

1901 brannte das Haus ab und wurde in der heutigen Form neu gebaut. Auch der Park erhielt seine derzeitige Form. 1924 kaufte die Gemeinde Blankenese den Besitz und nutzte das Haus als Rathaus. Ab 1934 wurde der kleinere südliche Teil ein öffentlicher Park. Der nördliche Teil wurde parzelliert und bebaut.

Was ist zu sehen? Goßlers Park ist ein Landschaftspark im englischen Stil. So sind weite Wiesenflächen neben waldigen Bereichen vorhanden. Überwiegend wachsen hier Rotbuchen. Über der Blankeneser Landstraße thront das prächtige weiße Landhaus, welches heute als Ortsamt genutzt wird. Im Park selbst sind ein Kreis aus Rotbuchen und die Allee der Hochzeitsbäume erwähnenswert.

Das herrschaftliche Haus dient heute als Ortsamt.

Grünes Zentrum Lohbrügge 34

Straße: Leuschnerstraße, Korachstraße

Ort: Hamburg-Bergedorf

PKW: Einige Parkplätze in den umliegenden Straßen

Bus: 132, bis Korachstraße, Röpraredder, Binnenfeldredder
234, bis Plettenbergstraße

S-Bahn: S 2, S 21, bis Bergedorf

Fläche: ca. 17 ha

Zur Geschichte: Das Grüne Zentrum Lohbrügge wurde zusammen mit dem umliegenden Wohngebiet ab 1964 gebaut. Als Gelände diente die Fläche einer ehemaligen Tongrube, wobei die abwechslungsreiche Topographie sehr gekonnt für die Gestaltung genutzt wurde. Das Zentrum der alten Grube im Rand der Anlage ist heute ein großer Teich. Grünzüge verbinden verschiedene Wohngebiete miteinander und vergrößern den Park, ohne direkt dazuzugehören.

Was ist zu sehen? Das Grüne Zentrum Lohbrügge wird durch weite, abwechslungsreiche Grünflächen in einem leicht bewegten Gelände geprägt. Die Nähe zu den großen Wohngebieten ist nur zum Teil sichtbar. Intensiv gestaltete Flächen, wie ein mit Feuchtstauden, Gehölzen und Farnen bepflanzter Bachlauf und ein neu angelegter Bereich um eine Vogelvoliere, sind ein vielbesuchter Anziehungspunkt. Im Park liegt ein großer Teich, der aus der ehemaligen Tongrube hervorgegangen ist, mit einer kleinen Insel. Schöne Sitzplätze, weite Wiesen- und Waldflächen für alle Spiel- und Sportarten wechseln sich hier ab. Zahlreiche Rundwege erlauben auch längere Spaziergänge.

Am Teich gibt es eine Steganlage, eine Entenfütterstelle und viele Flachwasserbereiche.

Besondere Bäume: Direkt im Wasser des großen Teiches stehen einige Sumpfzypressen.

Kinder: Mehrere Spielplätze, ausgestattet mit Geländerutsche, Sand, Kletternetzen, Seilbahn, sind vorhanden und bieten zusammen mit den weiten Wiesenflächen abwechslungsreiche Spielmöglichkeiten. Ein Minigolfplatz, Rodelberg und Fußballplatz ergänzen das Angebot.

Bewertung: Das Grüne Zentrum Lohbrügge ist für die umliegende Wohnbebauung angelegt worden. Der Park lockt aber wegen seines bewegten, abwechslungsreichen Geländes und wegen der weiten Rasenflächen mit ihren gliedernden Gehölzgruppen auch auswärtige Besucher an. Lange Spaziergänge sind möglich.

Parkimpressionen im Grünen Zentrum.

35 Gutspark Horneburg

Straße: Marschwall

Ort: 21640 Horneburg

Zufahrt: Von Hamburg auf der B 73 kommend, gelangt man durch den Ort Horneburg. Dort liegt am Ortausgang Richtung Altes Land ein altes Gutshaus mit einem Park

Was ist zu sehen? Ein Gutshaus mit einem Storchennest auf dem Dach und herrlichem wilden Wein an der Hauswand liegt in einem alten Park. Leider sind das Haus und der Park völlig heruntergekommen. Der Park ist verwachsen, und an vielen Stellen im Wassergraben und im Gelände liegt Müll. Ein Rundweg um eine nicht zu betretende Insel ist mehr ein Trampelpfad als ein Weg. Nur ein Teil zur Straße hin wird etwas gepflegt. Hier liegen ein kleiner Spielplatz und eine Wiese.

Trotz des sehr schlechten Zustandes des Parkes sind Reste einer ehemals wohl sehr eindrucksvollen Anlage erkennbar. Viele alte Bäume und der Wassergraben um eine Insel, die dem Haus zugeordnet und mit Tausenden von Schneeglöckchen geschmückt ist, lassen etwas vom Glanz früherer Zeit erahnen. Das verwachsene Unterholz und diverse Sumpfzonen bieten vielen Vogelarten ein wahres Paradies. Auf dem zerfallenen Gutshaus befindet sich ein Storchennest, an der Wand klettert wilder Wein, dessen Hauptstamm ca. 40 cm Umfang aufweist.

Bewertung: Gerade der wilde Zustand im verwunschenen Park übt einen geheimnisvollen Reiz aus. Ein Besuch, verbunden mit Agathenburg oder dem Alten Land in Richtung Steinkirchen, empfiehlt sich.

Die Anlage und das Haus müßten behutsam restauriert werden, denn die Substanz ist durchaus erhaltungswürdig. Hoffentlich finden sich rechtzeitig vor dem endgültigen Zerfall Mittel, um das Gut zu erhalten.

Das mit wildem Wein bewachsene, renovierungsbedürftige Gutshaus im verwilderten Park.

Rhododendronpracht in Nahaufnahme.

36 Hachmanns Rhododendrongarten

Straße: Brunnenstraße 68

Ort: 25355 Barmstedt (in Holstein)

PKW: Parkplätze sind auf dem Betriebsgelände vorhanden

Tel.: 0 41 23 / 24 70 für Bestellungen

Was ist zu sehen? Am Rande der Anzucht der Firma Hachmann liegt der Rhododendronvergleichs- und Schaugarten. Die ersten Rhododendren beginnen bereits Ende Februar mit der Blüte, die letzten blühen noch Ende Juni. Die Hauptblütezeit ist vom 15. Mai bis 5. Juni. Dann schließt sich nahtlos die Blütezeit der Lorbeerrosen (Kalmia) an. Ab August bis Ende Oktober blüht die Heide in einem reichhaltig bepflanzten Heidegarten.

Unbestrittene Attraktion sind aber die in ca. 2800 (!!!) Arten und Sorten von Rhododendren und Azaleen. Sie sind bunt durcheinandergepflanzt, und gerade diese unorthodoxe Zusammenstellung der Sorten übt einen ganz ungewöhnlichen Reiz aus. Teilweise sind diese Pflanzen noch nicht im Handel erhältlich, sondern werden hier auf Wuchs und Farbe getestet. Annähernd 1600 verschiedene sommer- und immergrüne Gehölze mit vielen Raritäten ergänzen die Blütenpracht mit ihren Eigenarten. Ein kleiner japanischer Gartenteil mit einem Bachlauf, Steinlaternen und zahlreichen japanischen Azaleen ist neben dem Heidegarten zu sehen.

Der Firmeninhaber Hans Hachmann ist der führende Züchter einer hauptsächlich durch ihn bekannt gewordenen Rhododendrongattung, den Yakushimanum-Hybriden. Sie zeichnen sich durch kompakten Wuchs, kräftige Farben und eine größere Sonnenunempfindlichkeit aus, als sie normalerweise bei Rhododendron zu erwarten ist. Auch diese Züchtung ist sehr zahlreich vorhanden.

Tip: Wer neue Sorten gleich kaufen und mitnehmen möchte, kann das in den Geschäftszeiten von Mo. bis Fr. 7.00–12.00 und 13.00–17.00, Sa. 8.00-12.00 Uhr vom 20.9.–15.11. und 1.3.–10.6. tun.

Behinderte: Die Rindenmulchwege sind für einen Rollstuhl zu schmal. So sind nur wenige Bereiche des Gartens zugänglich.

Bewertung: Wer Rhododendren und Azaleen mag und sich über die neuesten Sorten informieren möchte, für den ist der Garten im Mai ein Muß! Ein Besuch lohnt sich für jeden Gartenliebhaber in der Zeit von Mitte April bis Mitte Oktober. Die Farben- und Formenvielfalt ist so überwältigend, daß auch derjenige, der noch kein überzeugter Rhododendronfreund ist, begeistert sein müßte. Wer für seinen eigenen Garten neue Sorten sucht, der findet hier alles, was er braucht. Die Anlage ist hervorragend gepflegt, und alle Pflanzen sind mit Namensschildern versehen.

Eine neue Züchtung: die Rhododendronhybride »Canberra«.

Wo man auch hinschaut: Überall Rhododendron. Die Wege sind mit Rindenhächsel gepolstert.

37 Hagenbecks Tierpark

Straße: Hagenbeckallee, Gazellenkamp, Autobahnausfahrt (A 7) Stellingen

Ort: Hamburg-Stellingen

PKW: Große Parkplätze vor dem Haupteingang in der Hagenbeckallee und Nordeingang Gazellenkamp, einige Parkplätze in den umliegenden Straßen

Bus: 39, 181, 190, 281, bis U-Bahn Hagenbecks Tierpark

U-Bahn: U 2, bis Hagenbecks Tierpark

Öffnungszeiten: Der Park ist ganzjährig täglich ab 9.00 bis zur Dämmerung geöffnet

Eintritt: Erwachsene 18,–, Kinder (3–13) 13,–, Gruppen (ab 15 Pers.) Erwachsene 15,–, Kinder 10,–

Fläche: Ca. 27 ha

Zur Geschichte: Im Jahr 1848 stellte der Fischhändler Gottfried Clas Carl HAGENBECK (1810–1887) mit sechs Seehunden erstmals Tiere zur Schau. Ort der Vorstellung war der Spielbudenplatz auf der Reeperbahn. In den folgenden Jahren kaufte er weitere Tiere und stellte sie, unter anderem auf dem Hamburger Dom, aus.

Ab 1859 widmete sich der erst 15jährige Sohn Carl Hagenbeck dem Tierhandel. Zahlreiche Käufe und Verkäufe, unter anderem an Alfred BREHM (Brehms Tierleben), Zoodirektor in Hamburg, und an diverse Tiergärten, wurden getätigt. 1865 beschäftigte er erstmals auch Tierfänger, die Tiere aus Afrika mitbrachten. Später, nach den Bau des Suezkanals, erreichten sie Hamburg in maximal 80 Tagen.

1874 wurde am Neuen Pferdemarkt ein 76 000 Quadratfuß großer Garten zu »Carl Hagenbeck's Thierpark« umgestaltet. Die hier stattfindenden Völkerschauen, bei denen den Besuchern hierzulande wenig bekannte Völker wie Eskimos und Lappen präsentiert wurden, erfreuten sich großer Beliebtheit.

Ab 1880 wurde der indische Tierfang erschlossen. Zeitgleich fuhr Hagenbecks Segelschiff nach Labrador, um Eskimos zu holen. In den 80er Jahren waren Hagenbecks Ceylonschauen eine große Attraktion in Deutschland und Österreich. In Berlin fanden sich dafür über 100 000 Besucher ein.

Auf dem Heiligengeistfeld eröffnete 1887 »Carl Hagenbecks Internationaler Circus und Singhalesen-Karavane«. Damit begann eine große Ära verschiedenster von Hagenbeck geleiteter Zirkusse und besonderer Ausstellungen. Auch auf mehreren Weltausstellungen war Hagenbeck aktiv. So stellte er 1893 eine aufsehenerregende gemischte Raubtierdressur auf der Weltausstellung in Chicago vor.

Bei einer von Hagenbeck eingeführten »zahmen Dressur« wurde im Tierpark u. a. getestet, wie hoch und weit Tiere springen können. Die Ergebnisse sollten die Maße für geplante Außengehege bestimmen. 1896 erhielt Hagenbeck ein Patent für seine gitterlosen Freisichtanlagen.

Auf dem 1897 gekauften 27 ha großen Gelände in Hamburg-Stellingen wurden 1902 40 000 cbm Boden bewegt. Unter Leitung des Schweizer Bildhauers EGGENSCHWYLER entstanden die großen Felsenbauten; der Landschaftsgärtner H. HINSCH leitet die Gestaltung des Tierparkes, der am 7. Mai 1907 eröffnet wurde. Gäste wurden später Kaiser WILHELM II., Dänemarks König FFRIEDRICH VIII. und Thomas Alva EDISON (Erfinder). In den folgenden Jahren baute Hagenbeck Tierparks in weiten Teilen der Welt. Dazu organisierte er zahlreiche Ausstellungen und Tierschauen. 1913 komponierte Jean GILBERT das heute noch bekannte Marschlied »Geh'n wir mal nach Hagenbeck«. Ein Jahr später starb Carl

Parklandschaft in Hagenbecks Tierpark.

HAGENBECK, und seine Söhne führten Park und Zirkus weiter.
Im Ersten Weltkrieg fanden im Park Militärkonzerte und Waffenvorführungen statt. Wertvolle Tierbestände gingen ein, und große Verluste mußten hingenommen werden. 1920 wurde der Stellinger Tierpark geschlossen, und die Tiere wurden verkauft. Erst 1924, nach dem Eintreffen zahlreicher Tiertransporte, wurde der Park wieder eröffnet. 1933 startete der Zirkus Carl Hagenbeck zu einer Asientournee. Mit dabei waren zahlreiche Tiere, die auf einem eigens für diesen Zweck umgebauten Dampfer transportiert wurden.
Im Juni 1943 wurden bei schweren Luftangriffen auf Hamburg auch die Tierparkanlagen zerstört. 450 Tiere und 9 Menschen starben dabei. Nach dem Krieg wurde der Zoo wieder aufgebaut, der Zirkus jedoch nach einigen internationalen Auftritten 1953 aufgelöst. Für den Tierpark steigerte sich neben dem Import von Tieren aus der freien Wildbahn das Interesse an der Nachzucht vieler Arten. Aufsehenerregend war die gelungene Nachzucht von Indischen Elefanten. Zwei Babys wurden 1992 geboren, das erste vom damaligen Bundesaußenminister Hans-Dietrich GENSCHER getauft. Hagenbeck hat zur Zeit die größte Elefantenherde in Europa.
Noch immer ist Hagenbeck ein Privatzoo, der mittlerweile in der fünften bzw. sechsten Generation von der Familie geleitet wird. Da es keine finanziellen Unterstützungen von der Stadt gibt, werden die hohen Kosten von etwa 35 000 DM pro Tag für die Tiere, Nahrung, Züchtung, Energie, Löhne und Pflege fast ausschließlich durch Besuchergelder finanziert.
Was ist zu sehen? Hagenbecks Tierpark ist heute einer der größten Privatzoos der Welt. Über 2100 Tiere sind hier zu Hause. Viele von ihnen sind in den großzügigen Freigehegen untergebracht, die Hagenbeck in der ganzen Welt bekannt gemacht haben und die heute überall kopiert werden.
Auf dem hervorragend gepflegten, ursprünglich ebenen Gelände ist eine bewegte, abwechslungsreiche Parklandschaft entstanden, in die die meisten Tiergehege perfekt eingepaßt sind. Auf dem ausgeschilderten Rundweg bieten sich dem Besucher weite (Durch-)Blicke in den Park. Exotische Panoramen erinnern an die vielen Auslandsreisen, die Hagenbeck und seine Angestellten unternommen haben: Viele Motive davon sind im Park zu sehen. Oft bildet die Landschaft die Kulisse und das Tiergehege die Bühne. So hat der amerikanische Erfinder Alva EDISON einmal gesagt: »The animals are not in the cage but on the stage.«
Bekannt sind die hohen Felsen, in deren Vordergrund sich ein Teich mit rosa Flamingos befindet, und die rote Brücke, die auf die im japanischen Stil gestaltete Insel führt.
Neben den lebenden Tieren im Park, im Troparium (Aquarium, Echsen, Schlangen etc.) und im Delphinarium sind lebensgroße Dinosaurier und Echsen aus Beton zu sehen. Sie stehen hinter der Birma-Insel wie in einem großen Diorama mit Wasser, Wiesen und Bäumen.
Attraktionen: Äußerst sehenswert sind die Fütterung der Pinguine und Robben sowie die Elefantendressur, die allerdings nur von März bis Oktober stattfindet. Die genauen Zeiten sind am Eingang zu erfahren.
Im Park sind eine Delphin- und Seelöwenshow gegen Sondereintritt sowie ein Troparium zu sehen.
Veranstaltungen: Jedes Jahr finden an vier Samstagen im Mai und Juni die »Dschungelnächte« statt. Dabei bietet sich dem Besucher von 17.30 bis 24.00 Uhr ein buntes Programm mit Tieren, Menschen, Musik und Show. Internationale Imbißstände sind genauso zu finden wie Rhythmen aus fernen Erdteilen.
In loser Folge finden thematische Ausstellungen (wie über Wale oder Dinosaurier) und Veranstaltungen, wie z. B. das Laternenfest, statt, um den Park auch im Winter attraktiv zu machen.
Besondere Bauwerke: Der Haupteingang entstand nach einem Entwurf von Moritz LEHMANN, Berlin. Er ist geschmückt mit Tieren aus Bronze von Joseph PALLENBERG sowie Indianern und Nubiern aus Bronze von R. FRANCKE aus Berlin.
Das 1926 eingeweihte und heute noch hinter dem Haupteingang stehende Hagenbeck-Denkmal wurde von Rudolf MARCUSE geschaffen. Im Sockel ist eine Kassette eingemauert, die 15 internationale Orden enthält, die dem Tierparkgründer verliehen worden waren.
Die Doppelfreisichtanlage für die Kodiakbären am Haupteingang wurde 1936 gebaut.
Besondere Pflanzen: Im Frühjahr blühen auf

Ostasiatische Landschaftsgestaltung mit Teich, kleiner Brücke und Pagode.

den Flächen ca. 200 000 Schneeglöckchen, Krokusse und Narzissen. Zahlreiche außergewöhnliche Gehölze stehen im Park, die sich harmonisch in die Anlage einfügen.

Kinder: Ein herrlicher, großer Spielplatz mit vielen Möglichkeiten zum Austoben und Spielgeräten ist vorhanden. Dort kann man auf Elefanten und auf Dromedaren reiten. Auch eine Märchenbahn, in der man mit Oldtimern auf Schienen durch ein Märchenland fahren kann, ist ebenfalls da. Ein Streichelgehege mit Meerschweinchen und Kaninchen liegt gegenüber der Märchenbahn

Behinderte: Der Park ist auch für sehbehinderte und blinde Menschen erlebbar, denn die vielen Tiere geben unterschiedliche Geräusche und Gerüche von sich, die wahrgenommen werden können.

Das Gelände ist für Rollstühle problemlos befahrbar. Parken auf dem Parkplatz am Haupteingang sowie Nordeingang (Gazellenkamp) möglich; Toiletten sind am Haupteingang, Delphinarium und Nebeneingang zu finden.

Gastronomie: Im Park sind zahlreiche Imbisse, Eisstände und das Restaurant »Flamingolodge« (am Vogelteich Nr. 1) vorhanden.

Hunde: Das Mifführen von Hunden ist nicht gestattet, da es zahlreiche freilaufende Tiere im Park gibt.

Parkführer: Ein Tierparkführer und weitere Informationen sind im Park zu erwerben.

Bewertung: Hagenbecks Tierpark ist eine herausragende Parkanlage für Menschen jeden Alters. Der hervorragend gepflegte, landschaftlich abwechslungsreiche Park rechtfertigt auch ohne Tiere einen ausgiebigen Besuch. In der bewährten Kombination mit Zoo und Veranstaltungen aber ist Hagenbecks Tierpark eine unvergleichliche Attraktion, auch im Winter.

38 Hammer Park

Straße: Sievekingsallee, Höhe Hammer Steindamm, Caspar-Voght-Straße

Ort: Hamburg-Hamm

Bus: 261, 116 bis Rauhes Haus

U-Bahn: U 3, bis Hammer Kirche, Rauhes Haus

S-Bahn: S 4, S 1, S 11, bis Hasselbrook

Fläche: 15,7 ha, von denen sich 0,35 ha in Privatbesitz befinden, dazu 1,4 ha Elisabethgehölz

Zur Geschichte: Im Jahre 1648 war Hamm ein Dorf im Hammer Wald. Auf dem jetzigen Sportplatzgelände stand damals der Hammer Hof, ein schönes Bauernhaus, das 1690 von Peter BURMESTER gekauft wurde.

Um 1700 kauften sich viele reiche Hamburger Bürger Gärten und Landbesitz außerhalb der Stadt. Ein Problem stellte der Besuch der Kirche jeden Sonntag dar, denn der Weg zurück in die Stadt war beschwerlich, und auf dem Lande (Hamm) gab es keine Kirche. Auf Initiative von BURMESTER wurde deshalb in Hamm eine Kirche errichtet, die von vielen Gartenbesitzern mitfinanziert wurde. Die Garten- und Landhausbewegung in Hamm wurde so noch verstärkt.

Der Hammer Hof wurde 1773 von Jacques de CHAPEAUROUGE, Kaufmann aus Genf, aufgekauft, der neun Jahre zuvor nach Hamburg gekommen war. Er vergrößerte das Landgut, baute das Haus zu einem Lusthaus um und hielt dort große Feste ab. Den Garten baute er im englischen Stil um. In Gewächshäusern kultivierte er seltene Pflanzen. Zudem setzte er Bäume aus seiner Heimat, die den Bewuchs im Hammer Park bereicherten. Viele Gartenliebhaber über Hamburgs Grenzen hinaus interessierten sich für die Anlage und besuchten sie bei freiem Eintritt. 1805 starb Jacques de CHAPEAUROUGE, und sein Sohn Dauphin Jean erbte den Hof.

Im Winter 1813/14 wurden auf den Befehl von Marschall DAVOUST (Eckmühl) als »Störung für das freie Schußfeld« alle Bäume in Hamm abgesägt. Nach der Einnahme von Paris 1814 durch die Alliierten leitete de CHAPEAUROUGE den Wiederaufbau des Landsitzes ein, allerdings etwas weiter östlich von der alten Stelle. 1823 hatte seine Tochter Karl SIEVEKING geheiratet, der den Hammer Hof mit allen Ländereien 1829 erbte. In der Bewirtschaftung stand ihm Baron VOGHT zur Seite, der wahrscheinlich großen Einfluß auf die Neugestaltung des Parks hatte.

Unter SIEVEKING wurde der Hof zum Mittelpunkt einer geistig, künstlerisch und politisch interessierten Gesellschaft. Anfang der dreißiger Jahre wurde für den Gärtner ein Schweizer Haus errichtet. Nach dem Tod seines Vaters übernahm Karl SIEVEKING die Anlage und brachte den vernachlässigten Park wieder in Schuß.

Hamburg wuchs um 1900 stark nach außen, und der Hammer Hof verkleinerte sich auf etwa die Fläche, die der Hammer Park heute hat. Ab 1901 begann eine lange Diskussion um die Übernahme des Parkes durch die Stadt Hamburg. Schenkung, Ankauf, Grundstückstausch oder Nutzungsgarantie waren die denkbaren Alternativen.

Über die Bedeutung der großartigen Parkanlage um 1900 für Hamburg berichtet ein Auszug aus einem »Protokoll über die öffentliche Versammlung« am 03. 04. 1910:

»Der Sievekingsche Park ist der letzte große englische Garten im Stadtgebiet. Das Bestreben, ihn zu erhalten, schließt sich dem von Brinkmann und Lichtwark mit weitem Blick begonnenen und mit größter Kraft durchgeführten Plan zur Erhaltung hamburgischer Kulturdenkmäler an. Hamburg ist es seiner Ehre schuldig, für diesen Plan beträchtliche Mittel bereitzustellen. Auch die wirtschaftliche Bedeutung dieser Bestrebungen (Verstärkung

Ein gigantisches Märchenkrokodil aus Stein bewacht das Kinderplanschbecken.

Eindrucksvoll und raumgliedernd; Mauern und Tore aus exakt geschnittenen Hecken.

des Fremdenzustromes) darf nicht unterschätzt werden und wird bald in Erscheinung treten.«
Nach langem Hin und Her wurde im Jahre 1915 das gesamte Erbe der SIEVEKINGS an Hamburg verkauft. Schon ein Jahr vorher begann der Umbau zu einem Volkspark.
1919 wurden die durch den Krieg unterbrochenen Arbeiten nach Plänen von Gartenbaudirektor Otto LINNE fortgesetzt. Am 15. 07. 1920 wurde die eine Million Mark (eine damals ungeheure Summe, denn auch Hamburg hatte Reparationsleistungen aus dem Ersten Weltkrieg zu bezahlen) teure Anlage der Öffentlichkeit übergeben. Sie bot, den damaligen Bedürfnissen angepaßt, allen Alters- und Bevölkerungsschichten zahlreiche Erholungsmöglichkeiten. Im August 1921 wurde auch die Sportanlage eingeweiht.
Hervorzuheben ist der Heckengarten, der zwar im Zweiten Weltkrieg zerstört wurde, danach aber nach alten Plänen im holländischen Stil wieder aufgebaut wurde. Er hat lediglich seinen Charakter als Staudengarten eingebüßt.
Das Herrenhaus blieb nach dem Ersten Weltkrieg als Parkmittelpunkt erhalten und wurde als Tanzsaal und Restaurant für zeitweise 1500 Gäste genutzt. Auf dem einstigen Hofplatz wurde ein Musikpavillon errichtet, in dem in den zwanziger und dreißiger Jahren während der Sommermonate fast täglich Konzerte stattfanden.
Im Zweiten Weltkrieg wurde im Juli 1943 das Herrenhaus mit allen Wirtschaftsgebäuden völlig zerstört. Nach dem Krieg wurden alle freien Flächen als Grabeland verwendet. Nur dem Einsatz der Mitarbeiter der Gartenbauabteilung ist es zu verdanken, daß nicht wie 1813/14 alle Bäume abgeholzt und zu Brennholz verarbeitet wurden, so wie es in den Wallanlagen trotz Schutzmaßnahmen geschehen ist. Versuchsweise wurde im Hammer Park die erste öffentliche Minigolfanlage in einer Grünanlage gebaut.
Heute steht der Hammer Park auf einer Liste für Anlagen, die historisch wiederhergestellt werden sollen. Das Geld bestimmt, wann Teile des historischen Patrizierparks rekonstruiert werden.

Was ist zu sehen? Der Hammer Park ist ein vielseitiger Volkspark, der durch seine Raumarchitektur abwechslungsreich gestaltet worden ist. So gibt es weite Rasenflächen, waldige Bereiche, gepflegte Zieranlagen und Freizeitbereiche dicht beieinander und dennoch getrennt. Lange Spaziergänge sind möglich. Der Heckengarten ist ein Beispiel der Gartenkultur vom Beginn dieses Jahrhunderts. Die Beete dort sind zum einen Teil mit jährlich wechselnden Sommerblumen, zum anderen Teil mit Polyantharosen bepflanzt. Liegewiesen und bequeme Sitzplätze erlauben einen ruhigen Aufenthalt. Seit 1986 gibt es einen Küchenkräutergarten. Die rosa-violetten Lerchenspornverwilderungen an der Straße Hammer Steindamm stehen Anfang April in voller Blüte. Zwiebelverwilderungen bilden blaue Teppiche aus Scilla und Chionodoxa.
Der Hammer Park ist heute eine vom Gartenbauamt finanziell bevorzugte Anlage. So ist eine intensivere Pflege möglich als in anderen städtischen Parks.
Folgende **Skulpturen** schmücken den Park:
– Skulptur einer Jungfrau, wahrscheinlich von Meister ELIS geschaffen.
– Gänselieselstatue, Gedenkstein von Julius CAMPE, der sich bis Anfang der 60er Jahre in einem Privatgarten in der Jordanstraße befand.
– Die Eulenplastik erinnert an die Vogelwelt im Park.
– Die Krokodile am Planschbecken hielten früher die Stahltrosse der Brücke zur Gurlittinsel an der Alster.

Probleme: Nach einer Untersuchung der Umweltbehörde Hamburg von 1989 sind 54 % des Parkbaumbestandes mehr oder weniger stark geschädigt. 56 % der untersuchten Parkbodenflächen sind bereits extrem stark versauert und mit Schwermetallen belastet.

Kinder: Herrliche Spielplätze mit Planschbecken sind vorhanden. Sie werden durch eine Minigolfanlage und einen Rodelberg ergänzt. Schachspielen ist in einem Bereich möglich.

Behinderte: Die Bügelsperren, die Fahrräder aus dem Park fernhalten sollen, klappen für Rollstühle zur Seite und sind passierbar.

Bewertung: Der Hammer Park ist auch heute noch ein richtiger Bürgerpark, in dem die Besucher viele Möglichkeiten haben, ihre Freizeit zu gestalten. Spiel, Sport, Entspannung und Anregung für alle Altersklassen werden geboten. Alter Baumbestand, schöne Pflanzungen, viele abwechslungsreiche Gartenräume und die historische Bedeutung machen ihn zu einer wichtigen Einrichtung. Als Neuanlage eines Volksparks aus den 50er Jahren ist der Park schutzwürdig.

Harburger Stadtpark

Harburger Stadtpark, Blindengarten, Schulgarten

Straße:	Eißendorfer Grenzweg, Außenmühlendamm
Ort:	Hamburg-Harburg
PKW:	Zahlreiche Parkplätze in der Umgebung vorhanden
Bus:	145, 245, bis Rabenstein, Marmstorfer Weg (Nord)
	141, 241, 243, 343, 443, bis Reeseberg
S-Bahn:	S 3, S 31, bis Harburg
Fläche:	Ca. 90 ha, davon 25 ha Wasser
Wegenetz:	Länge ca. 16 km

Zur Geschichte: Gegen Ende des 16. Jahrhunderts betrieb Herzog OTTO I. die sogenannte Außenmühle, eine Wassermühle, die Ende des 19. Jahrhunderts abgerissen worden ist. Der Standpunkt war der heutige Außenmühlendamm. 1907 kaufte die Stadt Harburg ein 3,5 ha großes Gelände, womit die Geschichte als Stadtpark beginnt. Die Fläche lag zwischen Privatgrundstücken. Erst nach und nach erreichte der Park durch Zukäufe seine heutige Größe. Planung und Ausbau wurden von Gartenbaudirektor Georg HÖLSCHER (1866–1932) geleitet. An ihn erinnert heute noch eine Büste im Park. Ihm zur Seite stand sein Sohn Ferdinand. Politischer Gönner und Förderer war Oberbürgermeister Dr. DUDEK. Baubeginn war 1913. Die Eröffnung als Landschaftspark in der heutigen Gestalt verzögerte sich durch den Krieg bis 1926. In den Jahren 1929–1932 entstand dann auf einem angrenzenden Gelände der Schulgarten mit seinen Sondergärten und Abteilungen als belehrender Teil zum praktischen Unterricht. Bald wurde die Anlage um eine Kleingartenanlage, einen Sportplatz und ein Schwimmbad ergänzt.

In einem 1953 veröffentlichten Beitrag über die Entstehung des Harburger Stadtparks wies Ferdinand HÖLSCHER auf die Gestaltungsbedingungen und Intentionen hin:

»... Das außergewöhnlich stark bewegte Gelände mit Höhenunterschieden bis zu 30 Metern auf engstem Raum bot die glücklichsten Voraussetzungen ... Es vereinte in seltener Weise die vielfältigsten Motive unserer nordwestdeutschen Hügellandschaft. Tiefgrüne Wiesentäler ebnen sich zwischen bewaldeten Höhen, sonnige durchaus urwüchsige Heidehänge flachen sich allmählich zu dem moorigen Vorgelände des Teiches, in dessen Schilfgürtel sich eine reiche Fauna ansiedeln konnte. Eine solche eigenwillige Geländemodellierung bestimmte von vornherein den Entwurf, der nach Möglichkeit dem Genius loci gerecht zu werden suchte. Aber ein öffentlicher Park konnte nicht nur nach naturbedingten und ästhetischen Gesichtspunkten gestaltet werden. Er mußte sich auf die verschiedensten Bedürfnisse seiner Besucher einstellen. Bei feierlichen Anlässen waren im Bereich des Freilichttheaters, der Sportwiese und der Gaststätte verhältnismäßig große Menschenmengen aufzunehmen und schnell unterzubringen. Lagerwiesen wurden gewünscht. Aber auch die Ruhe und Alleinsein suchenden Spaziergänger, denen noch das Ideal des alten Bürgerlichen Parkes vorschwebte, wollten zu ihrem Recht kommen. Kurzum, es mußte ein Programm erfüllt werden, das eben der soziale Park unserer Zeit verlangt.«

1983 sollte eine Gartenbauausstellung im Außenmühlenpark stattfinden. Da Hamburg jedoch den Zuschlag nicht bekam, wurden Ersatzmaßnahmen durchgeführt, die die einzelnen Teile wie Schulgarten, Stadtpark, Außenmühle und die Langenbeker Talwiesen zu einer Großanlage verbunden haben.

Was ist zu sehen? Die Gesamtfläche des Harburger Stadtparks umfaßt heute drei Bereiche:
1. den Schulgartenbereich mit dem Blindengarten, Sondergärten und historischen Gartenthemen;
2. den klassischen Stadtpark: Ein abwechslungsreicher Waldpark, weite Wanderwege, Freilichtbühne, Trimm-dich-Pfad und Wiesen gehören dazu. 3 km Rundweg führen um den Teich, 16 km Wegenetz steht hier zur Verfügung. Mitten im Wald gelegen ist eine rechteckige Rasenfläche, die mit Rhododendren umwachsen ist;
3. die Langenbeker Furtwiesen. Sie stellen eine Verbindung zur Landschaft des Landkreises dar. Die naturnahe Anlage, weite Wiesen und Wasserflächen beherrschen diesen Teil.

Der **Schulgarten** besteht aus mehreren Einzelgärten, durch Hecken voneinander getrennt, die mit den typischen Stilelementen verschiedener geschichtlicher Epochen gestaltet sind. Gezeigt wird:
– ein Germanengarten aus der Zeit von ca. 100 nach Chr. Kleine Beete sind mit einem 80 cm hohen Weidenzaun umgeben. Getreide- und Gemüsesorten werden angebaut,
– ein Klostergarten (800–1200) mit Kieswegen und großpflastereingefaßten Beeten, niedrigen Buchsbaumhecken, Spaliergemüse, Heilkräutern und einem kleinen Sitzplatz,
– ein Ritterlicher Lustgarten (1550–1700) mit bewachsenen Pergolen und kleinen buchsbaumumsäumten Staudenbeeten,
– ein Bauerngarten, mit Obst, Gemüse und Blumen bepflanzt. Die geometrischen Beete sind mit Katzenkopfpflaster eingefaßt oder mit Buchsbaum umsäumt,
– ein Renaissancegarten aus der Zeit von 1450 bis 1650 mit rechteckiger Grundfläche, die streng geometrisch gestaltet ist. Kleine Beete, ebenfalls mit Buchsbaum eingefaßt, sind teilweise mit Rasen oder Sommerblumen bepflanzt,
– ein Barockgarten aus der Zeit von 1620 bis 1750 mit verspielten, buchsbaumumsäumten Beeten in einem geometrischen Rahmen. Ornamentformen aus Buchsbäumen sind mit Kies, Rasen und Sommerblumen ausgefüllt. Dazwischen liegt ein weites Wegenetz,
– ein quadratischer Jugendstilgarten (1900–1925). Auf einen runden, rosenumrankten Stahlpavillon im Zentrum der Anlage laufen Rasenwege und Rosenrabatten zu,
– ein neuzeitlicher Hausgarten mit Stauden, Gehölzen, Betonwegen und Plätzen. Die Formen sind frei gewählt,
– ein neuzeitlicher Garten um 1950 mit Rasenfläche mit gerundeten Beetformen, die mit Sommerblumen bepflanzt sind.

An den Arzneigarten schließt sich ein **Blindengarten** an. Die Beete liegen auf einer Höhe von 80 cm und sind mit einem Holzrahmen versehen. Die Pflanzen sind nach Themen geordnet. So gibt es ein Beet für Gräser, Duftpflanzen, Stauden, Blattformen, Blütenformen, Sommerblumen, Frühjahrsblüher, Zwiebelblumen, Balkonpflanzen, Moorbeetpflanzen, Nadelgehölze, Heide, Dornen und Stacheln und Früchte. Zwischen den Beeten sind Räume von ca. 2 m Länge mit Gehölzen bepflanzt, die ein neues Pflanzenthema ankündigen.

Der Eingang des Blindengartens liegt an der Kreuzung Hohe Straße/Marmstorfer Weg bei der Busstation Marmstorfer Weg für die Busse 145 und 245. Am Eingang muß sich der Besucher links halten.

Neben den beschriebenen Anlagen gibt es weitere Sonder- und Themengärten: einen Heckengarten mit schönen Toren aus Rotbuchen sowie Sommer- und Staudenpflanzungen, einen Moorbeetpflanzengarten mit Rhododendron, Lavendelheide, Azaleen, Kiefern, Farnen und Gräsern, einen Arzneigarten mit Kräutern und einem Wasserbecken.

Besondere Pflanzen: Seltenere Pflanzenarten wie Sumpfzypressen, Blumeneschen, Scheinbuchen, ein Ahornsortiment und eine Wiese mit der geschützten Orchidee »Knabenkraut« sind im Außenmühlenpark zu finden.

Besondere Bauten: Es gibt einen halbrunden Brunnen zum Gedenken an den Oberbürgermeister Julius LUDOWIEG (Dienstzeit 1886–1899) mit wasserspeiendem Löwenkopf.

Eine Büste von Schiller, gearbeitet von Ernst v. BANDEL, steht seit 1927 im Park. Vorher stand sie ab 1860 als Brunnenkrönung auf dem Sande. Die Büste ist harmonisch eingebettet in einen immergrünen Garten mit Mahonien, Rhododendron, Taxus, Pachysandra, Efeu, Luzula und Carex.

Beim Hockeyplatz steht eine Büste vom Gartengestalter und Verwalter Georg HÖLSCHER.

Tip: Am Außenmühlenteich findet sich ein reicher Besatz von Wasservögeln. So sind hier neben Stockenten, Höckerschwänen und Bleßhühnern auch Haubentaucher, Kanadagänse, Reiherenten, Graugänse, Teichhühner, gelegentlich sogar Graureiher zu beobachten. In einem außerordentlich großen Bestand an Singvögeln ist zeitweise auch eine Nachtigall zu hören.

Gastronomie: Imbiß »Pantry« beim Kanuclub, Kaffee- und Biergarten »Außenmühle«.

Kinder: Mehrere Spielplätze mit guter Ausstattung sind vorhanden. Ein Spielplatzheim liegt am Wasserspielplatz.

Auf dem Außenmühlenteich können Tret- und Ruderboote gemietet werden.

Das Außenmühlenschwimmbad liegt am Kanuclub.

Behinderte: Der gesamte Park ist von Rollstuhlfahrern erreichbar. Die zahlreichen Treppen können umfahren werden.

Hier befindet sich der einzige Hamburger Blindengarten südlich der Elbe.

Bewertung: Der Harburger Stadtpark ist ein vielseitiger Erholungspark, der auch eine weitere Anfahrt rechtfertigt. Historisch interessant und nicht alltäglich ist der intensiv gepflegte Schulgartenbereich. Das Angebot reicht vom Bootfahren über Waldspaziergang, natürlichen Wiesen, bepflanzten Gartenanlagen und schattigen Rhododendronpartien bis zu sonnigen Liegewiesen.

Blick auf den Pavillon im Jugendstilgarten.

40 Haseldorfer Schloßpark

Straße: Hauptstraße, Marktplatz, Am Park

Ort: 25489 Haseldorf

PKW: Einige Stellplätze am »Marktplatz« und in den umliegenden Straßen

Bus: 377 nach Wedel

Fläche: Frei begehbare Fläche ca. 2 ha

Zur Geschichte: Im 12. Jahrhundert stand hier eine Wasserburg mit umgebendem Wassergraben. Noch heute ist der Burgwall zu erkennen. Das langgestreckte Herrenhaus aus Backstein wurde von 1801 bis 1805 im Stil des dänischen Klassizismus von der Familie SCHILDEN errichtet und liegt im Zentrum der Anlage auf einer Insel. Der Entwurf stammt von BUNDSENS. Ein früherer Bewohner war der Dichter Emil Prinz SCHÖNAICH-CAROLATH, der mit Rainer-Maria Rilke befreundet war.

Noch heute wohnt im Herrenhaus, wo auch »Der Messias« von Klopstock entstanden sein soll, die Familie SCHÖNAICH-CAROLATH.

Was ist zu sehen? Der Haseldorfer Schloßpark ist ein verwachsener Park mit herrlichem, altem Baumbestand. Viele Entwässerungskanäle sowie ein breiter Graben um die Schloßinsel erinnern an die Lage in der Marsch direkt hinter dem Deich. Brücken überqueren die Gewässer und bilden mit Seerosen und Rhododendron romantische Spiegelungen im Wasser. Im waldartigen Park sind unterschiedliche Baumarten sowie reicher Unterwuchs zu finden. Schon im Februar/ März bis in den April hinein blüht dort die rosafarbene amerikanische Himbeere (Rubus spectabilis). Zur Herbstfärbung, etwa Mitte Oktober, lohnt ein Blick auf einen gewaltigen, leuchtend gelben Tulpenbaum, der an einer kleinen Lichtung hinter dem Schloß an einem öffentlichen Weg steht. Zahlreiche Eiben sind zu bewundern, die hier für den Hamburger Raum eine ungekannte Größe erreicht haben. Auch andere Baumarten sind durch den kräftigen Marschboden mit gleichbleibend hoher Feuchtigkeit zu stattlichen Exemplaren gewachsen.

Von jedem Standort eines Rundweges aus erscheint dem Betrachter das weiße, schloßartige Herrenhaus sein Aussehen zu ändern. Auf den repräsentativen Eingang des Hauses führt eine etwa 200 m lange Allee aus alten, geschnittenen Linden zu. Hier liegen Felder von Obstbäumen und Beerensträuchern, die Anfang Mai ihre volle Blüte erreichen. Sie dienten früher zur Versorgung der Herrenhausbewohner und sollten diese vom fernen Markt unabhängig machen.

Besondere Bauten: Eine alte, im zweiten Viertel des 13. Jahrhunderts gebaute Kirche ist der »bedeutendste spätromanische Backsteinbau der Elbmarsch«, wie HELM in »Haseldorfer und Wedeler Marsch« 1986 schreibt. 1599 wurde hier die Gruftkapelle angebaut. Aus der gleichen Zeit stammt das Ostsandsteinepitaph. Erwähnenswert ist der bronzene Taufbecher aus dem Jahre 1455. Hinter der Kirche stehen auf einer kleinen Friedhofsanlage einige alte Grabplatten und Vasen.

Tip: Im Park sind nahezu alle heimischen Spechtarten zu beobachten. Ihnen bietet der alte, teilweise überalterte Baumbestand einen nahezu perfekten Lebensraum.

Vom Park aus lohnt sich ein Spaziergang auf dem Deich: Dorthin gelangt man durch eine Tür, die sich am kleinen Marktplatz bei der Kirche befindet. Nach rechts gehend, vorbei an alten, z. T. reetgedeckten Bauernhäusern, erreicht man schließlich ein Wäldchen aus Pappeln und Eichen. Dort brütet die größte Graureiherkolonie Nord-

Bienenhaus im Freilichtmuseum am Kiekeberg

Bergedorfer Schloßpark

Chinesischer Pavillon im Neuen Botanischen Garten Hamburg

Morgenstimmung im Hirschpark

Hayns Park in Hamburg-Winterhude

Heiligenstedtener Herrenhaus

Kameliengarten Fischer

Türkenmohn im Botanischen Sondergarten ▷

Staudenbeete am Heckengarten im Harburger Stadtpark ▷▷

Letzte Farbseite: Im Jenischpark ▷▷▷

Eine kleine Lindenallee führt durch Obstgärten zum Herrenhaus.

deutschlands. Mit einem Fernrohr ist sie gut zu erkennen.

Hinter dem Park beginnt das Naturschutzgebiet Haseldorfer Binnenelbe mit seinen Süßwasserwatten. Hier ist ein Durchzugsgebiet für Enten und Gänse (Brandgans, Weißwangengans). Weiter sind Lach- und Silbermöwen zu beobachten.

Im Herbst kann an zahlreichen Ständen an der Landstraße zum Park Obst und Gemüse gekauft werden, das auf den fruchtbaren Böden angebaut wird.

Gastronomie: Das Restaurant-Café »Haseldorfer Hof« liegt auf der gegenüberliegenden Seite der Hauptstraße. Von der Terrasse aus blickt man direkt in den Park.

Behinderte: Das Wegenetz ist teilweise schlecht gepflegt und für Rollstühle – besonders nach langen Regenfällen – schwer zu benutzen.

Hunde: müssen angeleint geführt werden.

Bewertung: Wer etwas verwilderte Parks in der ruhigen Umgebung der Marsch und ein historisches Umfeld schätzt, der ist im Haseldorfer Schloßpark genau richtig. Am schönsten ist es dort frühmorgens oder am Abend.

41 Hayns Park

Straße: Eppendorfer Landstraße, Tevesstieg, Eppendorfer Marktplatz

Ort: Hamburg-Eppendorf

PKW: Einige Parkplätze in den umliegenden Straßen

Bus: 36, 114, bis Schubackstraße

U-Bahn: U 1, bis Hudtwalckerstraße

Fläche: 4,58 ha

Zur Geschichte: Der Hayns Park wurde in den 20er Jahren im Zusammenhang mit der Alsterkanalisierung in einen öffentlichen Park umgewandelt. Er ist benannt nach dem Senator und Bürgermeister Max Theodor HAYN (1809–1888), der hier seinen Landsitz hatte. Das stattliche Landhaus wurde 1931 abgerissen. Der gründerzeitliche Gartenpavillon, in dem der Senator gern Kaffee trank, ist noch erhalten und bietet von der gegenüberliegenden Alsterseite ein zauberhaftes Bild.

Was ist zu sehen? Direkt am Alsterlauf liegt der Hayns Park. Er ist in zwei Hälften geteilt, die durch einen Alsterkanal getrennt sind. Hier liegt das malerische Bootshaus BARMEIER.

In einem Teil steht der kupfergedeckte Pavillon unter einer herrlichen Kulisse aus vier gewaltigen Pappeln. Ein kleines Beet mit extensiv gepflegten Stauden schmückt den Eingang zur Eppendorfer Landstraße. Hier steht auch eine Gruppe aus drei Magnolien, die Ende April ihre Blüten entfalten. Auf dieser Parkseite kann man beim Bootshaus SILWAR Ruder- und Tretboote mieten.

Über eine Brücke mit zwei Grenzhäuschen gelangt man in den zweiten Teil. Es lohnt sich, hier den Weg nach rechts einzuschlagen. Er führt entlang einer Zyklopenmauer und wird durch eine Reihe aus Säuleneichen begleitet. Zwei Treppen führen auf Wasserhöhe hinab und bieten die Möglichkeit, die Füße im Wasser zu kühlen. Zahlreiche Bänke laden zu einem Sonnenbad ein.

Kinder: Ein kleiner Spielplatz mit Sand, Wackeltieren und Spielwiese ist vorhanden. Ein Planschbecken liegt abseits und ist im Sommer mit Wasser gefüllt. Um das Becken herum gibt es einen Rasenstreifen als Liegewiese.

Bewertung: Ein kleiner Park mitten in der Stadt, der durch die Lage an der Alster und die kleinen Bauwerke – wie Pavillon, Grenzhäuschen und das Mauerwerk mit den Säuleneichen – seinen eigenen Reiz bekommt.

Das Bootshaus Barmeier an der Brücke über den Alsterkanal, der den Park teilt.

Heidegarten Schneverdingen 42

Straße: Overbeckstraße

Ort: 29640 Schneverdingen

PKW: Großer Waldparkplatz vorhanden

Was ist zu sehen? Auf einer ca. 5000 m² großen Fläche sind etwa 50 verschiedene Arten und Sorten von Heide und Eriken in einer großzügigen Anlage zu bewundern, mit deren Bau erst 1989 begonnen wurde. Geplant ist, die Pflanzung noch um weitere Flächen bis zu den Parkplätzen zu erweitern.

Das Zentrum der Anlage bildet eine große »Heideuhr«. Hier sind zahlreiche verschiedene Heidesorten, von einer runden Mittelpflanzung ausgehend, strahlenförmig in Beeten angepflanzt. Der Grundriß erinnert an ein Zifferblatt. Viele Sorten stammen aus England und Irland, einige sind von den Gärtnern der Stadt selbst herangezogen worden.

Beachtenswert ist die Heidesorte »Country Willow«. Sie wird von zahlreichen Schmetterlingen beflogen.

Landschaftstypisch sind die Wege mit ihrem Belag aus Sand und Schotter und die Beetbegrenzungen aus Lärchenholzpfählen. Das Gerüst der Pflanzung bilden die in der Heide heimischen Pflanzen wie Ginster, Eberesche, Wacholder und Hundsrose. Zahlreiche Bänke laden zum Verweilen in der Sonne ein, Tische zum Picknick liegen am Parkplatz.

Von dem etwas erhöht liegenden Heidegarten aus hat man einen herrlichen Blick über ein weites Tal Richtung Wesseloh und die reizvolle Kulturlandschaft der Lüneburger Heide.

Ein Hochstand verbessert die Fernsicht in das Tal und es gibt einen Überblick auf die Heideanlage.

Veranstaltungen: Jedes Jahr wird in Schneverdingen ein »Heideblütenfest« veranstaltet. Gefeiert wird immer am letzten Sonntag im August, wenn die Heide in voller Blüte steht.

Am Parkplatz beginnt ein Naturlehrpfad mit Erklärungstafeln. Führungen sind für Fachleute und interessierte Heidefreunde möglich und können mit der Stadtverwaltung vereinbart werden.

Probleme: Bei den großen Heideflächen kommt es immer wieder zum Befall von Wurzelbräune und Botrytis, zwei Pilzkrankheiten. Durch den Einsatz von Mulchmaterialien, wie u. a. Rindenhäcksel, wird dieses Problem noch verstärkt. Aus ökologischen Aspekten wird jedoch kein Torf mehr verwendet, der hier dem Naturstandort vieler Heidearten, dem anmoorigen Bereich, besser entsprechen würde.

Die windexponierte Lage macht es unerläßlich, die Pflanzung von Zeit zu Zeit zu wässern, um ein besseres Anwachsen und Überleben der Gewächse zu gewährleisten.

Gepflegt werden die Heideflächen auf moderne Art: mit einem Rasenmäher, der je nach Sorte und Ansprüchen in der Höhe reguliert wird.

Gastronomie: Vom Parkplatz aus gesehen, hinter der Anlage, befinden sich in nur wenigen hundert Metern Entfernung mehrere Restaurants und Cafés, von denen man einen herrlichen Ausblick hat.

Bewertung: Merkmale des Schneverdinger Heidegartens sind die große Grundfläche und die natürliche Umgebung. Wer Vergleichsmöglichkeiten zwischen Heidesorten sucht, findet sie hier. Ein Besuch zur Blütezeit in der Lüneburger Heide ist eine Attraktion.

43 Heinepark

Straße: Elbchaussee

Ort: Hamburg-Othmarschen

Bus: 36, bis Hohenzollernring (Süd) 183, bis Neumühlen

PKW: Parken ist schwierig

Fläche: 3,26 ha

Was ist zu sehen? Über eine Holzbrücke gelangt man von Donners Park in den kleinen Heinepark. In der alten Villa ist seit 1934 die Seefahrtsschule untergebracht. Im Park stehen einige sehenswerte alte Bäume, darunter eine knorrige Platane mit stark abblätternder Rinde sowie gewaltige Rot- und Blutbuchen. Die asphaltierte Zufahrt ist von einer Allee aus Bergahornen gesäumt.
Ein ruhiger, kleiner Sitzplatz mit Elbblick liegt unter einer riesigen Buche.

Kinder: Ein kleiner Spielplatz mit Sand, Wackeltieren, Häuschen und einer Schaukel ist vorhanden.

Herrenhaus Heiligenstedten 44

Ort: 25524 Heiligenstedten

PKW: Zahlreiche Parkplätze vorhanden

Zur Geschichte: Das erste Herrenhaus an dieser Stelle wurde von dem italienischen Baumeister Franz von RONCHA für Balthasar von AHLEFELDT, der mit der Tochter von Heinrich von RANTZAU verheiratet war, 1583 errichtet. Ein Nachfolgebau von 1717 wurde bei einer Sturmflut 1769 vollkommen zerstört und danach wieder aufgebaut. Bauherr war der dänische Gesandte in Paris und Petersburg, der Lehnsgraf Otto von BLOME (1735–1803). Das Anwesen des frühen Klassizismus war ein Werk von JARDIN, einem mit dem »Rompreis« ausgezeichneter Schüler der Pariser Akademie, der neben einem Herrenhaus zwei gleiche Gebäude für Ställe und Wohnungen mitbaute. Das einstöckige Herrenhaus, in dem u. a. der russische Zar NIKOLAUS I. zu Gast war, glänzte durch edle Schlichtheit.

Die Gartenanlagen zwischen dem Schloß und der unweit fließenden Stör wurden gegen den Vorschlag von JARDIN im landschaftlichen Stil gebaut. Verantwortlich war der Gärtner Georg Friedrich BIESOLDT. Er war durch seine vorherigen Wirkungsstätten in Travental und den Hanauer Hofgarten geprägt worden. Hinter dem Schloß wurde ein regelmäßiger Hofplatz gebaut, an dessen Ende ein Torhaus und Stallungen entstanden.

Ein Nachfahre Otto von BLOMES, Baron Adolf BLOME, ließ das Haus 1851 neugotisch überbauen und aufstocken.

1926 erwarb das Land Schleswig-Holstein das Anwesen von BLOME und verpachtete es bis 1987 an verschiedene soziale Einrichtungen. 1990 wurde das verfallene Haus in private Hände verkauft und wird seitdem aufwendig renoviert.

Die alten Nebengebäude beherbergen heute ein Hotel und Restaurant.

Was ist zu sehen? Die Gartenanlage zwischen dem Herrenhaus und dem Hotel wird z. T. in barockem Stil mit Rasenflächen, Kiesterrasse und Buchsbaumornamenten hergerichtet. Alter Baumbestand ist vorhanden. Im Schloßpark ist nach historischen Vorbildern Platz für ein Pferde-Trainingszentrum entstanden. Das Herrenhaus wird vom Besitzer des Daimler-Benz-Konzerns genutzt. Die Nebengebäude beherbergen ein Hotel sowie ein Restaurant und Café. Der Teil vor dem Restaurant ist als repräsentativer Eingang für das Hotel gestaltet worden.

Bewertung: Die Anlage wird überwiegend als Schulungszentrum von Mercedes genutzt, steht aber allen Besuchern offen. Eine Stipvisite lohnt sich, denn die gesamte Anlage ist aufwendig renoviert worden und hat auch heute noch eine exponierte Lage in der freien Marschlandschaft.

Blick auf die Caféterrasse im Park.

45 Herrenhaus Steinhorst

Ort: 23847 Steinhorst

PKW: Parkplätze sind auf der Anlage vorhanden

Öffnungszeiten: Die Anlage ist in privater Hand und dient z. Zt. als Schulungszentrum. Die Außenanlagen sind jedoch frei zugänglich

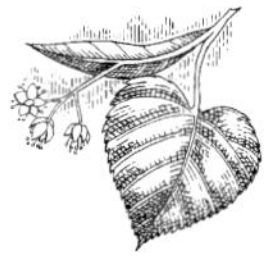

Zur Geschichte: Schon im Mittelalter gab es das Gut Steinhorst. Es war im Besitz der Ritterfamilie v. ZÜLE, bevor es 1408 die Herzöge von SACHSEN-LAUENBURG erwarben. Durch Betreiben des Herzogs von HOLSTEIN-GOTTORF kam der Besitz 1670 an den Minister der vormundschaftlichen Regierung, Magnus WEDDERKOP. Dieser hat es 1717 an seinen Sohn Gottfried weitergegeben, der als Gesandter aus England zurückkam. 1721/22 ließ er das Herrenhaus durch KUHN erbauen und holte damit nach, was sein sparsamer Vater bisher nicht getan hatte. Nach Fertigstellung wurden Park und Herrenhaus als sehr stattlich beschrieben. WEDDERKOP machte aber schon in den Baujahren Schulden, weshalb die Dänen und die Regierung in Hannover Ansprüche auf das Gut erhoben haben. Bevor um das kleine Gebiet jedoch ein Krieg ausbrechen konnte, verglich man sich 1738 zugunsten Hannovers. Im gleichen Jahr wurde die Anlage vom Architekten und Feldmesser P. J. DUPLAT vermessen.

Der Garten wurde von dem Gärtner Johann HAUPT angelegt, der die Pläne des Architekten, wahrscheinlich STALLKNECHT, ausführte. Den Graben begleitete zur rechten Seite – wie heute – eine kurze Allee aus drei Baumreihen. Links lag eine Boskettanlage mit den Diagonalen, abzweigenden Laubengängen und Kammern. Der Hauptgarten hinter dem Haus zeigte die stattliche französische Dreiteilung in reiner Form. Zwischen hohen Hecken und schmalen Beeten war ein Parterre mit zwei kunstvoll gerundeten Rasenflächen eingebettet. Daran schloß sich als Mittelpunkt ein Rondell mit Querpromenade und einem kleinen Bassin. Strahlenförmig liefen von hier aus die Boskettes durch den zweiten Gartenteil. Drei Hauptachsen, die durch Alleen und Beetstreifen gekennzeichnet waren, fanden ihre Fortsetzung im dritten Teil, dem Waldquartier.

Was ist zu sehen? Durch die abwechslungsreiche Landschaft des Kreises Stormarn gelangt man nach Steinhorst. Eine lange, dicht geschlossene Lindenallee führt zu dem restaurierten Herrenhaus. Um das Haus herum liegt ein in Teilen restaurierter und im Grundriß erhaltener Barockgarten. Hier ist der ursprüngliche Zustand wieder hergestellt worden. Ein Rundweg führt durch die Anlage unter schattigen Partien alter Bäume (zumeist Linden) und über die weite Rasenfläche hinter dem Haus. In Verlängerung der Treppe hinter dem Haus ist noch eine alte Gestaltungsachse erkennbar, die sich in weiter Ferne verliert und bisher nicht wieder gepflegt wurde.

Das Anwesen ist von jedermann für Veranstaltungen zu mieten.

Besondere Bauten: In Steinhorst steht sicherlich eines der bemerkenswertesten Herrenhäuser aus dem 18. Jahrhundert. Die Bauweise ist in dem für Schleswig-Holstein typischen Backsteinbarock gehalten. Die Fassade vom Herrenhaus Steinhorst bietet ein gutes und frühes Beispiel für Linienreliefs aus einer Reihe rohbehauener Ziegelsteinquader; der Eindruck einer Rustika wird dadurch erweckt. Ansätze dieser Art sind auch im Altonaer Rathaus zu sehen. Einer Eintönigkeit im Bau wird durch Variierung der Fensterabstände entgegengewirkt, durch die eine wechselnde Dichte der Gliederung erreicht worden ist.

Das Backsteinhaus wirkt sehr schlicht und dezent, so wie es für Norddeutschland typisch ist. Davor steht das alte Glockenhaus.

Bewertung: Wer einen Ausflug in die wunderschöne Landschaft östlich von Hamburg macht, sollte unbedingt die Parkanlage besichtigen. Der Garten zeichnet sich durch seine Architektur und die modellierten und gut gemähten Rasenflächen aus.

Das Backsteinherrenhaus Steinhorst.

46 Hessepark

Straße: Am Kiekeberg, Oesterleystraße

Ort: Hamburg-Blankenese

PKW: Parkplätze in den umliegenden Straßen vorhanden

Bus: 48, bis Oesterleystraße

S-Bahn: S 11, bis Blankenese

Fläche: 3,9 ha

Zur Geschichte: Der Park wurde 1799 für Heinrich KLÜNDER gestaltet. 1876 wurde der Besitz an G. Heinrich HESSE verkauft, der hier über 25 Jahre die Sommer mit seiner Familie verbrachte. Die Gemeinde Blankenese erwarb 1926 das Grundstück mitsamt dem Haus, in dem sich heute das Ortsamt Blankenese befindet.

Was ist zu sehen? Der Hessepark ist ein Landschaftspark nahe dem Zentrum von Blankenese: Weite Rasenflächen bedecken das weich modellierte Gelände, zahlreiche alte Bäume bilden einen würdigen Rahmen für das weiße Hessehaus. Einige Bäume stehen frei auf dem Rasen und können so ihre volle Schönheit entwickeln. Durch ein kleines Wäldchen aus überwiegend Buchen und Eichen verläuft einer der Wege durch den Park.
Bemerkenswert ist ein Kreis aus 12 Roßkastanien, der etwa im Zentrum der Anlage liegt. Von hier aus kann man von schattigen Bänken beinahe den ganzen Park überblicken.

Kinder: Ein Spielplatz für kleinere Kinder mit Sandkasten, Rutsche, Wippe und Wackeltieren.

Inmitten immergrüner Büsche begegnet man der »Knienden«.

Hirschpark 47

Straße: Elbchaussee zwischen In de Bost und Mühlenberg, auch erreichbar vom Elbuferweg

Ort: Hamburg-Nienstedten

Bus: 36, 48, bis Winckelmannstraße

S-Bahn: S 1, S 11, bis Hochkamp oder Blankenese

PKW: Parken sehr schwer möglich

Fläche: 25,91 ha.

Zur Geschichte: 1786 kaufte Johann Caesar IV. GODEFFROY ein Dockenhudener Anwesen von A. OLDEHORST, der hier ab 1620 auf der Fläche von drei Bauernhöfen ein Landgut gebaut hatte. GODEFFROY ließ sich 1789–1792 ein Landhaus durch den später sehr bekannten Architekten Christian Friedrich HANSEN bauen. Es war dessen erstes bedeutendes Werk in Altona. Nach und nach kauften die Godeffroys fast die ganze Umgebung auf und ließen sie aufforsten. Ihnen verdanken heute noch die umliegenden Stadtteile einige ihrer Waldbestände. Gleichzeitig wurde der Garten im englischen Stil angelegt. Die vierreihige Lindenallee bestand bereits.

Paul HOFFMANN beschrieb 1958 die Anlage in »Die Elbchaussee« wie folgt: »Nahe dem Herrenhaus schufen Godeffroy und seine Nachfolger drei einzelne Gärten: den ersten um das Herrenhaus und das ›Kavaliershaus‹, mit breiten Einfahrtswegen von der Elbchaussee her, mit schönen Rasenflächen und hohen alten Bäumen; den zweiten Gartenteil, ein Rechteck, von Busch und Taxus umrahmt, mit Blumenbeeten und Statuen im französisch-antikisierenden Geschmack; den dritten Garten mit einer Verbindung von Rasenbeeten und Rasenflächen, der Länge nach eingerahmt nördlich von der hohen Lindenallee, südlich von mächtigen Rhododendronwäldern. An diese Gruppen, zu denen sich von der Lindenallee aus noch ein Blumen- und Gemüsegarten gesellte, reiht sich der weitere eigentliche Tierpark.«

In späteren Jahren sandte GODEFFROY die leidenschaftliche Forscherin Amalie DIETRICH (1823–1891) in die Südsee, woher sie ethnologisch Wertvolles mitbrachte. Einige Gehölze aus der Zeit stehen noch im Hirschpark. 1879 mußte GODEFFROY das Anwesen verkaufen, bekam den Park aber für zehn weitere Jahre zur Nutzung. Erst nach dem Tod Caesars VI. 1885 wurde an den Altonaer Kaufmann Kommerzienrat Ernst August WRIEDT verkauft. Nach dessen Tod 1924 erwarb die Gemeinde Blankenese den Park und das Landhaus, um das Gelände vor der Parzellierung zu retten. Seit 1927 ist der Park eine öffentliche Grünanlage.

Was ist zu sehen? Der Hirschpark ist heute einer der schönsten und bedeutendsten Landschaftsparks im englischen Stil in Deutschland! Die Anlage ist weitgehend erhalten, und durch das recht hohe Alter der Pflanzen besitzt der Park Würde und Anmut. Zahlreiche alte Bäume stehen in Gruppen oder als Solitär und zeigen ihren arttypischen Wuchs. Bemerkenswert ist ein gewaltiger Bergahorn, der allein eine Fläche von ca. 1000 m^2 bedeckt. Über die Grenzen Hamburgs bekannt ist die vierreihige Lindenallee, die schon aus der Zeit vor der Anlage aus einem englischen Garten stammt. Herrlich ist der rechteckige azaleenumsäumte Garten zur Blütezeit Ende Mai: Tausende von Blüten verströmen hier einen starken, sehr angenehmen Duft. Gewaltig erscheinen die zahlreichen Rhododendronalleen, die schon über 200

Dieser mächtige Bergahorn zählt zu den meistfotografierten Bäumen Hamburgs.

Jahre alt sind. Das weiße Landhaus im klassizistischen Stil, beherbergt heute eine Tanz- und Ballettschule.

Attraktionen: Im Hirschpark lebt in einem abgezäunten Gehege ein Rudel Damwild, eine Eigenart vieler Landschaftsparks in England. Das Wild soll die Vorstellung einer idealisierten, wilden Landschaft symbolisieren und dem Besucher Naturnähe suggerieren.

Gastronomie: Das Restaurant-Café »Witthüs« ist in einem reetgedeckten alten Bauernhaus im Park untergebracht. Ein kleiner Rosengarten im Eingangsbereich bildet einen stilvollen Rahmen. Öffnungszeit von 15.00 bis 23.00.

Kinder: Ein Spielplatz ist am Azaleengarten vorhanden.

Toiletten: befinden sich an der Elbchaussee.

Bewertung: Der Hirschpark ist einer der wirklich besuchenswerten Parks in Hamburg. Er zeichnet sich aus als englischer Landschaftspark mit einem Damwildgehege, gewaltigen Bäumen, der Lindenallee, dem Azaleengarten und alten Rhododendren. Dazu kommt die herrliche Lage hoch über der Elbe, zu der ein Weg hinunterführt.

Innocentiapark

Straße: Oberstraße, Parkallee, Innocentiastraße

Ort: Hamburg-Hoheluft

Pkw: Diverse Parkplätze in umliegenden Straßen

Bus: 102, bis Hallerstraße

U-Bahn: U 1, bis Hallerstraße, U 3, bis Hoheluftbrücke

Fläche: 3,02 ha

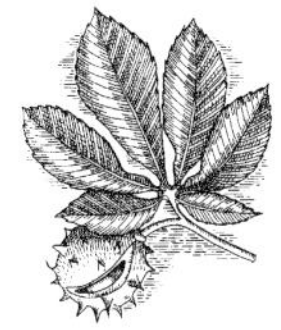

Zur Geschichte: Der Innocentiapark liegt auf einem Teil der Eichenwiese des früheren Klosters Hewardeshude. Er ist 1884/85 nach Londoner Vorbild in der in Deutschland seltenen Bauform des Square (Quadrat) im Zusammenhang mit der umliegenden Bebauung entstanden. Heute fehlt der Zaun von 1909, und die Gestaltung ist leicht verändert. Benannt ist der Park nach Papst Innozenz IV., der das Kloster in seiner Amtszeit zwischen 1243 und 1254 bestätigt hatte.

Was ist zu sehen? Das Zentrum des Parks bildet eine große, in der Höhe leicht geschwungene Rasenfläche. Außen herum verläuft ein Rundweg, der zu den umliegenden Straßen mit ansehnlichen, zum Teil recht großen Bäumen und Sträuchern angepflanzt ist. Von zwei Hügeln mit Bänken an der Parkallee kann man Teile der Anlage überblicken. Die hübschen angrenzenden Häuser des 19. Jahrhunderts und die entfernter liegenden Grindelhochhäuser sind jedoch kaum zu sehen.

Besondere Pflanzen: Im Park ist ein großer Bestand von alten Rotbuchen, Eichen, Ahornen und Robinien vorhanden. Unter einigen Bäumen sind im Rahmen einer Baumsanierung holzbohlenbegrenzte Beete mit einer Bepflanzung aus Luzula, Mahonien sowie Narzissen angelegt worden.

Besondere Bauten: An der Ecke Parkallee/Oberstraße steht ein schönes, altes Toilettenhäuschen. Es ist heute jedoch nicht mehr in Betrieb und dient zur Zierde. Am Spielplatz steht die Statue der Innocentia. Die angrenzenden Grindelhochhäuser waren die ersten Nachkriegshochhäuser in Deutschland.

Behinderte: Die Wege sind von Rollstühlen zu benutzen. Spezielle Parkplätze sind nicht ausgewiesen, dennoch sind meistens genügend Plätze frei.

Kinder: Ein Spielplatz mit Sand, Tischtennis, Drehscheibe, Häuschen und viel Platz zum Toben ist vorhanden. Zwei weitere Tischtennisplatten stehen an der Oberstraße.

Bewertung: Der Innocentiapark ist eine kleinere Parkanlage inmitten der schönen Wohngegend am Rande von Harvestehude. Ein Park, der die Anwohner der Umgebung anzieht, aber auch für Touristen interessant ist, die ein älteres, bürgerliches Wohnviertel besichtigen wollen. Ungewöhnlich ist die quadratische Form (Square).

Um eine große zentrale Rasenfläche führt ein Rundweg mit wertvollem alten Baumbestand.

49 Jacobipark

Straße: Wandsbeker Chaussee, Friedenstraße, Papenstraße

Ort: Hamburg-Wandsbek

Bus: 116, bis S-Hasselbrook, Fichtestraße

U-Bahn: U 1, bis Wandsbeker Chaussee

S-Bahn: S 1, 4, 11, bis Hasselbrook

PKW: Parken in den umliegenden Straßen möglich

Fläche: 6,7 ha

Zur Geschichte: Der Jacobipark ist 1848 als erster Friedhof in Hamburg weit vor die Tore der Stadt verlegt worden. Das war die Konsequenz aus dem Bevölkerungswachstum der Großstadt. 1954 wurde der Friedhof aufgegeben und in eine öffentliche Grünfläche umgewandelt.

Was ist zu sehen:? Wer durch die laute und staubig-heiße Wandsbeker Chaussee geht, ahnt nicht, welche Idylle hinter der kleinen Kirche beginnt: ein stiller, kühler Park, der durch viele dezente Grüntöne beruhigend auf den Besucher wirkt. Es ist erstaunlich, daß eine Anlage wie diese so leer ist. Warum gehen viele Menschen in den Stadtpark, um sich zu erholen? Der Jacobipark bietet auch alle Möglichkeiten der Entspannung.

Durch die unterschiedlichen Blattfarben der vielen Bäume entstehen Lichtspiele auf dem kräftigen Rasen. Der Besucher hat nicht den Eindruck, sich auf einem alten Friedhof zu befinden. Die wenigen alten Grabsteine wirken eher wie Gedächtnistafeln, Denkmale oder Kunstwerke, die zur Bereicherung des Parks aufgestellt worden sind. Um ein Wasserbecken, das auch als Feuerlöschteich genutzt wird, befinden sich einige Sitzplätze.

Besondere Bauten: Einige Denkmäler und Grabsteine erinnern noch an die Zeit als Friedhof. So sind die Gräber des Chirurgen Erich MARTINI (gest. 1880) und der Schauspielerin Clara HORN (Thalia-Theater) zu sehen.

Die alte Friedhofskapelle an der Wandsbeker Chaussee, 1863/64 vom Engländer Isaiah WOOD als einfacher neugotischer Backsteinbau mit Sandsteingliederung errichtet, dient seit 1962 als ev.-luth. Osterkirche.

Kinder: Im Jacobipark befindet sich ein pädagogisch geleiteter Kindergarten.

Bänke unter einer Pergola laden hinter der Osterkirche zum Verweilen ein.

Jenischpark 50

Straße: Elbchaussee, Baron-Voght-Straße, Holztwiete, Hochrad

Ort: Hamburg-Groß-Flottbek

PKW: Parkplätze in den umliegenden Straßen vorhanden

Bus: 115, bis Marxenweg, 286, bis Holztwiete, Teufelsbrück
36, bis Teufelsbrück

S-Bahn: S 1, S 11, bis Klein-Flottbek

Öffnungszeiten: Gewächshaus: Mo.–Fr. 8.00–15.30, Sa. und So. 8.30–16.00
Jenischhaus: Di.–So. 10.00–16.00, 1.4.–31.10. 10.00–17.00, feiertags geschlossen
Führungen: So. 11.00
Das Barlachhaus ist Di.–So. 11.00–17.00 geöffnet
Führung jeden letzten Sonntag im Monat

Fläche: 42,15 ha

Zur Geschichte: Die Entwicklung des historischen Jenischparkes ist in drei Abschnitte einzuteilen:
1. die Süderkoppel im Bereich der Ornamented Farm 1785–1828,
2. der Jenischpark als herrschaftlicher Kaufmannssitz vor den Toren der Stadt von 1828–1927,
3. der Park als öffentliche Grünfläche unter kommunaler Verwaltung 1927 bis heute.

1734 war das heutige Grundstück mit einzelnen Baumreihen bestanden. Sie verliefen entlang der Flurgrenzen und Geestrücken. 1785 erwarb Caspar VOGHT (1752–1839) ein Gelände, welches er 1805 beschrieb:
»... größtenteils verwildertes Land und in der schlechtesten Kultur. Es lag unter nachlässiger Bewirtschaftung und die andere Hälfte bestand aus sumpfigen Moorwiesen, dürren Hügeln und verwüsteten Tälern ohne Abfluß«.
Nach einer Englandreise begann VOGHT mit der Umgestaltung des Anwesens in eine »Ornamented Farm« (= Gestaltete Landschaft, Nutzung bleibt erhalten, in das Gelände wird jedoch gestalterisch eingegriffen) nach dem Vorbild der englischen Farm »The Leasowes«. Das Gelände war damals etwa viermal so groß wie heute. Die Teile Süder-, Wester-, Norder- und Osterpark gehörten ehemals dazu. Heute liegt der Jenischpark nur auf dem Gelände des Süderparkes. Auf der restlichen Fläche befinden sich der Neue Botanische Garten, ein Golfplatz, ein Poloplatz, die Baumschule Von Ehren und vereinzelte Wohnbebauung.
Von seiner dritten Englandreise brachte VOGHT den schottischen Baumschuler und Gärtner James BOOTH (1770–1814) mit, dem er die Aufsicht über die gärtnerische Gestaltung übertrug.
»Voght befreite die Massen und Groppen von Allem, was der reinen Auffassung ihrer Formen hinderlich sein konnte, benutzte jede Zufälligkeit einer einsam liegenden Bauernhütte, eines einzelnen, seine Äste malerisch ausstreckenden Baumes, einer zur Anlegung einer ländlichen Brücke geeigneten Vertiefung, dem Auge Abwechslung zu verschaffen, öffnete Durchsichten, die hier das malerische Dorf, dort die entfernten Kirchen und an mehreren Stellen den majestätischen Strom in verschiedenen Einfassungen erblicken ließen, sorgte für Ruhepunkte und Hütten und verwandelte so einen wild verwachsenen, morastigen Fleck in einen Lustgarten, der die Gegend umher durch die Schaaren der an schönen Sommertagen

Das 1834 erbaute Jenischhaus im Westen des Parks beherbergt heute ein Museum mit großbürgerlicher Wohnkultur.

dahinwandelden Städter bereichert, ...«, wie G. POEL 1884 in ›Bilder vergangener Zeit‹ beschrieb.
Nach einer weiteren Reise nach England widmete sich VOGHT mehr der Landwirtschaft und führte 1812 die Gründüngung ein. Ein Mustergut entstand. Nach einer Zeit florierender Landwirtschaft wurden 1826 die Wege durch den Park geschlossen. 1828 ging VOGHT in Konkurs, und der Hamburger Kaufmann und Senator Martin JENISCH erwarb den Besitz seines Freundes VOGHT, nachdem dieser vergeblich versucht hatte, den dänischen Staat für die Fortführung des Besitzes zu begeistern. 1829 wandelte JENISCH, der durch den Gartendirektor OHLENDORFF beraten wurde, 265 Morgen Land zu Park und Garten um. Das Jenischhaus wurde gebaut (1831–1834), ebenso Gewächshäuser und das Gärtnerhaus, heute Hochrad 75. Der Jenischpark umfaßte zu der Zeit einen Pleasureground, einen Eichen- und Buchenwald, ein Wiesental sowie einen Blumengarten mit Gewächshaus. Berühmt ist heute wie früher die Fernsicht zur Elbe bis nach Harburg.
Nach dem Tode von JENISCH 1857 erfolgte die Umwandlung in einen Fideikommiß, d. h. eine testamentarische Verfügung, daß das Vermögen auf das Vertrauen der Erben hin unteilbar war.
Um 1900 wurde die Umgebung zunehmend mit Villen bebaut. 1926 beabsichtigte ein Golfclub, das Gelände für 20 Jahre zu pachten. Einzelne Bäume sollten geschlagen, Wege verlegt werden. Zeitungen schrieben von einem Wendepunkt in der Geschichte des Parkes. Der Protest mehrte sich, und es wurde anstelle des Golfclubs ein Vertrag mit der Stadt Altona geschlossen. Der Park sollte öffentlich genutzt wurden, Palmenhaus und Jenischhaus ebenfalls.
Nach dem Krieg wurden bedeutende kleine Bauten wie die Mooshütte (ein Aussichtspavillon) und die Gewächshäuser abgerissen. Die Gewächshäuser wurden 1955 ersetzt. Das Eingangstor, das jetzt in der Baron-Voght-Straße steht, wurde erst 1953 von der Holztwiete dort hingesetzt. 1961/62 wurde das Ernst-Barlach-Haus durch den Architekten W. KALLMORGEN für Hermann F. REEMTSMA gebaut.
Ab 1982 stellte man das Flottbektal, welches als

Elbüberschwemmungsgebiet durch den Park verläuft, unter Naturschutz. 1991 wurde ein Parkpflegewerk von den Gartenarchitekten DITTLOFF und MÜLLER-GLASSEL erarbeitet, nach dem der Jenischpark mittelfristig gartendenkmalpflegerisch betreut werden soll.

Was ist zu sehen? Der Jenischpark ist ein weitläufiger, großzügig angelegter Landschaftspark. Große, leicht modellierte Wiesenflächen wechseln sich mit Baum- und Strauchgruppen ab. Ein Waldbereich schließt sich an. Etwa im rechten Winkel zur Elbchaussee verläuft die Flottbek und teilt mit ihrem wild bewachsenen Tal, welches heute unter Naturschutz steht, den Park. Talhänge von 6 bis 10 m Höhe begrenzen die übrige Anlage vom bis zu 100 m breiten Flußtal, das noch häufig von der Elbe überflutet wird. Hier leben viele geschützte Tier- und Pflanzenarten in einer Landschaft, die in den vergangenen Jahrhunderten bäuerlicher Nutzung entstanden und heute in Hamburg einmalig ist.

Der Teil zur Baron-Voght-Straße ist intensiver genutzt. Hier stehen das prächtige weiße Jenischhaus und das flache Ernst-Barlach-Haus. Am Eingang zur Straße Hochrad steht das alte Gärtnerhaus, in dem sich heute das Gartenbauamt befindet. Kleine Rosenrabatten mit Beet- und Hochstammrosen und überdachte Sonnensitzplätze laden zum Verweilen ein. Daran anschließend liegen die Schaugewächshäuser.

Überwältigend ist die Aussicht auf die Elbe, die man durch unterschiedliche Blickachsen genießen kann. Einige davon sind zugewachsen und müßten dringend wieder frei werden, um die ursprüngliche Planung des Landschaftsarchitekten und den Reiz aus der vergangenen Zeit wieder herzustellen.

Im Rahmen einer denkmalpflegerischen Bearbeitung ist geplant, die Parkausstattung zu verbessern (Wiederaufstellung der Mooshütte, eines Aussichtspavillons etc.). Eine Begrünung des Barlachhauses, der Rückbau der Flottbekaufstauung und die teilweise Wiederherstellung der alten Wegeführung sind ebenfalls vorgesehen. Der Park ist, ausgehend vom Baumschuler BOOTH, der Ursprung vieler bekannter Hamburger Gärtnereien. Als einer der ältesten erhaltenen Landschaftsparks Deutschlands ist der Park nach einer Forderung des Garten- und Friedhofsamtes unter Denkmalschutz zu stellen. Teile der Ornamented Farm sollen wieder hergerichtet werden.

Besondere Bäume/Pflanzen: Der Jenischpark ist dendrologisch sehr interessant, im Park liegt ein Arboretum. So stehen hier etwa 70 Laubgehölzarten und 30 Nadelgehölzarten, überwiegend unmittelbar um das Gewächshaus herum. Aus der Zeit der Ornamented Farm stammen noch ca. 120 Gehölze, zumeist Hainbuchen und Eichen, im westlichen Baumgürtel beim Jenischhaus. Viele botanische Raritäten, oft freistehend und mit großem Wuchs, sind zu bewundern. Die alten Eichen und Buchen sollen zur Raumbildung langfristig erhalten bleiben, Lücken werden durch Nachpflanzung geschlossen. Bemerkenswert sind einige japanische Hängeschnurbäume, die Sophora japonica »Pendula«. Während der Blüte im August steht der Besucher darunter wie unter einem Baldachin.

Sehenswert ist auch die Blüte des Wiesenschaumkrautes im Flottbektal im Mai.

Besondere Bauten: Berühmt ist das Eingangsportal an der Elbchaussee/Ecke Holztwiete, welches 1906 im neubarocken Stil errichtet worden ist.

Das Jenischhaus dient als Außenstelle des Altonaer Museums.

Kinder: Ein Kinderspielplatz liegt am Parkeingang Hochrad/Holztwiete. Ausstattung mit Sand, Häuschen, Wackeltieren.

Behinderte: Das Befahren im Übergangsbereich Flottbektal ist nur sehr schwer möglich. Ansonsten gibt es ein gut ausgebautes Wegenetz.

Gastronomie: Das Restaurant »To'n Peerstall« liegt an der Straße Hochrad.

Toiletten: befinden sich hinter den Gewächshäusern.

Bewertung: Der Jenischpark ist ein großzügiger, historischer Landschaftspark mit Blick auf die Elbe. Alte Gehölze, das herrschaftliche weiße Jenischhaus und weite Wiesenflächen bestimmen den Park.

51 Jersbeker Schloßpark

Straße: Jersbeker Allee

Ort: 22941 Jersbek bei Bargteheide

Pkw: Wenige Parkplätze sind vor dem Torhaus am Eingang vorhanden

Bus: 1211 von HH-Ochsenzoll nach Bargteheide

Zur Geschichte: Bendix von AHLEFELDT (1679–1757), von 1723 bis 1726 Direktor der hamburgischen Oper am Gänsemarkt, ließ sich diese Anlage im Stil des späten Barock bauen. Schon 1678 wurde mit dem Bau des Torhauses begonnen, 1750 wurde die Anlage mit der Errichtung eines Doppelhauses abgeschlossen. Das als Ausgangspunkt gebaute Gartenschloß (ca. 1739) ist schon seit 1829 wieder verschwunden.
AHLEFELDT schuf sich, von dem Rondell (heute Parkplatz) ausgehend, eine Gartenanlage, die wahrscheinlich mit dem Fortgang seines Gärtners und Planers CARSTENS 1740 fertiggestellt war. Der Garten war in der im Barock klassischen Dreiteilung in Blumenbeete, Heckengärten und Waldquartier angelegt. Zwischen den kunstvoll geschnittenen Hecken setzte sich der durch Teiche und Beete geschmückte Mittelstreifen fort. In der Querallee am Ende des Gartens standen rechts und links von der Lindenallee zwei Lusthäuser aus Gitterwerk, geschmückt mit Deckengemälden. Von AHLEFELDT besaß eine Vorliebe für technische Späße, die sich unter anderem in einer umgebauten Walze äußerten, die, mit mehreren Personen besetzt, durch den Park gezogen wurde. So wurde Jersbek damals schnell in einem weiten Umkreis bekannt.
Von dem Ingenieurarchitekten SONNIN stammt eine Zeichnung, nach welcher der Stecher Christian FRITZSCH 1747 ein Vogelschaubild anfertigte.
»Der Stich gibt eine Vorstellung von der Pracht der ursprünglichen Anlage, die die Forderungen und Ansprüche zweier Jahrhunderte an Wohnung und Garten unmittelbar nebeneinander erfüllt zeigt. Es lassen sich kaum größere Gegensätze denken als die bescheidenen Bauideale des 17. Jahrhunderts, der armen Zeit des Dreißigjährigen Krieges, und des reichen 18. Jahrhunderts, der Blütezeit adeliger Baukunst.«
Heute ist die ehemals sehr gepflegte Barockanlage verwildert und wirkt wie in einem Dornröschenschlaf. Die gepflegten Anlagen im Mittelteil sind weiten Rasenflächen gewichen, auf denen heute herrliche Bäume stehen. Sie stammen von einer teilweisen Umgestaltung zu einem Landschaftspark, die wohl auf Graf Theodor von REVENTLOW zurück geht, der seit 1840 Besitzer von Jersbek war.
Zwischen 1984 und 1987 sind die Alleen grundlegend überholt worden, und seit 1986 steht der Park unter Denkmalschutz.

Was ist zu sehen? Der Jersbeker Park ist eine der bemerkenswertesten Parkanlagen im Großraum Hamburg. Der großzügige Grundriß der Anlage ist noch in weiten Teilen erhalten. Der barocke Einfluß ist jedoch nur noch an wenigen Elementen erkennbar. Deutlich ist er heute noch an den vierreihigen Lindenalleen, die die Achsen durch die Anlage begleiten, auszumachen.
Wer am Ende der Lindenallee noch einige Meter weitergeht, gelangt zu einer Wegkreuzung. Verfolgt man den Weg nach rechts, kommt man nach einigen 100 Metern zu einer Grabanlage. Sie ist von einer etwa einen Meter hohen Findlingsmauer umgeben. Durch ein Tor geht man in den Innenraum mit drei Grabsteinen bzw. Gedenktafeln.

Besondere Pflanzen: Ein Naturereignis, welches heute nicht mehr häufig zu sehen ist, stellt sich jeweils im April in Jersbek ein: die Blüte der hellgelben hohen Schlüsselblumen (Primula elatior). Die Wiese zwischen den Linden sieht dann aus wie ein hellgelbes Blumenmeer. Da Schlüsselblumen unter Naturschutz stehen, ist das Abpflücken streng verboten. Auch die Entnahme

Die Allee mit über zweihundert Jahre alten Linden.

von Saat ist nicht erlaubt. Im Randbereich blühen gleichzeitig das gelbe Scharbockskraut, Veilchen und der Waldgelbstern. Einen »Eingang« zum Park bildet ein Ensemble aus vier mal drei Linden, die im Quadrat gepflanzt worden sind. Linker Hand steht frei auf dem Rasen eine bemerkenswerte alte Eiche. Im weiteren Verlauf des Weges gelangt man zu einem Kreis aus zwölf Linden. Der Durchmesser des Kreises beträgt 10 m. Ein Blick nach oben läßt ein völlig neues Raumgefühl im Garten entstehen.

Herrlich sind die vierreihigen Alleen aus Linden, die im hinteren Teil des Parkes beginnen. Es ist nicht störend, daß sie nicht genau in Form geschnitten sind. Gerade die etwas verwachsene Form mit ihren leicht überhängenden Zweigen bietet dem Besucher einen schönen Anblick.

Ein eindrucksvolles Bild geben die Apfelbäume in einer alten Obstplantage zur Zeit der Blüte und zur Apfelreife Anfang November ab. Die mehrreihig gepflanzten Bäume sind lange nicht mehr gepflegt worden. Viele sind windschief, die meisten völlig überaltert.

Gastronomie: Etwa 100 m vom Eingang entfernt liegt das Restaurant »Zum Fasanenhof«. Hier hängt auch ein Bild des Kupferstiches von FRITZSCH.

Bewertung: Der Jersbeker Park ist einer der Geheimtips unter den Hamburger Gärten. Ein Besuch ist für Geschichtsfreunde, die sich die größte erkennbar erhaltene Barockanlage bei Hamburg ansehen möchten, genauso wertvoll wie für romantische Naturfreunde, die den Reiz einer alten, leicht verwachsenen Parkanlage lieben.

Prächtig sind in der großzügigen Anlage die vielen Alleen, Solitärbäume, Schlüsselblumen und Apfelbäume. Das Schloßgelände darf nicht betreten werden. Durch die extensive Pflege der Anlage entsteht eine geheimnisvolle Atmosphäre, die den Besucher in ihren Bann ziehen kann.

52 Kameliengarten Fischer

Straße: Höden 16; an der B 73, Richtung Cuxhaven, Abfahrt Wingst-Höden, dann den Wegweisern folgen

Ort: 21789 Wingst

PKW: Wenige Parkplätze vorhanden, besser auf einem nahen Waldplatz parken, gilt auch für Busse

Öffnungszeiten: Mo.–Sa. 10.00–12.00, 14.00–18.00, So. 14.00–18.00, Di. Ruhetag

Eintritt: Erwachsene DM 6,–, Gruppen reduziert, Kinder unter 12 Jahren DM 3,– Führungen möglich: Anmeldung unter Tel.: 0 47 78 / 2 63, Fax.: 0 47 78 / 2 74

Fläche: 2 ha, davon 2000 m² im Schaugewächshaus

Zur Geschichte: Vor ca. 70 Jahren brachte der Firmengründer Andreas FISCHER die erste Kamelie aus dem Dresdener Raum in die Wingst, wo er einen Zierpflanzenbetrieb gründete. Erst im Laufe der Zeit verschrieb er sich den Kamelien.
Heute leitet sein Sohn Peter Fischer den Betrieb zusammen mit seiner Frau. Waren es 1980 noch 300 verschiedene Arten und Sorten, die kultiviert wurden, so sind es heute schon über 700. Insgesamt werden jedoch nur etwa 20 000 Stück pro Jahr vermehrt. Eine größere Anzahl ist mit wenigen Mitarbeitern nicht zu schaffen.
Seit einigen Jahren sind Schaugärten für Besucher hinzugekommen, die immer noch weiter ausgebaut werden.
Was ist zu sehen? Auf der relativ kleinen und deshalb sehr intim wirkenden Anlage des Kameliengartens Fischer sind 700 Sorten von Kamelien in den Farben Rot, Rosa, Weiß sowie zahlreichen Zwischenfarben ausgestellt.
In einem Gewächshaus, das als Schaugarten mit einem Bach, einer Brücke und diversen Bänken ausgebaut ist, sind nicht winterharte Sorten mit zahlreichen Begleitpflanzen zu sehen. Die meisten sind mit Schildern ausgezeichnet. Die Freilandkamelien sind über die ganze Anlage verteilt.
Bei uns in Deutschland sind zur Zeit nur etwa 30 Kameliensorten zuverlässig winterhart. Die Firma Fischer unterhält den einzigen Freilandtestplatz für Kamelien in Europa und hofft, in den nächsten Wintern gute Testbedingungen, d. h. kalte Tage, zu bekommen, um noch mehr Sorten auf zuverlässige Winterhärte testen zu können. Eine weite Testfläche ist seit 1994 im Freilandkameliengarten gegeben, wo ca. 150 verschiedene Sorten mit besonderen Azaleen und Rhododendren kombiniert gepflanzt sind.
Eine ebenfalls neue Attraktion ist eine 100 Jahre alte 6 m hohe Camelia Tricolor. Sie stammt aus dem Tessin und ist nach der Pflanze in Pillnitz bei Dresden die zweitgrößte in Deutschland.
Neben Kamelien sind besondere Themengärten zu sehen, die auch außerhalb der Kamelienblüte, die im Winter bzw. Frühjahr liegt, die Anlage attraktiv machen. Der Besucher kann auf einem Rundweg einen japanischen Garten, einen Heidegarten mit 70 verschiedenen Arten und Sorten sowie einen Kräutergarten besichtigen. Anschließend befindet sich ein kleiner Rosengarten, der durch Eisenbahnschwellen, die zu Wänden, Beetbegrenzungen und pergolenartigen Durchgängen verbaut wurden, eine besondere Note erhält.
Eine Attraktion ist ein »Sonnengarten«. Hier sind gelbblühende und gelblaubige Stauden und Gehölze gepflanzt. Das Zentrum bildet eine große Granitkugel als Sonne, deren Sonnenstrahlen sich in der Pflasterung zeigen. Das gelbe Licht wird

durch die Blüten hereingebracht.
Ein »Blau-Weiß-Silbergarten« ist mit blühenden und mit beblätterten Pflanzen bestückt.
Das alles sind Gartenthemen, wie sie anderswo viel zu selten zu sehen sind. Ein Steppengarten, ein Alpinum und eine ostamerikanische »Ecke« mit Hartriegel, Kalmien und immergrünen Magnolien machen die Anlage komplett.
Tip: Wer im Mai auf der halbschattigen Kaffeeterrasse des Kameliengartens sitzt, der vergißt alle Theorie, sondern genießt die blühenden Apfelbäume in einem Meer von blühenden Kamelien. Der Eindruck ist so einzigartig, daß er auch auf Fotos nur schwer festzuhalten ist.
Im Garten können neben Kamelien, Literatur und Kamelienpostkarten auch zahlreiche Stauden erworben werden. In einer Galerie über dem Café finden Ausstellungen statt, die Kamelien zum Gegenstand haben. Auch hier können Souvenirs erstanden werden.
Beste Besuchszeit: Die Blütezeit der Kamelien beginnt Mitte bis Ende September im Gewächshaus. Die Blütezeit der Freilandkamelien dauert bis Ende Mai. Die Hauptblütezeit im Gewächshaus liegt Anfang Mai.
Veranstaltungen: Anfang März, meistens in der ersten und zweiten Woche, findet hier eine Kamelienausstellung statt. Dazu kommen Kamelienfreunde aus ganz Europa, einige sogar aus Übersee, zum Austausch von den neuesten Sorten und Erfahrungen.
Gastronomie: Ein Kameliencafé mit bepflanzter Terrasse liegt im Garten.
Behinderte: Die Anlage ist durchweg gut mit Rollstühlen befahrbar.
Toiletten: sind im Café vorhanden.
Bewertung: Die Gartenanlagen von Kamelien-Fischer sind einen Besuch wert. Die Vielfalt der bei uns seltenen botanischen Pflanzengattung Camelia wird in jeder Weise hervorragend dargestellt und durch Themengärten, Café, Verkauf, Ausstellung etc. ergänzt.

Kamelienblüten in reicher Formen- und Farbauswahl werden dem Besucher präsentiert.

53 Klosterpark Zeven

Straße: Labesstraße (B 71), Bäckerstraße, An der Mehde

Ort: 27404 Zeven

PKW: Parkplätze bei der angrenzenden Schule in der Straße »An der Mehde« vorhanden

Bus: 166, 1872 bis zum Busbahnhof Zeven

Zur Geschichte: Der Klosterpark liegt im Bereich eines von 1141 bis 1632 von Benediktinerinnen genutzten Klosters. Bedeutung erlangte die Anlage dadurch, daß 1231 die Gebeine des heiligen Vitus aus Corvey in die Klosterkirche überführt wurden. Damit wurde die Kirche bis zum Ende des Klosters 1632 zu einem Wallfahrtsort. Der Turm ist heute noch mit einer im Barock aufgesetzten Haube geschmückt. Zeven, heute ungerechterweise eher als Stadt nahe der Autobahn von Hamburg nach Bremen bekannt, war im 17. Jahrhundert des öfteren Übernachtungsquartier von Schwedens Königin Christine, die dann im einstigen Klostergarsthaus verweilte.
Heute befindet sich im Kloster ein Museum mit wechselnden Ausstellungen. Der Eintritt ist frei. Öffnungszeiten: Do. 14.00–17.30, So. 15.00–17.00 Uhr.

Was ist zu sehen: Um das hervorragend renovierte Kloster Zeven herum befindet sich ein kleiner Landschaftspark. Hier sind neben einigen Schmuckbeeten blühende Rhododendron, eine Narzissenwiese sowie älterer Baumbestand zu erleben. Erwähnenswert sind die »Luthereiche«, gepflanzt am 10. 11. 1883., und die »Waterlooeiche« von 1815. Beide stehen am nahen Bach. Mehrere Sitzbänke, unter anderem ein größerer Platz mit zehn Holzbänken und einem historischen Grabstein von 1682, laden ein, die Anlage auf sich wirken zu lassen.
Der Park wird seitlich durch den Bach Ahe begrenzt. An seinem Ufer verlaufen Wege, die auch längere Wanderungen in die nahe Landschaft erlauben. Mehrere Rundwege bis 17 km Länge sind ausgeschildert.
Etwa 10 km entfernt liegt der Ort Steinfeld. Hier kann man der Beschilderung zu einem der zahlreichen Steingräber in der Umgebung Zevens folgen, die verraten, daß die Gegend schon in vorgeschichtlicher Zeit besiedelt war.

Kinder: Ein kleiner Spielplatz mit Sand, einer Wippe und Klettergerüsten ist am Bachlauf vorhanden.

Gastronomie: Café/Restaurant »Klosterschänke«.

Toiletten: Sind am Busbahnhof in der Bäckerstraße zu finden.

Kurpark Mölln 54

Straße: Auf dem Wall, Lindenweg

Ort: 23879 Mölln

PKW: Parkplatz am Lindenweg und in der Altstadt, von wo aus man über eine Brücke in den Park gelangt

Bus: Städteschnellbus Hamburg–Ratzeburg ab Wandsbek-Markt nach Mölln/ZOB

Zur Geschichte: Der Kurpark in Mölln ist nach Plänen von dem Hamburger Gartenarchitekten LÜTTGE (gest. 1968) ab 1968 in drei Bauabschnitten angelegt worden. Fertigstellung war 1975. Er hat hier einen Park nach alten Gestaltungsprinzipien mit Rasen, Bäumen und Wegen geplant.

Was ist zu sehen? Am Rande der historischen Altstadt, jenseits der Wasserverbindung zweier Seen, liegt der Kurpark des Luftkurortes Mölln. Über die gesamte Ausdehnung des langgestreckten Parks verläuft eine Rasenfläche, auf der einige Ziergehölze mit wechselnder Unterpflanzung stehen. In Randbereichen sind Sondernutzungen wie Konzertpavillon, Schach, Naturecke mit heimischen Pflanzen sowie Fontänen untergebracht.
Zahlreiche Sitzmöglichkeiten findet der Besucher zwischen Gehölzen in ruhigen, kleinräumigen Nischen. Rechteckige Beete, Wege und Plätze bestimmen diesen schattigeren, mit Rhododendron bepflanzten Teil, der an die Zeit der 60er Jahre erinnert.
Am Kopfende des Parks liegen ruhige, mauerumgebene Sitzplätze unter Pergolen. Eine natürlich anmutende Teichanlage ist von hier aus gut zu beobachten.
Ein erst 1993 umgestalteter Bereich mit einem Wasserbecken, einer Springbrunnenanlage und Beeten liegt auf Höhe der Brücken im hinteren Parkbereich. Hier ist auch begonnen worden, Informationsschilder und Tafeln mit Sinnsprüchen, u. a. von Goethe über den Gingko-Baum, aufzustellen. Von dort aus ist auch der Aufstieg zu einem Aussichtsturm auf einem angrenzenden Berg möglich. Ende 1993 wurde die alte Brücke zur Altstadt abgerissen und wird jetzt durch eine neue ersetzt.
Eine Minigolfanlage liegt außerhalb des Parks in Richtung »Lindenallee«.

Tip: Vom Kurpark aus lohnt sich ein (kostenloser) Besuch im 25 ha großen Wildpark am Birkenweg hinter der Klinik. In einem abwechslungsreichen Gelände gibt es u. a. ein Aquarium, Sauen, Hochwild und einen Waldlehrpfad.

Hunde: sind nicht zugelassen.

Bewertung: Eine sehenswerte Parkanlage mit weitem Blick auf die Altstadt. Hübsch ist besonders im Frühjahr die bunte Unterpflanzung der Bäume auf der Rasenfläche, die LÜTTGE allerdings nicht geplant hatte. Der Kurpark ist eine Anlage für Besucher, die länger in Mölln sind, und ein angenehmer Ort, um sich während eines Besuchs der Eulenspiegelstadt Mölln zu erholen.

Vom Park aus genießt man eine herrliche Aussicht auf die Altstadt.

55 Licentatenbergpark

Straße: Harvestehuder Weg

Ort: Hamburg-Harvestehude

PKW: Einige Parkplätze in den umliegenden Straßen

Bus: 109, bis Harvestehuder Weg

U-Bahn: U 1, bis Klosterstern

Was ist zu sehen? Auf einer Geestkuppe (Hügel) am Ende vom Harvestehuder Weg liegt der Licentatenbergpark. Eine Rasenfläche mit einigen Bäumen und Sträuchern auf einem stellenweise recht steilen Hang umfaßt den gesamten Park, der 1872 aus einem 0,43 ha großen Stück des Klostergartens entstanden ist. Von hier aus ist man in wenigen Minuten an der Außenalster und dem Alstervorland.
Erwähnenswert sind zwei Bäume:
1. die alte Linde des Dichters Friedrich HAGEDORN, die kürzlich saniert worden ist,
2. die wahrscheinlich älteste Eiche von Hamburg mit einem Alter von etwa 400 Jahren und einem Stammumfang von knapp 7 m. Innen ist der Baum stellenweise hohl, zahlreiche starke Äste sind schon entfernt worden.

Die wohl älteste Eiche Hamburgs steht im Licentatenbergpark in Harvestehude.

Museumsdorf Volksdorf 56

Straße: Im Alten Dorfe, ausgeschildert ab Ortsmitte

Ort: Hamburg-Volksdorf

PKW: Wenige Parkplätze in den umliegenden Straßen vorhanden

Bus: 375, bis Eulenkrugstraße

U-Bahn: U 1, bis Volksdorf

Öffnungszeiten: Das Gelände ist von 9.00–17.00 geöffnet, Mo. geschlossen
Führungen durch die Häuser finden vom 01.04. bis zum 15.11. täglich um 15.00 statt, im Winter nur Sa. und So. um 15.00, Sonderführungen auch nach Vereinbarung unter Tel.: 0 40 / 6 03 52 25 oder 6 03 90 98 (Di. 9.00–12.00)

Eintritt: Erwachsene DM 3,–; Kinder DM 1,–

Zur Geschichte: Bei der Diskussion um die städtebauliche Entwicklung des Ortszentrums von Volksdorf im Jahr 1960 kam die Frage auf, was aus den drei erhaltenen Bauernhäusern werden sollte. Da zur gleichen Zeit die alte Grützmühle in Hamburg-Hummelsbüttel abgebrochen wurde, entstand die Idee, diese hier wieder aufzubauen und ein Museumsdorf (ein überliefertes Dorfbild) einzurichten.
Da auch Volksdorf sich in den letzten Jahrzehnten von einer dörflichen Gemeinschaft zu einer vorstädtischen Stadtlandschaft gewandelt hat, soll auf diese Weise der alte Charakter für die nachfolgenden Generationen erhalten bleiben. Für diesen Zweck wurde die Gesellschaft zur Heimatpflege und Heimatforschung »De Spieker« 1962 gegründet. Sie pflegt und verwaltet die private Anlage ehrenamtlich mit dem Ziel, »den Alteingesessenen und den Neubürgern die landschaftliche, geschichtliche und volkskundliche Eigenart dieser Gebietsteile bewußt zu machen und damit zur Weckung einer rechten Heimatverbundenheit beizutragen«.

Was ist zu sehen? Im Museumsdorf Volksdorf sind fünf Bauernhäuser aus den umliegenden Walddörfern und eines aus Schnakenbek originalgetreu aufgebaut. So ist ein typisches Stormarner Geestdorf entstanden, in dem die bäuerliche Bau- und Wohnkultur ausgestellt ist. Zu sehen sind ein »Durchfahrtshaus«, eine alte Schmiede aus Wohldorf, eine Grützmühle aus Hummelsbüttel, die Vollhufe »Spiekerhus«, die Vollhufe »Harderhof« und der »Dorfkrug«. Das ehemalige Instenhaus (Wohnhaus der Landarbeiter), dann Restaurant »Dorfkrug«, ist Ende 1993 vollständig abgebrannt. Die Anlagen zwischen den Häusern sind mit Wiesen, Findlingsmauern und mit Kopfsteinpflasterflächen belegten Höfen ausgefüllt. Obstbäume mit z. T. alten Obstsorten werden noch gepflegt. Hinter dem Harderhof, der seit 1757 an dieser Stelle steht, befindet sich ein kleiner Bauerngarten. Die geometrisch angelegten Beete sind mit Buchsbaum umsäumt und mit zahlreichen Stauden, Sommerblumen und Gemüse bepflanzt. Unübersehbar ist eine über 200jährige Eibe in der Anlage, die 1976 dem Bau des Einkaufszentrums »Weiße Rose« in Volksdorf weichen mußte. So wurde sie mit einem Gesamtgewicht von 15 t hierher verpflanzt.

Veranstaltungen: An den letzten Samstagen im Sommer finden »Gewerketage« statt. Dabei werden an originalen oder an rekonstruierten Geräten alte Handwerkskünste vorgeführt. So kann man z. B. einem Bäcker, einem Weber, einem Schmied, einem Drechsler, einem Spinner oder einem Schnitzer bei der Arbeit zusehen. Die hergestellten Produkte werden verkauft.

Parkführer: Für das Museumsdorf gibt es verschiedene Informationsschriften und Führer, die in der Anlage erworben werden können. Diese bieten sehr genaue Informationen zum Bau, zur Einrichtung und Nutzung der einzelnen Häuser.

Bewertung: Eine bemerkenswerte Anlage mit Häusern, die alle aus dem nordöstlichen Hamburger Umland stammen. Der Bauerngarten ist nicht überragend, zeigt jedoch, wie eine Kombination aus Nutz- und Zierpflanzen ausgesehen haben kann. Die Außenanlagen sind authentisch, der Besucher fühlt sich in vergangene Zeiten versetzt.

Der kleine Bauerngarten hinter dem Harderhof: eine sehenswerte Anlage von Frühjahr bis Herbst.

Naturgarten des Naturschutzbundes 57

Straße: Bebelallee zwischen Deelböge und Lattenkampstieg
Kleingartenverein Birkenhain 409, Parzelle 185

Ort: Hamburg-Winterhude

PKW: Einige Parkplätze an der Straße vorhanden

U-Bahn: U 1, bis Lattenkamp

Öffnungszeiten: 30.04.–01.10. Sa. 10.00–16.00
Führungen: Sa. 14.00

Was ist zu sehen? In einer Kleingartenanlage ist am 21. 06. 1993 ein nach ökologischen Gesichtspunkten gestalteter Garten eröffnet worden, der von einer Gruppe des Naturschutzbundes gepflegt und verwaltet wird. Dem Besucher werden Informationen über umweltverträgliche Materialien, Nisthilfen für Vögel und Insekten, über biologischen Pflanzenschutz (ohne Einsatz von Pflanzenschutzmitteln) und Probleme des naturnahen Gartenbaus gegeben. Pflanzen, die im Garten wachsen, werden hier vermehrt und sind gegen eine kleine Spende zu erhalten. Daneben gibt es Informationsmaterial über Gärten und den Naturschutzbund.

Behinderte: können die Anlage problemlos nutzen.

Toiletten: sind in Form eines Bioklos vorhanden.

Bewertung: Der Naturgarten ist eine Anlage für Leute, die sich über ökologischen Gartenbau informieren wollen und die praktischen Anschauungsunterricht haben möchten. Ein intensiver Gedankensaustausch mit Mitgliedern des Naturschutzbundes ist möglich.

Ökologisches Wissen wird dem Besucher auf kleinstem Raum anschaulich vermittelt.

58 Neuer Botanischer Garten

Straße:	Ohnhorststraße
Ort:	Hamburg-Klein-Flottbek
PKW:	Parkplatz am Eingang Ohnhorststraße vorhanden
Bus:	84, 115, bis S-Bahn Klein-Flottbek
S-Bahn:	S 1, S 11, bis Klein-Flottbek
Öffnungszeiten:	Täglich von 9.00 bis 19.00
	Eintritt frei, Führungen jeden 1. So. im Monat 10.00
Fläche:	24 ha

Zur Geschichte: Nach der Gründung des ersten Botanischen Gartens in Hamburg 1821 durch LEHMANN am Dammtor, aus dem später die Parkanlage Planten un Blomen hervorging, wurde 1970 in Klein-Flottbek ein neuer Garten errichtet. Gründe dafür waren der geplante IGA-Bau in Planten un Blomen für 1973, gestiegene Studentenzahlen und ein Mehrbedarf an Pflanzflächen, der in der Innenstadt nicht mehr gedeckt werden konnte. 1979 konnte der erste Teil der Bevölkerung übergeben werden. 1982 wurde der Neubau des Botanischen Instituts, in dem auch ein Teil der Universität untergebracht ist, bezogen. Die neue Anlage sollte gleichzeitig wissenschaftlichen Aufgaben und Erholungszwecken dienen. Sie stellt die grüne Verbindung zwischen Jenisch-Park und Volkspark verbunden dar. Bei der Neuanlage sollten alle wichtigen traditionellen Elemente eines botanischen Gartens einbezogen werden. So bilden die systematische, die pflanzengeographische und die Nutzpflanzenabteilung wichtige Bereiche des Gartens.

Was ist zu sehen? Der Botanische Garten ist ein abwechslungsreicher Garten, der wissenschaftlichen Zwecken genauso gerecht wird wie den optischen und ästhetischen Ansprüchen der Besucher.

Das Zentrum des Gartens wird durch die Darstellung des Pflanzensystems gebildet. »Das System enthält eine repräsentative Auswahl aus allen Verwandtschaftsbereichen des Pflanzenreiches in systematischer Anordnung. Die Ordnungen der Blütenpflanzen sind in Form eines Stammbaumes gruppiert, der ihre verwandtschaftlichen Beziehungen und ihre mutmaßliche Abstammung zum Ausdruck bringt.«

Große Bereiche der Erde sind mit dort vorkommenden typischen Pflanzengesellschaften dargestellt. So gibt es einen nordamerikanischen Teil, einen chinesischen Teil, Steppenbereiche, einen Alpen- und Steingartenbereich sowie eine Abteilung der Mittelmeerflora. Großer Wert wird auf einheimische Pflanzen, deren Gesellschaft und Vorkommen in der Gartenkultur gelegt. So gibt es die Bereiche Deutscher Wald, Heide/Moor, Strandflora, einen Bauerngarten mit Arzneipflanzen, eine Musterkleingartenanlage mit einer Obstwiese und zahlreiche Wild- und Blumenwiesen.

In den Themengärten sind z. T. außergewöhnliche Ideen verwirklicht: In einem Felsengarten können verschiedene Gesteinsarten in Form, Farbe und Struktur verglichen werden. Die unterschiedlichen Oberflächen und Körnungen lassen sich

ertasten, weshalb der Garten auch für Blinde besuchenswert ist. Eine Beetanlage, in der die Mendelsche Vererbungslehre dargestellt wird, ein Steppengarten mit diversen Freilandkakteen und zahlreiche Pflanzenthemen (wie z. B. Bambusarten, Rhododendron, Iris, Taglilien, Heide, Giftpflanzen) ergänzen das Angebot für den Besucher.
Ein Bereich mit Nutzpflanzen wie z. B. Getreidearten ist 1993 fertiggestellt worden. Informationstafeln zeigen Zusammenhänge auf und erklären Züchtung, Kultur und die Bedeutung der Arten. Die alten Linden sind erst 1991 als Begrenzung gepflanzt worden.
Im Sommer bildet der Rosengarten einen Anziehungspunkt. Hier ist die Entwicklungsgeschichte der Rosen dargestellt. Zusätzlich sind zahlreiche Rosensorten mit vielen Begleitpflanzen zu sehen. Enge, lavendelbegleitete Wege führen durch diesen Teil.
Ein Japangarten, der 1978 von dem japanischen Gartenarchitekten ARAKI angelegt wurde, stellt die idealisierte japanische Landschaft in einer Miniatur dar. Viele Berge, Wasser mit Inseln, Wasserfälle mit Geröll und die dazugehörigen Pflanzen bilden das architektonische Grundgerüst. Azaleen, gut gepflegte Kiefern und hervorragende Steinsetzung prägen das Bild. Im ursprünglichen japanischen Garten haben diese Elemente häufig religiöse und mystische Bedeutung.
Beste Besuchszeit: Die Blütezeit der meisten Pflanzen beginnt Anfang März und reicht bis zum Oktober. Ebenfalls im Oktober färben die zahlreichen Bäume und Sträucher ihr Laub, bevor sie es abwerfen.
Im Mai blühen Rhododendron, die Pflanzen im Japangarten, die duftenden Südbuchen hinter dem Gesteinsgarten, Strauchpfingstrosen und Wildwiesen. Da ein botanischer Garten jedoch Pflanzen aus allen Teilen der Welt zeigt, findet man das ganze Jahr über etwas Sehenswertes.
Besondere Pflanzen: Ungewöhnliche, seltene Pflanzen sind in allen erdenklichen Variationen vorhanden.
Unübertroffen sind die Strauchpfingstrosen, die von Ende Mai bis Anfang Juni vor den flachen Bürogebäuden in Blüte stehen.
Unzählige Wildalpenveilchen blühen auf einem Hügel in der Mitte des Parkes im frühen Herbst von Mitte August bis Anfang Oktober.
Gastronomie: Ein Imbiß mit Eis und Kuchen ist auf der Terrasse bei den Gewächshäusern vorhanden. Dort sind auch Vogelvolieren zu sehen.
Toiletten: sind am Eingang und beim Heidegarten.
Bewertung: Der Neue Botanische Garten ist ein Muß für jeden Gartenfreund, ganz gleich, ob er Fachmann oder Laie ist. Neben zahlreichen Themengärten werden in den herausragend gepflegten Anlagen Schaugewächshäuser mit Klimazonen gezeigt. Die meisten Pflanzen sind ausgeschildert, Informationstafeln und Gartenführer sind vorhanden.

Der Gesteinsgarten zeigt ungewöhnliche und vielfältige Formen und Strukturen der »leblosen« Natur.

59 Ohlsdorfer Friedhof

Straße/Eingang: Haupteingang Fuhlsbüttler Chaussee, Eingang Bramfelder Chaussee, Eingang Seehof, Eingang Eichenlohweg, Eingang Kornweg, Eingang Hoheneichen
Ort: Hamburg-Ohlsdorf, Bramfeld, Wellingsbüttel
PKW: Parken ist häufig am Straßenrand auf dem Friedhof möglich
Bus: 170, 270 auf dem gesamten Friedhof und am Haupteingang, 38, 172, 179 an der Bahnstation Ohlsdorf
U-Bahn: U 1, bis Ohlsdorf
S-Bahn: S 1, bis Ohlsdorf
Fläche: Ca. 402 ha
Öffnungszeiten: Der Friedhof ist tagsüber bis zum Einbruch der Dunkelheit geöffnet

Zur Geschichte: Als der vorhandene Begräbnisraum auf den Hamburger Friedhöfen nicht mehr ausreichte, wurde mit der Gründung einer »Commission für die Verlegung von Begräbnisplätzen« im Jahr 1873 der Bau eines großen Zentralfriedhofs beschlossen. Nach dem Ankauf von ca. 130 ha Fläche in der Gemarkung Ohlsdorf 1875 konnte schon weitere zwei Jahre später, am 1. 7. 1877, der Ohlsdorfer Friedhof mit der ersten Bestattung eröffnet werden. Der Bauleiter des Friedhofs, Wilhelm CORDES, wurde 1879 zum Verwalter der Anlage ernannt, die er als landschaftlichen Park unter Einbeziehung von Knicks, Baumgruppen und Weideland gestaltete. Dabei plante er, Gräber in immergrüne Pflanzungen von Koniferen (Nadelgehölzen) und Rhododendron einzubinden. Bereits 1880 ist vom damaligen Pferdemarkt, dem heutigen Gerhard-Hauptmann-Platz, eine Pferdebahnlinie zum Friedhof eingerichtet worden.
Nachdem jahrelang eingeäscherte Leichen aus Gotha, wo das erste deutsche Krematorium stand, nach Hamburg gebracht worden waren, wurde 1890 auch in Ohlsdorf eines gebaut.
Nach der Choleraepidemie in Hamburg 1892 wurden über 8000 Tote beigesetzt. Für eine geplante Erweiterung des Friedhofes wurden zwischen 1896 und 1900 große Flächen dazugekauft.
Die Bedeutung des Ohlsdorfer Friedhofes zur Jahrhundertwende unterstrich eine Präsentation von Friedhofsmodellen und Plänen auf der Weltausstellung in Paris. Die Modelle erhielten einen »Grand Prix«.
1904 wurde der Urnenfriedhof, 1911 das Verwaltungsgebäude am Haupteingang eingeweiht.
In den Jahren 1913/14 wurden 180 ha Land auf dem östlichen, damals noch preußischen Grund, zur Erweiterung angekauft. Pläne wurden nach den Ideen von CORDES verwirklicht, der jedoch vor Beendigung der Arbeiten 1917 starb. Otto LINNE, seit 1914 Gartenbaudirektor in Hamburg, übernahm von 1919 bis 1933 den Posten des Friedhofsdirektors. Er änderte die Pläne des Erweiterungsgeländes gänzlich zu einem streng architektonischen Park mit rechtwinkligen Achsen und Wegen um. Wände aus Hecken und Wasserbecken, die an Kanäle erinnern, prägen diesen Teil noch heute.
Der erste Linienbusverkehr wurde 1923 auf dem Friedhof eingeführt.
Während des Krieges wurden 1943 nach den schweren Bombenangriffen auf Hamburg knapp 38 000 Menschen in einem Massengrab nahe der Kapelle 13 beerdigt. Nach Beseitigung der schwersten Schäden wurde 1948 ein Mahnmal für die KZ-Opfer, 1952 ein Mahnmal für die Opfer der Bombenangriffe errichtet.
Nach der Flutkatastrophe 1962 wurden 96 Opfer bei Kapelle 12 beerdigt.

Repräsentative Stufen führen zur weißen Christusstatue am Haupteingang.

Eine neue Form der Beisetzung fand 1975 erstmals in Ohlsdorf statt: die erste anonyme Beisetzung im Urnenhain bei Kapelle 8.
Ein Jahr nach dem 100. Geburtstag des Friedhofes, 1977, sind die Anlage und Grabmäler als Gesamtkunstwerk von internationalem Rang eingestuft worden, womit abermals die große Bedeutung gewürdigt wurde. In den folgenden Jahren wurden Untersuchungen durchgeführt, um gezielt neue Maßnahmen zur Verbesserung des Friedhofbildes vornehmen zu können.
Was ist zu sehen? Der Ohlsdorfer Friedhof, nach dem Chicagoer Friedhof der größte der Welt, ist heute in zwei Bereiche zu teilen. Der erste ist der ältere und von CORDES im landschaftlichen Stil gestaltete Teil. Der andere ist streng geometrisch aufgebaut und stammt von LINNE aus den Jahren 1917–1925.
Die Ausmaße des Friedhofes sind beeindruckend. Über 250 000 Grabstätten werden durch 80 km Erschließungswege verbunden.
Von den 12 Kapellen (Kapelle 5 ist nach der Zerstörung nicht wieder aufgebaut worden) werden täglich etwa 36 Beisetzungen durchgeführt, pro Jahr ca. 9000. Die Gartenanlagen sind in 23 Gärtnermeisterreviere eingeteilt. Von ihnen werden unter anderem auch die gewaltigen Rhododendronbüsche versorgt, die Ende Mai und Anfang Juni die Anlage in einen unvergleichlichen Park verwandeln. Die vielen unterschiedlichen Gehölze schaffen einen eindrucksvollen Rahmen für die Grabanlagen aus den verschiedenen Zeiten, die Kulturmerkmale aus mehreren Epochen besitzen.
Bei längerem Wandern durch die zahlreichen Sonderanlagen und Ehrenfriedhöfe trifft man auf unzählige bekannte Namen. Dabei vergißt der Besucher häufig, daß er sich auf einem Friedhof befindet. Die Bezeichnungen Historische Gedenkstätte und Parkanlage treffen in vielen Bereichen den Sachverhalt besser.
Verschiedene Grabanlagen sind über die gesamte Fläche verteilt. Erwähnenswert sind die Polizeigräber schräg rechts hinter dem Haupteingang, der

Jüdische Friedhof bei Kapelle 4, die deutschen Soldatengräber zwischen Kapelle 6 und 9, das Bombenopfermahnmal bei Kapelle 13. Hier befindet sich auch der Grabplatz vom »Chinesischen Verein«, der seine Toten mit Speisen und Räucherstäbchen am Grab ehrt. Gleich schräg links am Haupteingang erhebt sich ein Rasenplateau, an dessen höchstem Punkt eine weiße Christusstatue weithin sichtbar ist. Dort hinauf führen einige Steinstufen. Mehrere Grabmalmuseen, die jeweils einige alte und außergewöhnliche Grabsteine bzw. Skulpturen zeigen, sind über den gesamten Friedhof verteilt.

Ökologische Bedeutung: Heute liegen viele Parzellen auf dem Friedhof brach oder werden nicht mehr so intensiv wie früher genutzt. So sind zahlreiche ehemalige Schmuckflächen überwachsen. Insgesamt gibt es 26 ha nicht begehbare Grünflächen und ökologische Schutzzonen. Dazu kommen noch 7 ha Wasserflächen mit Uferzonen. Zahlreiche Vogelarten brüten in den Gebüschen, Wiesen und alten Bäumen.

Die Bedeutung für die Stadt Hamburg ist immens, wenn man die Grundfläche von über 400 ha bedenkt. Damit hat der Friedhof die größte zusammenhängende Grünfläche der Stadt.

Auch die Vielfalt von etwa 350 verschiedenen Laubgehölzarten und Sorten sowie ca. 150 Nadelgehölzarten und Sorten ist enorm und dendrologisch wichtig.

Wirtschaftliche Bedeutung: Im Jahr 1989 gab es 165 Bestattungsunternehmen, 95 Friedhofsgärtnereien sowie 90 zugelassene Steinmetzfirmen auf dem Friedhof. Dazu waren 450 Personen ständig hier beschäftigt.

Toiletten: sind mehrfach vorhanden.

Gastronomie: Rund um den Friedhof, besonders am Haupteingang, befinden sich zahlreiche Cafés und Restaurants. Wer einen etwas weiteren Weg in Kauf nimmt, der fährt an den Alsterlauf zu »Randel« Ecke Poppenbüttler Landstraße/Wellingsbüttler Weg, einer alten Hamburger Institution. Dieses Restaurant-Café, das noch heute in Familienbesitz ist, liegt in einem Park mit kleinen Teichen, Putten, altem Baumbestand und Zugang zum Alsterwanderweg.

Bewertung: Der Friedhof Ohlsdorf ist durch seine Größe, die einmaligen Gartenanlagen mit abwechslungsreichem Gelände, großer Pflanzenvielfalt und den vielen Mahnmalen und Gedenkstätten eine herausragende Anlage. Selbst derjenige Besucher, der Friedhöfe umgeht, fühlt sich in der Ruhe dieser Parkanlage wohl.

Die beste Besuchszeit des Friedhofs ist von Ende Mai bis Anfang Juni während der Blüte der Rhododendronbüsche.

Ein schlichtes Gräberfeld fügt sich bei Halle 10 in die Parklandschaft ein.

Öjendorfer Park 60

Straße: Barsbüttler Weg, Driftredder

Ort: Hamburg-Öjendorf

PKW: Mehrere Parkplätze am Barsbüttler Weg und Driftredder gelegen

Bus: 161 bis zum Friedhof

161, 233, 333, bis Steinfurther Allee

U-Bahn: U 3, bis Steinfurther Allee

Fläche: Ca. 140 ha, davon ca. 50 ha See; die Fläche soll auf über 200 ha ausgebaut werden

Zur Geschichte: Der Öjendorfer Friedhof neben dem Park war schon 1913 von Fritz SCHUMACHER als Ersatz für den Ohlsdorfer Friedhof vorgesehen worden. So kaufte die Stadt Hamburg in den 20er Jahren Land ausschließlich für die Anlage eines Friedhofs. Ab 1930 wurde dann mit dem Bau und mit Pflanzungen begonnen, der jetzige Friedhof wurde als erster Bauabschnitt fertiggestellt. Im geplanten zweiten Bauabschnitt, dem heutigen Park, wurden ca. 8 Mio. cbm (Kubikmeter) Boden abgegraben, die zur Aufhöhung der oft überschwemmten Horner Marsch benötigt wurden; eine damals bemerkenswerte Leistung. Der Sand wurde auf eigene Bahnen geladen und abgefahren. Die »Öjendorfer Kuhle« entstand. Um neue Nutzungsmöglichkeiten für das entstandene Kratergelände zu finden, wurde hier während der Nazizeit zwischenzeitlich sogar versucht, Seidenraupen auf Maulbeerbäumen zu züchten. Nach dem Krieg wurden ca. 3 Mio. cbm Trümmerschutt in die Kuhle geschüttet, von denen aber bis 1966 die Hälfte wieder als Baumaterial aufbereitet und abgefahren wurde. Die Friedhofspläne wurden verworfen, und ein Park wurde geplant. Von der Kuhle ist die Fläche des heutigen Sees übriggeblieben. Große Planiermaschinen waren nötig, um die Hügel- und Kraterlandschaft zu egalisieren. Die weiche Modellierung des heutigen Geländes ist das Ergebnis. 1963 fand zum »Tag des Baumes« ein Pflanztag statt, an dem alle Billstedter Schulen ihren Schulwald pflanzten. Die Bepflanzung erfolgte mit Forstwaren, also ganz kleinen Exemplaren.

Was ist zu sehen? Der Öjendorfer Park ist ein sehr weiträumiger Park, der durch großzügige

Weiträumige Rasenflächen werden von der Bevölkerung zur Erholung, für Freizeit, Spiel und Sport genutzt.

Rasenflächen und einen zentral gelegenen großen See geprägt ist. Am Nordufer befindet sich ein großes, abgezäuntes Vogelschutzgebiet mit weiten Schilfzonen. Auch die weiteren Uferbereiche sind überwiegend naturnah gestaltet. Der See ist mit vielen flachen Uferbereichen an der Wiesenseite gut zum Baden geeignet. Um den See herum führt ein langer Rundweg für Jogger und Spaziergänger. Die großen Wiesenflächen sind ideal für Ballspiele aller Art, zum Liegen, Grillen und für vieles mehr.

Besondere Pflanzen: Die Rasensorten, die heute die weiten Flächen bedecken, mußten eigens für den trockenen Trümmeruntergrund von einem Pflanzensoziologen zusammengestellt werden. Ab 1960 wurde mit der Einsaat und der Begrünung begonnen.

Gastronomie: Am Spielplatz und bei der Minigolfanlage ist je ein Imbiß vorhanden. Hier können neben den üblichen warmen Gerichten auch Eis, Süßes und Zeitungen gekauft werden. Einige Grilltische (mit Grill) zum Selbergrillen sind vorhanden.

Kinder: Ein herrlicher großer Spielplatz ist am ersten Parkplatz am Barsbüttler Weg vorhanden. Dort liegt auch das große Indianerfort.
Die weiten Wiesenflächen sind ideal für Spiele aller Art geeignet. Auch längeres Fahrradfahren ist möglich. Minigolf wird am Südende angeboten, ebenso eine Ponnybahn und ein Schachfeld. Ein großer Hügel lädt mit einer weiten Abfahrt zum Rodeln ein.

Toiletten: sind an den beiden Imbissen vorhanden.

Bewertung: Der Öjendorfer Park ist ein sehr großzügig und naturnah angelegter Park, in dem der Besucher das Gefühl hat, in einer weiten Urlaubslandschaft an einem See zu sein. Hier kann sich die ganze Familie betätigen und sogar Feste feiern, ohne daß jemand gestört wird.

Ein künstlich angelegter See – naturnah in die Landschaft eingebettet.

Ökologischer Untersuchungsgarten 61

Straße: Glückstädter Straße

Ort: 21682 Stade

PKW: Großer Parkplatz der Schule direkt am Eingang

Öffnungszeiten: Do. 14.00–16.00, nicht in den Schulferien

Was ist zu sehen? Der ökologische Untersuchungsgarten der Vincent-Lübeck-Schule ist ein Schulgarten für praxisnahen Biologieunterricht. In einem in weiten Teilen naturbelassenen ebenen Gelände sind eine Obstbaumplantage, eine Abteilung für Feldgehölze, Ruderalflächen, Bienenstöcke, eine Fettwiese, eine Streuwiese, ein Erlen-Birken-Bruchwald, ein Weidensaum, ein Trockenbeet, eine Wallhecke und verschiedene Biotope zu sehen. Diese sind mit der typischen Pflanzen- und Tierwelt zu besichtigen. Dazu sind Anbauflächen für Getreide und Kräuter, Nistkästen, ein Teich, ein Gewächshaus und vieles mehr für den praktischen Unterricht vorhanden.

Bewertung: Hier ist eine Form gefunden worden, wie Schüler wieder an die Natur herangeführt werden können. Für diese Zielgruppe gibt es vielfältige Möglichkeiten für Anschauung und zur Betätigung. Aber auch Erwachsenen wird viel Wissenswertes geboten. So können Lebensgemeinschaften gezeigt werden, die sonst nicht in dieser Form und Vielfalt auf so engem Raum zu beobachten sind. Die Obstbäume sind mit Sortenschildern versehen, bei der Ernte können die besten Sorten vor Ort getestet werden.

Alte und Neue Wallanlagen, Alter Botanischer Garten, Wallringpark

62 Planten un Blomen

Straße: Jungiusstraße, Holstenglacis, Glacischaussee, Holstenwall, Gorch-Fock-Wall, Tiergartenstraße, Marseiller Straße, Bei den Kirchhöfen

Ort: Hamburg-Mitte

PKW: Wenige Parkplätze am Dammtor-Bahnhof und in den umliegenden Straßen vorhanden. Parken in Glacischaussee oder besser auf dem Heiligengeistfeld möglich (wenn dort keine Veranstaltung, z. B. DOM, stattfindet)

Bus: 35, bis Heinrich Hertz Turm; 36, 102, 109, 112, bis Stephansplatz, Dammtor; 36, 37, 112, bis Millerntorplatz

U-Bahn: U 1, bis Stephansplatz; U 2, bis Gänsemarkt, Messehallen; U 3, bis St. Pauli (Eingang Große Wallanlagen)

S-Bahn: S 11, S 21, bis Dammtor

Öffnungszeiten: Im Sommer (1.5.–1.10.) von 7.00–23.00; im Winter 7.00–20.00

Fläche: 46,76 ha

Zur Geschichte: In den Jahren von 1615–1625 war Hamburg durch die Gefahren des Dreißigjährigen Krieges gezwungen, die Stadt zu befestigen. Der Holländer Johann van VALKENBORGH (nach ihm ist heute die Brücke bei den Mittelmeerterrassen benannt) war damals damit beauftragt. Auf den Wallanlagen boten sich dann später die ersten Möglichkeiten für die Stadtbevölkerung, tagsüber spazieren zu gehen. Hausfrauen nutzten die Wälle als Wäschebleiche, bevor diese um 1700 bepflanzt wurden. Zuerst waren es Pyramidenpappeln, später Linden und Ulmen. Da die Bäume angenehmen Schatten spendeten, wurden noch mehr Besucher angelockt.

1793 verlegte die Kirche St. Jacobi als erste ihre Begräbnisstätte vor die Tore der Stadt. Die Fläche lag auf dem heutigen Planten un Blomen, der Straßenname Bei den Kirchhöfen erinnert an diese Zeit.

Zu Beginn des 19. Jahrhunderts beschloß der Senat der Stadt die Schleifung (=Demontage, Abbau) der Befestigungswälle, die durch modernere Kriegstechniken ihren Nutzen verloren hatten. Während des Einzugs der Russen 1813 wurden die Wälle erneut befestigt, bevor die Bürgerschaft 1819 beschloß, die Anlagen endgültig zu beseitigen. 7000 Bäume mußten gefällt werden, um flache Uferböschungen und einen in Schlangenlinien verlaufenden Wallgraben zu erhalten.

1821 wurde der Alte Botanische Garten durch LEHMANN am Dammtor angelegt. Die ursprüngliche Fläche von 2,5 ha wurde später mehrfach erweitert. Durch eine private Aktiengesellschaft wurde ab 1863 der Ausbau eines Zoologischen Gartens auf der Fläche von Planten un Blomen ermöglicht. Hier lag die Wirkungsstätte von BREHM. Vielbeachtet war das Aquarium auf dem Gelände des heutigen Messegeländes. 1930 wurde der Zoo zu einem Volks-, Vogel- und Vergnügungspark umgebaut, denn der modernere Hagenbecks Tierpark hatte dem Zoo den Rang abgelaufen. Der Name Tiergartenstraße rührt noch aus dieser Vergangenheit.

Nach einer nur 5monatigen Bauzeit unter Leitung

des Gartenarchitekten Karl PLOMIN und dem damaligen Gartenamtsleiter Hans MEDING wurde 1935 die niederdeutsche Gartenschau »Planten un Blomen« (hochdeutsch = Pflanzen und Blumen) eröffnet. Die Wasserkaskaden im Parkbereich am Fernsehturm stammen noch von 1935.

Nach dem Krieg setzte sich Hamburgs Bürgermeister Max BRAUER in der Bürgerschaft gegen die Opposition, die vorrangig den materiellen Wiederaufbau wollte, durch. Er erkannte schon damals die »große heilende Kraft des städtischen Grüns«. So müssen die Nachkriegspläne im Zusammenhang mit dem Wiederaufbau gesehen werden. Karl PLOMIN überarbeitete seine eigenen Pläne und entwarf für die IGA (Internationale Gartenbauausstellung) 1953 in Planten un Blomen ein neues Gartenkonzept. An die Stelle ehemals geschwungener Formen traten geometrische Konstruktionen für Wasserbecken. Die »Farbarchitektur« war eine Idee der Zeit, in der durch Massenwirkung der Blumen große Farbflächen entstehen sollten. Schon 10 Jahre später fand 1963 wieder eine IGA hier statt. Sie bezog die Wallanlagen mit ein und verband sie zu einem Park. Wieder war Karl PLOMIN beteiligt. Sein »Quellengrund« ist noch heute zu bewundern. Ebenso die Irishöfe.

Die bisher letzte IGA fand 1973 statt. Die Anlage wurde im Stil der Zeit umgebaut, und der Name »Platten und Beton« entstand im Volksmund für »Planten un Blomen«. Ab dieser Zeit hieß die Anlage Wallringpark und wurde vom Bezirksamt Hamburg-Mitte verwaltet.

1973 wurden auch das CCH (Kongreßzentrum) und das Plaza-Hotel gebaut, dem die damals bekannte Sommerblumenwiese und Schauhäuser geopfert worden sind.

Nach einem internationalen Architektenwettbewerb 1986 wurde die gesamte Anlage in »Planten un Blomen« umbenannt. Bis heute bauen die Preisträger Prof. ARAKI aus Japan und die Hamburger Gartenarchitektengemeinschaft WEGENER/HESS die Anlage nach einem Rahmenplan um. Die ersten Ergebnisse sind mit dem japanischen Landschaftsgarten, dem Japanischen Garten, dem neuen Kinderspielplatz, dem Apothekergarten und dem Bereich um die Wasserlichtorgel bereits zu sehen. Ein großer Rosengarten ist 1993 fertiggestellt worden. Die Umgestaltung der Wallanlagen, in denen heute noch vieles aus der Zeit der 60er und 70er Jahre zu sehen ist, sollen ebenfalls in naher Zeit fertiggestellt werden.

Heute gilt der Name Planten un Blomen für den gesamten Park, zu dem seit 1985 die kleinen und großen Wallanlagen, der Alte Botanische Garten und das traditionelle Planten un Blomen gehören.

Was ist zu sehen? Planten un Blomen ist ein themenreicher Blumengarten mit höchsten ästhetischen Ansprüchen und ein Freizeitpark für junge und alte Menschen. Hier wird dem Hamburger Besucher und zahllosen Touristen all das geboten, was anderswo nur gegen Eintrittsgeld zu sehen ist. Parkbereiche sind ein Apothekergarten, ein Steppengarten, ein Irisgarten mit zahlreichen alten Sorten, die Wasserkaskaden von Plomin, Blumenzwiebelwiesen, ein Alpinum, ein Liliensortiment beim Landschaftsgarten, Japangärten, Mittelmeerterrassen, der Alte Botanische Garten, Tanzcafés, Schachecken, Minigolf, Autoscooter, eine Eisbahn, ein See mit der Wasserlichtorgel, ein hervorragender Spielplatz und vieles mehr.

Neben sehr bunten und vielbesuchten Bereichen gibt es auch ruhigere Ecken, in die man sich zurückziehen kann. Mit den Konzerten, Tanzcafés und gut gepflegten Blumenbeeten kann Kurgartenatmosphäre aufkommen.

An den Mittelmeerterrassen stehen große Schaugewächshäuser, die in verschiedenen Klimazonen Palmen, Orchideen, Kakteen etc. zeigen.

Für die Besucher des angrenzenden Messezentrums ist ein überdachter Weg vom Hotel und Kongreßzentrum zur Messe gebaut worden.

In zwei **Japangärten**, die beide von dem Japaner Prof. ARAKI angelegt worden sind, ist besonders auf die hervorragende Gestaltung der großen Felsen zu achten. Sie sind durch seine künstlerische Hand so gesetzt worden, als hätten sie dort immer schon so gelegen.

Die beiden japanischen Gärten sind nicht so bepflanzt, wie man es sich für Anlagen in Japan vorzustellen hat. Es sind zwar zahlreiche Rhododendren und für uns seltene Pflanzen verwendet worden, welche aber auch nach dem hamburgischen Klima, der großen Beanspruchung durch Besucher und nach ästhetischen Ansprüchen (z. B. Blütenfülle außerhalb der Azaleenzeit) ausgesucht worden sind.

Im neuen **Rosengarten** sind zahlreiche Rosensorten nach optischen Gesichtspunkten in einen Rahmen aus Rosentoren, einem Pavillon, Begleit-

Die naturgetreu nachgebildete Felsenlandschaft im Japangarten.

gewächsen und ca. 2000 m Buchsbaumhecken gepflanzt worden. Über Tonbänder und persönlich durch Lektoren sollen hier Dichterlesungen stattfinden.
Eine Attraktion ist die **Wasser-Licht-Orgel** (Wasserfontänen, die im Rhythmus von Musikstücken erscheinen und bunt beleuchtet werden), die im Sommerhalbjahr betrieben wird. Über Schieberegler wird dabei die Wasserzufuhr geregelt. Parallel dazu wird live auf einer klavierähnlichen Tastatur eine Lichtanlage bedient. Diese Wasser-Licht-Orgel ist in ihrer Größe und der Art der Ausstattung weltweit einzigartig.
Besondere Pflanzen: Die Pflanzenauswahl in Planten un Blomen erfolgt heute nach ästhetischen Gesichtspunkten und nicht nach Arten- und Sortenvielfalt. So ist im neuen Rosengarten Wert auf Farbkombination und den optischen Gesamteindruck gelegt worden. Ähnlich verhält es sich in den anderen Pflanzungen. Dennoch sind aus der Zeit der Gartenschauen und des Botanischen Gartens, der am Wassergraben lag, viele ungewöhnliche Gehölze und Gartenthemen erhalten geblieben.
Da Planten un Blomen zu jeder Zeit hervorragend betreut wurde, ist der Stauden- und Gehölzauswahl über lange Zeit eine große Bedeutung beigemessen worden. Das ist heute, da viele Anlagen eingewachsen sind, gut zu erkennen. Zusammen mit Neuanlagen hat sich eine abwechslungsreiche Pflanzenlandschaft entwickelt.
Gartenthemen wie der Schluchtwald, der nordamerikanische Teil und das Chinatal werden nach und nach restauriert.
Die über den gesamten Park verteilte Rhododendronsammlung mit Pflanzen aus der Zeit verschiedener Gartenschauen und Neupflanzungen in den Japangärten ist bemerkenswert.
Eine Attraktion ist im Mai eine Sammlung von Strauchpfingstrosen. Etwa 50 Sorten stehen im Wallbereich bei den Messehallen.
Die älteste Platane Hamburgs (Alter etwa 170 Jahre) steht beim japanischen Landschaftsgarten auf der Höhe des CCH.
Gastronomie: Über die gesamte Anlage sind zahlreiche Restaurants, Imbisse und Eisläden verteilt. Sie sind alle privat verpachtet und haben ein breites Angebot.
Kinder: Eine große Spielanlage mit Wasserspielplatz, zahlreichen Klettergeräten, den großen (Buller-)Bergen von 1973, Sand und vielen anderen Spielmöglichkeiten liegt am Übergang zum Messegelände. Hier sind auch Spielgeräte in Betrieb, die noch in der Erprobung stehen und deshalb woanders nicht zu finden sind. Eine Ponybahn ist im Sommer geöffnet. Am großen Spielplatz ist auch ein Wickelraum und ein Erste-Hilfe-Raum vorhanden.
Die großen Wallanlagen wurden seit 1993 umgestaltet. Hier werden in Zukunft zahlreiche Veranstaltungen für Kinder stattfinden. Geplant sind u. a. Theater- und Marionettenaufführungen, Autoscooter, Trampolin, Minigolf und ein Schachgarten. Die Kunsteisbahn wird im Winter betrieben und kann im Sommer als Rollschuhbahn genutzt werden.
Behinderte: Geplant ist der Rückbau von Stufenanlagen und eine rollstuhlgerechte Ausschilderung der Wege.
Toiletten: sind mehrfach vorhanden.
Bewertung: Planten un Blomen ist die am intensivsten und aufwendigsten betreute Parkanlage in Hamburg. Sie ist auf den Besucher zugeschnitten und als zentraler Park ein Aushängeschild für die Stadt sowie eine Attraktion für Touristen. Was hier an Pflanzenanlagen, Themengärten und an Freizeitangeboten geboten wird, ist anderswo nicht oft zu finden.

Herrenhausmuseum Ratzeburg

Ratzeburger Dom 63

Ort: 23909 Ratzeburg

PKW: Wenige Plätze am Dom und vor dem Museum vorhanden

Zur Geschichte: Um 1160 wurde der sich über sechzig Jahre erstreckende Bau des Domes unter HEINRICH DEM LÖWEN begonnen. Ein ehemaliges Domkloster der Prämonstratenser wurde ab 1251 errichtet. Ende des letzten Jahrhunderts wurden umfangreiche Veränderungen am Kloster vorgenommen. Sehenswert ist der Kreuzgang mit seinem Kreuzrippengewölbe aus der Zeit um 1350, in dessen Innenhof der ehemalige Klostergarten liegt.

Neben dem Dom steht das Herrenhaus am Ratzeburger Domplatz mit seiner schönen Gartenanlage. Das Haus, vor dem ehemals ein Lustschloß von Christian LUIS, einem Sohn von Herzog Adolf FRIEDRICH I., stand, wurde 1764–1766 von Herzog Adolf FRIEDRICH IV. von Mecklenburg-Strelitz erbaut. Die strahlenförmig auf das Eingangstor zulaufenden Lindenalleen zeigen noch heute Reste der barocken Schloßanlage im französischen Stil. Der dezente Backsteinbau beherbergt das Ratzeburger Kreismuseum, in dem eine ständige Ausstellung über die mecklenburgischen Herzöge und Herrenhäuser sowie eine Münz- und Siegelsammlung zu sehen ist. Bemerkenswert ist der Festsaal mit Rokokostukkaturen von J. N. METZ.

Neben dem Herrenhaus liegt das Paul-Weber-Museum, in dem Werke des zeitkritischen Malers und Grafikers Andreas Paul WEBER (1893–1980) ausgestellt sind.

Öffnungszeiten für beide Häuser:
10.00–13.00 und 14.00–17.00, Mo. geschlossen.

Was ist zu sehen? Über den Friedhof gelangt man zum Kreuzgang des Doms. Die rechteckige Gartenanlage im Innenhof ist ungeordnet und verwildert. Da die Hälfte der Fläche ständig im Schatten liegt, hat sich die Vegetation unterschied lich entwickelt: In den zahlreichen Nischen der Wandvorsprünge im sonnigen Bereich stehen

»Der Bettler« von Ernst Barlach als Blickfang im Innenhof des Kreuzgangs.

Rosenbüsche, die ab Anfang Juni blühen. Im schattigen Teil wachsen Eiben, Efeu und ein Runzelblättriger Schneeball. Bemerkenswert ist ein etwa 4 m hoch gekletterter Euonymus »Vegetus«. Auf einem Mauersockel steht die Plastik »Der Bettler« von Ernst BARLACH. Sie stammt aus dem unvollendeten Fries an Lübecks Katharinenkirche und ist ein Geschenk von Nikolaus BARLACH aus dem Jahr 1979.

Beachtenswert sind die verschiedenen Fensterformen im Innenhof, die Zeugen unterschiedlicher Zeit- und Bauepochen sind.

Zwischen dem **Herrenhausmuseum** und dem **Paul-Weber-Museum** neben dem Dom, die beide auf der Kuppe an einem Hang gebaut sind, erstreckt sich bis ins Tal eine steil abfallende Parkanlage. Japanische Kirschen säumen eine lange Treppe, die auf das Herrenhaus zuführt. Beim Paul-Weber-Museum steht eine gewaltige Ulme.

Behinderte: Die Gartenanlagen sind schwer für Rollstühle zugänglich.

Bewertung: Ein Besuch der Stadt Ratzeburg mit dem Dom lohnt sich immer.

Als Ergänzung zum Dombesuch empfiehlt sich die Besichtigung der Museen. Versäumen sollte man auch nicht einen Spaziergang in den barocken Gartenanlagen.

Vom Herrenhausmuseum aus reicht der Blick bis hinunter ins Tal.

Reemtsmapark

64

Straße: Holztwiete

Ort: Hamburg Groß-Flottbek

PKW: Parkplätze in den umliegenden Straßen vorhanden

Bus: 26, 286, bis Holztwiete

Fläche: 1,91 ha

Was ist zu sehen? Der Reemtsmapark ist ein kleiner Park nahe dem Jenischpark. Sanft fallende, gepflegte Rasenflächen münden in einem nierenförmigen Teichbecken. Diverse große, ältere Bäume, u. a. Platanen, Linden, eine mehrstämmige Eßkastanie, eine alte Parottie, Hängebuche und ein japanischer Ahorn, prägen das Bild des Gartens. Ein Rundweg, auch von Rollstuhlfahrern benutzbar, führt herum. Über dem Park liegt das Reemtsmagebäude, das allerdings mit seiner hellgrünen Kachelverkleidung etwas störend wirkt. Vorbei an einem Sitzplatz mit Wasserbecken und einem Blauschotenstrauch gelangt man von der Parkallee/Kreetkamp unter alten Bäumen durch einen schmalen, von immergrünen Pflanzen bestandenem Weg in den Park. Hier laden diverse Bänke zum Verweilen ein.
Der Garten erscheint insgesamt sehr steril und aufgeräumt. Ein Bild, an dem auch die herrlichen Bäume nicht viel ändern können. Ein ruhiger Park mit Kurgartenatmosphäre, der durch den nahen Jenischpark an Bedeutung verliert.

Leicht hügelige Rasenflächen, ein winziger Teich und alter Baumbestand bestimmen die Anlage.

Der Park hinter dem Schloß mit kleinen gestalteten Zonen für Bänke.

Um das Schloß herum erstreckt sich die weite Parklandschaft mit Teich und blühenden Sträuchern.

Reinbeker Schloßpark 65

Straße: Reinbeker Weg, Ladestraße, Schloßstraße

Ort: 21465 Reinbek

PKW: Zahlreiche Parkplätze vor dem Schloß

Bus: 136, 235, 236, 237, 336, 469, bis S-Bahn Reinbek

S-Bahn: S 21, bis Reinbek

Zur Geschichte: Nach der Einäscherung eines im Jahr 1250 gegründeten Zisterzienserklosters in Reinbek 1534 wurde auf dem Gelände zwischen 1572 und 1576 das Schloß gebaut. Bauherr war Herzog Adolf von SCHLESWIG-HOLSTEIN-GOTTORF (1526–1586). Der Garten wurde im Stil der Renaissance mit einem Lust-, Baum- und Küchengarten angelegt. Von 1647 bis 1867 war das Schloß Sitz der herzöglichen und königlich-dänischen Amtmänner von Reinbek, später der Sitz des ersten preußischen Landrates von Stormarn. Die Pflanzung wurde verändert, und im Barock kam eine Orangerie hinzu. Erhalten sind Reste (noch 14 von ehemals 100 Stück) einer anstelle eines Bogenganges gepflanzten Lindenallee an der Ostseite des Schlosses aus der Zeit des Amtmannes SCHOLTZ (Mitte des 19. Jahrhunderts).
Nach einem Umbau zu einem privaten Hotel 1874 wurde die Gartenanlage noch verbessert.
1939 ist das Schloß zuerst an die Freie und Hansestadt Hamburg veräußert worden, bevor es 1972 der Kreis Stormarn und die Stadt Reinbek kaufen konnte.

Was ist zu sehen? Von den Stilelementen der Renaissance und des Barock ist kaum noch etwas zu sehen. Heute ist der Park ein Landschaftspark, dessen weich geschwungene Rasenflächen leicht erhöht über dem Schloßteich liegen.
Der Eingangsbereich zum Schloß ist etwas detaillierter gestaltet. So liegt vor den erhaltenen Nebengebäuden ein kleiner, buchsbaumumsäumter Kräutergarten . Eine alte Lindenallee mit Bänken führt auf das Schloß zu.
Im hinteren Parkbereich sind einzelne Gartenelemente verstreut. Auffallend ist ein Bogengang, der mit Blau- und Goldregen überwachsen ist und Mitte Mai seine volle Pracht entfaltet.
Im Bereich zur S-Bahn beginnt ein kleiner, mit Stauden bepflanzter Bachlauf, der in zwei Teiche mündet. Hier beginnt auch ein Weg, der zwischen einer stufenförmig geschnittenen Thujahecke und einem Lavendelrosenbeet hindurchführt.
Ein formal angelegter Platz mit Bänken und einem Springbrunnen im Zentrum liegt im Schatten einer alten Baumgruppe, von der aus weite Rasenflächen in den großen Schloßteich überleiten, an dem es zwei Stege zum Angeln und zum Füttern der Enten gibt. Wunderschön ist es Ende Mai, wenn Rhododendren Ton in Ton neben Gänseblümchen blühen.

Veranstaltungen: Im Schloß Reinbek sind wechselnde Ausstellungen zu sehen. Das Eintrittsgeld für die Ausstellungen im Schloß beträgt DM 3,–.
Das Museum Rade befindet sich gegenüber vom Schloß. Hier ist Volkskunst aus aller Welt ausgestellt.

Gastronomie: Das Restaurant »Schloß Reinbek« befindet sich im Schloß.

Behinderte: Drei Behindertenparkplätze sind vorhanden.

Bewertung: Der Schloßpark in Reinbek ist ein Park nicht nur für die Bürger der Umgebung, er ist auch mehr als nur ein Rahmen für das Schloß. Auf einem Spaziergang durch den Park mit seinen weißen Rhododendren zum Schloßteich sollte man nicht verzichten, wenn man das Schloß besucht. Eine Attraktion ist der mit Blau- und Goldregen bewachsene Bogengang Anfang Juni.

Schinckels Park, Waldpark Falkenstein

66 Römischer Garten

Straße: Falkentaler Weg, Falkensteiner Ufer

Ort: Hamburg-Blankenese

PKW: Einige Stellplätze in den anliegenden Straßen

Bus: 48, bis Elbhöhenweg, Waseberg von Bahnhof Blankenese

Fläche: 0,72 ha

Zur Geschichte: Das auf dem Südhang der Elbe gelegene Grundstück gehörte von 1880 bis 1890 Julius RICHTER, bevor es 1897 von der Bankiersfamilie WARBURG gekauft wurde. Sie gestalteten den Garten unter bewußter Aufnahme italienischer Gartenelemente als Privatgarten bis in die 20er Jahre hinein. Der Theaterplatz ist um 1924 gebaut worden.
1951 erhielt die Stadt Hamburg den Garten als Geschenk von der Familie WARBURG als Andenken an Max M. WARBURG (1867–1946).
Der Römische Garten repräsentiert ein Beispiel für italienische und barocke Gartengestaltung und hebt sich damit von den in Hamburg zumeist im englischen Stil gestalteten Landhausgärten ab.
Was ist zu sehen? Über eine steile Treppe gelangt man zum Römischen Garten am Elbhang. »Die Idee der Anlage ist den italienischen Villengärten der Toskana und der römischen Campagna mit ihren Fluchten von Zypressen und den Terrassen, die zumeist auch wunderschöne Ausblicke auf die tieferliegende Landschaft haben, nachempfunden«, wie in einer Schrift der Umweltbehörde Hamburg zu lesen ist. Von hier aus hat man eine weite Sicht über die Elbe und die vorgelagerte Elbinsel Schweinesand. Der Blick fällt dabei durch einen Vorhang aus einer aufwendig geschnittenen Thujahecke, die die Querausdehnung des Gartens betont und die zusammen mit anderen immergrünen Pflanzen das Gerüst des Gartens bildet. Sitzplätze liegen etwas erhöht, über dem Garten in der Verlängerung einer kleinen, aus einem Wasserbecken, einer Treppe und einer Sitzbank gebildeten Achse. Geschmückt ist der Platz mit zwei Putten, Kopien aus dem Würzburger Hofgarten. Eine andere Stelle für einen angenehmen Aufenthalt liegt auch unter den zwei Magnolien im hinteren Gartenteil.
Eine »halbe Etage tiefer« als der Garten befindet sich ein heckenumgebener Theaterplatz mit ehemals fünf Rasensitzstufen. Eine geschwungene Treppe, die der der Würzburger Hofgartenterrasse nachempfunden ist, führt den Besucher hinunter. Die Stützmauer ist von einer im Mai blühenden Wisterie (Blauregen) berankt. Über dem Theater, wo sich heute eine Rasenfläche befindet, lag früher ein geometrischer Rosengarten.
Der Römische Garten ist heute recht verwachsen und nicht mehr in der ursprünglichen Form erhalten. Er wird jedoch als Beispiel für einen Garten vom Ende des 19. Jahrhunderts gartendenkmalpflegerisch betreut und soll in den kommenden Jahren restauriert werden.
Tip: Vom Römischen Garten bietet sich ein Spaziergang in die angrenzenden Waldparks Falkenstein und Schinckels Park an. Von dort aus gelangt man über die Straße Falkentaler Weg auf einen Berg. Hier steht der Bismarckturm, der bis in die sechziger Jahre als Aussichtsturm genutzt wurde. Ursprünglich wollte hier der ehemalige Besitzer A. J. RICHTER ein 51 m hohes Bismarckdenkmal errichten. Dafür wurde der Name von WASEBERG 1890 in Bismarckstein umgewandelt. Da 1906 das große Bismarckdenkmal im Alten Elbpark errichtet wurde, sah man von dem geplanten Bau hier ab. Später erwarb die Stadt das Gelände.
Behinderte: Wegen der Treppen und schwieri-

Die girlandenförmig geschnittene Thujahecke und das Bassin lassen an südliche Gefilde denken.

gen Zugänge ist die Anlage für Rollstühle fast nicht zu erreichen.

Bewertung: Der Römische Garten ist im Hamburger Raum einmalig. Die Lage über der Elbe erinnert bei gutem Wetter an südliche Gegenden. Bemerkenswert ist die geschwunge Thujahecke. Nach einer vollständigen Restaurierung ist der Römische Garten um einiges höher zu bewerten.

67 Rosarium Uetersen

Straße: Berliner Straße, Am Mühlenteich, Wassermühlenstraße

Ort: 25436 Uetersen

PKW: Zahlreiche Parkplätze in der Berliner Straße

Bus: 64, Wassermühlenstraße (von dort aus von und nach Tornesch und Esingen)

Führungen: Anmeldung unter Tel. : 0 41 22 / 71 42 39 bei der Stadtgärtnerei

Fläche: Ca. 7 ha

Zur Geschichte: Schon zu Beginn des 20. Jahrhunderts wurden Rosen in Uetersen gezüchtet, und bereits 1909 fand hier die erste Rosenausstellung statt. Es war die erste Pflanzenpräsentation, bei der es ausschließlich um Rosen ging. 1932 waren es der Sparrieshoper Rosenzüchter KORDES und sein Kollege TANTAU aus Uetersen, die, zusammen mit dem Verein der Deutschen Rosenfreunde e. V., den Holsteiner Baumschulen und der Stadt Uetersen, im Rahmen einer Arbeitsbeschaffungsmaßnahme mit der Umgestaltung eines alten verlandeten Mühlenteichs begannen. Die Pläne für die Arbeiten erstellte der Gartenarchitekt B. THORMÄLEN. Der Teich wurde ausgehoben, und zwei Jahre später wurde der Park, der neben den Rosen mit vielen besonderen Gehölzen bepflanzt worden war und so die Leistungsfähigkeit der Baumschulen der Umgebung bewiesen hatte, eingeweiht. Schon zur Eröffnung waren 800 verschieden Rosensorten im Park vorhanden. Seit der Eröffnung ist der Park mehrmals umgebaut und verändert worden.

Was ist zu sehen? Das Rosarium in Uetersen bietet heute eine Pflanzfläche für ca. 30 000 Rosen in etwa 800 Sorten. Auch heute ist es noch das klare, auf drei Säulen stehende Gestaltungsprinzip, das die Anlage bestimmt. So bilden Großgehölze, Wasser und Rasen das Gerüst des Gartens. Die Rosen fügen sich hier ein. Waren früher hauptsächlich Rosen deutscher Züchter zu sehen, so sind heute die weltweit bedeutenden Züchter vertreten mit nahezu allen Rosenformen. Das Rosarium bietet für Laien und Fachleute ideale Vergleichsmöglichkeiten. An den Rundwegen gibt es zahlreiche Bänke zum Ausruhen.

Den Interessen und Neigungen der Gartenfreunde, die in letzter Zeit verstärkt auf alte Rosensorten mit nostalgischem Glanz zurückgreifen möchten, wird hier Rechnung getragen. So gibt es ca. 200 historische Rosensorten zu sehen.

Der große Teich wird von einem Angel- und einem Modellbootverein genutzt. Letzterer hat sich eigens für seinen Sport Slalomtore in den Teich gebaut, die es zu durchfahren gilt.

Beste Besuchszeit: Da Rosen einen freien, luftigen Standort brauchen, um ihre optimale Vitalität zu bekommen, wurde auf eine begleitende Staudenpflanzung verzichtet. Ende Juni ist die Hauptblütezeit zu erwarten. Die Blütezeit beginnt Ende Mai und dauert bis zum Frost bzw. Ende Oktober an.

Kinder: Außer drei Wackeltieren ist keine Spielmöglichkeit vorhanden. Der große Teich ist von (ferngesteuerten) Modellschiffen befahrbar.

Gastronomie: Im Garten liegen Restaurant-Café und Hotel »Hotel Rosarium« mit Räumlichkeiten für drinnen und draußen.

Toiletten: sind am Restaurant vorhanden.

Bewertung: Das Rosarium in Uetersen ist ein unbedingtes Muß für Gartenfreunde. Die Anlage ist sehr gut gepflegt und zeigt mit ihren vielen Sorten und Arten die gesamte Vielfalt der Rosenwelt. Der Baumbestand ist wegen seltener Arten und oft freier Standorte der Gehölze auch dendrologisch interessant. Durch die weiten Wasserflächen und die hübschen weißen Brücken bekommt die Anlage viel Besucherzuspruch. Aufgrund der stellenweise sehr steril wirkenden Bepflanzung und der strengen Uferbefestigung entsteht »Kurgartenatmosphäre«, was viele als zusätzlichen Reiz werten, denn es gibt nur (mehr) wenige derartige Anlagen in und um Hamburg.

Üppige Rosen schmücken die Pergola am Teich.

Rosenfelder Ingwer J. Jensen

Straße: Boddiner Straße, dann ausgeschildert

Ort: 19209 Perlin (zwischen Schwerin und Wittenburg: Autobahn A 24, Ausfahrt Wittenburg, nach Wittenburg Richtung Lützow, in Boddin oder Renzow in Richtung Dümmer See)

PKW: Parkplätze sind am Feld vorhanden

Öffnungszeiten: Die Rosenfelder sind in der Hauptblütezeit zwischen ca. 16. Juli und 21. August an den Wochenenden von 10.00–16.00 Uhr zu besichtigen. Außerhalb der Zeit nur nach Voranmeldung unter: Ingwer J. Jensen GmbH,
Am Schloßpark 2b, 24960 Glücksburg, Tel. 0 46 31/6 01 00

Was ist zu sehen? Die Firma Jensen züchtet und verkauft diverse Arten und Sorten von Rosen. Ein Schwerpunkt sind die vielen historischen Rosen sowie ein großes Sortiment an englischen Züchtungen. Hauptsächlich letztere sind es, die auf den Feldern zu Tausenden zu sehen sind. Sie zeichnen sich durch einen besonders kräftigen, sehr angenehmen Duft und ein oft romantisches Aussehen mit vollen, halb oder ganz gefüllten Blüten aus.
Die Rosen werden unter der fachkundigen, begeisternden Führung von Herrn Jensen beschrieben und erklärt. Fragen werden engagiert beantwortet. Jeder bekommt Rosenblüten zum Riechen oder zum Sammeln in die Hand. Dazu gibt es Informationen über die Geschichte, über ihre Pflege und Haltung, über die Züchtung, die Namensgebung der einzelnen Sorten sowie diverse Anekdoten über Rosen zu hören.

Attraktionen: Wer mehr über Gärten und Rosen erfahren möchte, der kann unter diversen Büchern und Souvenirs in der Verkaufsscheune wählen. Auch Rosen kann man hier gleich für den eigenen Garten einkaufen. Sie sind etwas teurer als im Katalog, aber dafür mit festem Wurzelballen und garantiert schon ausgetrieben oder blühend.
Empfehlenswert sind auf jeden Fall die hauseigenen Rosenkataloge mit großartigen Hochglanzfarbfotos, Arten- und Sortenbeschreibungen sowie Anregungen.

Tip: Bei heißem Wetter lohnt es sich, einen Sonnenhut und Sonnencreme einzupacken. Auf den Feldern gibt es keinen Schutz, und eine Führung kann je nach Interesse der Besucher bis zu zwei Stunden dauern!
Wer Lust auf mehr Rosen bekommen hat, der kann in den Glücksburger Schloßpark bei Flensburg fahren. Dort sind in einer neu gepflanzten Anlage zahlreiche, auch englische (Jensen-)Rosen zu sehen. Anschrift und Bestellsadresse siehe oben.

Bewertung: Ein Ausflug hierher lohnt sich immer. Man muß kein Rosenfan sein, um von diesem Angebot nicht angesprochen zu werden. Es gibt unendlich viel Neues über das Thema zu erfahren. Herr Jensen ist ein »Original« und begeistert seine Besucher.

Diese wunderbare englische Rose mit dem schlichten Namen »Gartenarchitekt Günther Schultze« kann man käuflich erwerben.

Museumshafen Övelgönne

Rosengarten an der Elbchaussee 69

Straße: Elbchaussee, westlich der Elbtreppe

Ort: Hamburg-Othmarschen

PKW: Wenige Stellplätze an Elbchaussee und Museumshafen Övelgönne vorhanden

Bus: 36, bis Hohenzollernring (Süd)
112, bis zum Museumshafen Neumühlen/Övelgönne

Fläche: 5,19 ha

Zur Geschichte: Zu Beginn des 18. Jahrhunderts baute Christian JÜRGENS auf dem Grundstück eine Pulvermühle. Sie explodierte 1738, woraufhin der Besitz zwei Jahre später von Johann BIEDERHARN und Wilm WILMSEN gekauft werden konnte. Sie errichteten eine Ölmühle, die 1757 an den Hamburger Oberalten Johann Gottlieb GERHARD kam. Dieser gestaltete erstmals Gartenanlagen um die Mühle.

Einer seiner Nachfolger war 1793 der Konferenzrat Johann Daniel LAWAETZ. Unter ihm erreichte die Anlage ihre Blütezeit. Dazu gründete er eine kleine Stadt mit Fabriken, Handwerksbetrieben und Siedlungen: Er schuf Neumühlen als gewerbetreibenden Ort. Heute stehen noch die Häuser Neumühlen 16–20 mit der Inschrift L 1802, die Reste der Arbeiterwohnungen.

LAWAETZ vergrößerte den Besitz und ließ durch C. F. HANSEN ein Landhaus bauen. 1857 pachtete der Kaufmann WOERMANN die westliche Hälfte und errichtete ein neues Wohnhaus (heute Elbchaussee 131).

»Das Gartengelände als solches aber . . . war eines der allerschönsten an der Elbchaussee. An zwei Seiten von tiefen Schluchten begrenzt, nach der Elbe in breitem, wild mit Waldbäumen und Gesträuch bewachsenem Abhang steil abfallend, an der Straßenseite seiner ganzen Länge nach von einer prachtvollen alten Kastanienallee eingefaßt, nahm es eine vorgebirgsartige Höhe ein, von der man nach drei Seiten die herrlichsten Fernblicke auf den unten vorüberrauschenden, immer belebten Fluß und dessen Verzweigung hatte, die aufwärts bis nach Harburg, abwärts bis nach Buxtehude reichten . . . Vor unserem neuen, immer gastfreien Sommerleben in diesem herrlichen Stück Erde verblaßten in jedem Frühling rasch alle Eindrücke unseres Winterlebens . . . In diesem Hause und in diesem Garten habe ich dreißig Jahre lang meine Herzensheimat gehabt, die, als Schleswig-Holstein 1864 deutsch wurde, von doppeltem Heimatlicht umwoben strahlte.«

1875 gaben Lawaetz' Erben den Besitz an den Altonaer Kaufmann Ernst August WRIEDT ab, der wiederum 1890 an die Stadt Altona verkaufte. Die oberen Teile wurden Bauland, die unteren Hänge wurden Stadtpark. Später wurde die Elbchaussee ausgebaut, und der Rest des Parkes ist 1914 zusammen mit dem Donners Park zur Gartenbauausstellung einheitlich gestaltet worden.

Was ist zu sehen? Der Rosengarten ist ein Landschaftspark am steilen Hang der Elbe. Die Räume sind etwas kleinflächiger als die große Wiese im Schröders Park und Donners Park, wodurch die Anlage aber intimer und vielfältiger wirkt. Die Aussichtsplätze mit Bänken lassen weit über die Elbe, die Köhlbrandbrücke, das alte Kühlhaus, heute der Altenwohnsitz Augustinum, und den Museumshafen Övelgönne blicken.

Der höhere Teil liegt an der Elbchaussee, der untere auf Höhe der Elbe. Verschiedene Wege, einer davon fast bis nach unten asphaltiert, überbrücken den Höhenunterschied sehr gut. Ein Übergang zum Donners Park ist vorhanden.

Tip: Unterhalb vom Rosengarten befindet sich der Museumshafen Övelgönne. Hier liegen zahlreiche alte Schiffe, darunter Berufsschiffe aus der Zeit von 1880–1930. Sie sind allesamt restauriert und teilweise zu besichtigen. Informationen zu den Schiffen sind auf der Brücke zu lesen. Der Eintritt ist frei.

Gastronomie: Auf der gegenüberliegenden Straßenseite der Elbchaussee liegt das Restaurant »Landhaus Scherrer«, welches von führenden Restauranttestern zu den besten in Deutschland gerechnet wird.

An der Elbe beim Museumshafen sind einige Restaurants, Eisstände und Imbisse zu finden, die zum Teil in den ursprünglichen Häuschen der Fischer liegen.

Im alten Kühlhaus befindet sich ganz oben ein Restaurant, welches nicht zum Altersheim gehört.

Behinderte: Der Park ist von oben bis zur Elbe durch einen asphaltierten Weg erschlossen.

Bewertung: Der Rosengarten ist ein herrlicher Park an der Elbe. Abwechslungsreiches Gelände mit vielen Strauchpflanzungen und die zahlreichen Aussichtsplätze mit Blick über Elbe und Hafen machen ihn zu einem typisch hamburgischen Erlebnis. Die berühmte Meile Övelgönne mit den urigen Fischerhäuschen und dem Museumshafen ist nicht nur für Touristen ein Erlebnis.

Urige Fischerhäuschen am Museumshafen Övelgönne.

Rosengarten im Fahlt 70

Straße: Bahnhofsplatz, Fahltskamp

Ort: 25421 Pinneberg

PKW: Einige Parkplätze sind beim Bahnhof vorhanden
Im übrigen ist Parken in den umliegenden Straßen eingeschränkt möglich

Bus: 194, 195, 285, 395, bis S-Bahn Pinneberg

S-Bahn: S 3, S 5, S 21, bis Pinneberg

Fläche: Rosengarten ca. 2,6 ha, Fahlt gesamt ca. 30 ha

Zur Geschichte: Nach dreijähriger Arbeitszeit ist der Rosengarten im Juli 1934 eröffnet worden. Die Fertigstellung erfolgte im Rahmen des Reichsarbeitsdienstes nach ehrenamtlich erstellten Plänen von Diplom-Gartenbauinspektor Carl BRADFISCH. Der Rosengarten war damals wie heute Teil eines Bauprojektes, zu dem auch das Freibad und die Sportanlage gehören.

Was ist zu sehen? Der Fahlt ist der Stadtwald in Pinneberg. Die Vegetation besteht aus Eichenbuchenwald, in dem ein größerer Bestand aus Roteichen vorhanden ist. Ein Waldlehrpfad mit einer seltenen Doppeleiche informiert den Besucher über Wissenswertes. Der Fahlt wird auf der einen Seite durch die Pinnau, auf der anderen Seite durch Wohngebiete und ein Krankenhaus begrenzt. Ein Trimm-dich-Pfad und mehrere Sportplätze, darunter das Stadion, liegen ebenfalls hier.
Neben dem Waldgelände mit weiten Buschwindröschenverwilderungen befindet sich im Fahlt ein ansehnlicher Rosengarten, der die eigentliche Gartenanlage im Fahlt ist und im folgenden näher beschrieben wird:
In einem großen, geometrisch angelegten Hauptbereich orientieren sich Rosenrabatten, Rasenflächen und Beete entlang einer Achse aus gepflegten Rasenflächen. In einem zur Pinnau abschließenden Halbrund liegt eine Beetstaudenrabatte, die in der Höhe von einer Reihe aus Säuleneichen begrenzt wird. Sommerblumen ergänzen die Bepflanzung und lassen schon im Frühjahr üppigen Blütenflor erscheinen.
Neben diesem Hauptbereich liegen, durch rosenbewachsene Pergolatore abgegrenzt, kleinere Gärten. Auf der einen Seite dominieren Gehölze und schattigere Partien. Dort sind auch Blumenzwiebelverwilderungen mit Chionodoxa (blau-weiß), Narzissen, Scilla (blau), Krokussen und Scharbockskraut (gelb) zu finden. In den Freiflächen sind immer wieder Rosenbeete angelegt. Im gesamten Park sind die Rosensorten mit Namensschildern gekennzeichnet. Kleinere Sitzplätze mit hübschen weißen Bänken sind überall vorhanden.
Auf der anderen Seite der Hauptachse liegt ein Rosengarten mit Pergolen. Die Kletterrosen an den Gerüsten bilden hier kleine, intime Räume, in denen Bänke zum Aufenthalt einladen.
Insgesamt sind etwa 8000 Rosen in ca. 80 Arten in der sehr gut gepflegten Anlage zu bewundern. Die Blütezeit wird durch Frühlingsblumen, wechselnde Sommerblumen und Dahlien von März bis November verlängert. Im Winter bilden immergrüne Gehölze einen grünen Rahmen.
Der Rosengarten im Fahlt ist im Gegensatz zum Rosarium Uetersen, wo auch Rosen getestet werden und eine größere Artenvielfalt zu sehen ist, ein reiner Ziergarten.

Kinder: Für Kinder gibt es im Fahlt zwei Spielplätze. Einer liegt auf Höhe des Bahnhofes, der andere beim Rosengarten. Letzterer ist überwiegend für kleinere Kinder bestimmt und ist mit einer Rutsche, Hügeln, Sand, Wackeltieren sowie einer Drehschaukel ausgestattet.

Behinderte: Rollstuhlfahrer können im Wald und im Rosengarten uneingeschränkt fahren.

Hunde: sind angeleint zu führen.

Toiletten: befinden sich neben dem Rosengarten beim »Sporthaus Pinneberg«.

Bewertung: Ein »kleines Refugium für die Königin der Blumen« ist dieser Rosengarten. Ein Besuch empfiehlt sich nicht nur für Rosenfreunde, denn die Anlage ist herrlich angelegt und sehr gut gepflegt. Abwechslungsreich gestalten sich die Räume des großzügigen, weiträumigen Hauptteils und die kleineren, intimeren Gartenbereiche. Nicht nur zur Rosenzeit sollte man die Fahlt besuchen, denn schon im Frühjahr beginnt die Blüte vieler Zwiebel- und Sommerblumen. Im Herbst sind zahlreiche Dahlien zu sehen. Ein Café ist für die nächsten Jahre geplant.

Malerische Nischen zwischen dichtgewachsenen, verwilderten Baumgruppen.

Rosenschaugarten Kordes 71

Straße: Rosenstraße

Ort: 25365 Sparrieshoop bei Elmshorn

PKW: Zahlreiche Parkplätze vorhanden

Was ist zu sehen? Der Rosenschaugarten der weltbekannten Rosenfirma Kordes wurde 1986 zum 100jährigen Firmenjubiläum gebaut und eröffnet. In der Anlage sind etwa 200 verschiedene Rosenarten und -sorten zu sehen. Alle sind mit Schildern gekennzeichnet, so daß ein Vergleich und eine optimale Auswahl für Kunden und interessierte Besucher möglich ist. Die Rosen, zu deren Betrachtung zahlreiche weiße Bänke einladen, sind nach den Wuchsformen Strauch-, Beet-, Edel-, Bodendecker-, Zwerg- und Parkrosen geordnet.
Die Hauptblütezeit im Garten ist gegen Ende Juli. Dieser recht späte Termin ist durch starke Rückschnitte und Pflegemaßnahmen zu erklären. Besuchenswert sind auch die Rosenanzuchtfelder der Firma. Sie liegen außerhalb von Elmshorn Richtung Groß-Offenseth bis hin nach Barmstedt und können jederzeit auch ohne Führung besichtigt werden. Ein Übersichtsplan ist am oben angegebenen Hauptsitz der Firma zu bekommen.

Toiletten: sind vorhanden.

Bewertung: Die »Königinnen der Blumen« der Firma Kordes sind weltbekannt und hier in riesiger Auswahl zu sehen. Dies schafft gute Vergleichsmöglichkeiten zwischen den zahlreichen Rosenarten und Sorten. Ein Muß für Rosenfans und Gartenfreunde.

Auf dem Rundweg um den Schaugarten folgt ein Rosenbeet dicht auf das andere.

72 Schloß Wotersen

Ort: 21514 Wotersen

PKW, Busse: Ein großer Parkplatz ist vor dem Wasserbecken gelegen.

Bus: 1806 von Lübeck, Mölln, Büchen, Lauenburg

Zur Geschichte: Das Schloß wurde 1736 von Johann Paul HEUMANN für den 1678 geborenen Kriegsrat und Kammerherrn Joachim Engelke von BERNSTORFF, einen Schwiegersohn des hannoverschen Staatsministers Andreas Gottlieb von BERNSTORFF, gebaut. Nach dem Tode Joachims erbte sein zweiter Sohn, der später leitende Minister Johann H. Ernst von BERNSTORFF, das Anwesen. Noch heute ist die dreiflügelige Anlage im Besitz der Familie. Ein hohes Walmdach deckt die drei Häuser. Gut gelöst hat HEUMANN das Problem des zum Garten hin ansteigenden Geländes. Das unterste Stockwerk liegt auf der Eingangsseite. Zum Garten hin ist der Mittelflügel nur zweistöckig, und man gelangt unmittelbar in den zu ebener Erde gelegenen Gartensaal.

Was ist zu sehen? Das »Schloß« Wotersen bildet das Zentrum einer erhaltenen Gutsanlage mit vielen Nebengebäuden und einem herrlichen Landschaftspark. Für Besucher ist nur der Platz vor dem Schloß zugänglich. Der Park dahinter ist privat.

Um den Hof herum liegen zahlreiche Nebengebäude, in denen sich u. a. das Café-Restaurant, eine Scheune für Veranstaltungen und ein Glockenhaus befinden. Am Kopfende des langgestreckten Platzes liegt das Schloß, welches durch die Fernsehserie »Die Guldenburgs« bekannt geworden ist. Einige Kübel mit Buchsbäumen schmücken den kleinen Schloßvorplatz. Ein Spaziergang rechts am Schloß vorbei durch eine alte, verwachsene Lindenallee gewährt viele Einblicke in den herrlichen Landschaftspark und den Obstgarten.

Links am Schloß vorbei umgibt eine mehrere hundert Meter (!) lange Findlingsmauer den Landschaftspark und einen Reitplatz.

Veranstaltungen: In den Nebengebäuden finden zahlreiche Veranstaltungen statt. Angefangen von klassischen Konzerten des Schleswig-Holstein Musik Festivals, über Spargelverkauf, Frühschoppen, Nikolausmarkt, Wiener Weinfest bis zur Antiquitätenausstellung. Einige Räume sind für Besucher zu mieten. Genauere Informationen und Programme unter Tel.: 0 41 58 / 4 07.

Gastronomie: Im »historischen Gewölbe« befindet sich ein Restaurant-Café, das im Sommer von 11.00 Uhr bis abends geöffnet hat. Stilvolle Caféplätze liegen draußen unter alten Kastanien und zwischen den Gebäuden.

Bewertung: Obwohl nur ein kleiner Teil der Anlage dem Besucher zugänglich ist, ist das Schloß Wotersen besuchenswert. Nicht nur wegen der stilvollen Umgebung bei Veranstaltungen, sondern auch wegen der Atmosphäre, die von der großzügigen Anlage, den schönen alten Gebäuden und dem dörflichen Charakter ausgeht.

Die Parkanlage hinter dem Schloß ist Besuchern nicht zugänglich.

Der repräsentative Vorplatz des Herrenhauses eignet sich für Veranstaltungen jeder Art.

73 Schmetterlingspark Alaris

Straße: Zum Mühlenteich 2

Ort: 21244 Buchholz, Ortsteil Seppensen

PKW, Busse: Großer Parkplatz direkt vor den Hallen vorhanden

Bus: 2, von Buchholz nach Soltau, bis Seppensen Ortsmitte

Öffnungszeiten: Von April–Oktober. Täglich von 9.30–17.30, ab der Zeitumstellung nur bis 16.30

Eintritt: Erwachsene DM 7,–, Kinder (3–12) DM 4,–; Schüler DM 5,–
Gruppen ab 20 Personen ohne Führung DM 5,– p. P.
mit Führung DM 6,– p. P.

Zur Geschichte: Aus einem Hobby in der Studienzeit wurde für die Biologin Frau HAIN, die heute mit ihrem Mann den Garten leitet, ein Beruf. Schon seit 1970 beschäftigt sie sich mit Schmetterlingen und züchtet sie. Seit 1988 gibt es den Schmetterlingspark Alaris in Buchholz.

Was ist zu sehen? In vier Hallen sind verschiedene Klimagebiete mit unterschiedlicher Temperatur und Luftfeuchte dargestellt. Eine Halle ist mit einheimischen Nahrungspflanzen besetzt, auf die die heimischen Schmetterlinge spätestens abends zurückkehren, nachdem sie den Tag über in allen Hallen umherfliegen können. Ein Rundweg führt weiter zu einer subtropischen und einer tropischen Halle. Dabei erlebt der Besucher über 120 Arten und Sorten von Faltern und fast 1500 verschiedene Pflanzen. Kleine Teiche mit Schwimmpflanzen und zahlreiche bunt blühende Pflanzen gestalten die Anlage abwechslungsreich. Mehrere Kästen mit Raupen und Puppen sind rundum verteilt, in denen die Schmetterlinge beim Schlüpfen beobachtet werden können. Wachteln und Frösche sind von Zeit zu Zeit im dichten Unterholz zu finden.

In der vierten Halle ist ab 1994 der Aufbau einer Vegetation geplant, wie sie in Madagaskar vorkommt und dort durch Abholzung des Regenwaldes fast zerstört ist. Auf diese Problematik soll aufmerksam gemacht werden. Entsprechende Schmetterlinge sollen dann von einer Station aus Madagaskar kommen, zu der Familie Hain gute Beziehungen unterhält.

Der Eingangsbereich vor den Hallen ist naturnah und damit sehr insekten- und schmetterlingsfreundlich angelegt worden. Hier sind Wildwiesen angesät worden, die im Sommer den Raupen und freifliegenden Schmetterlingen Nahrung und Lebensraum geben. In einem kleinen Teich ist allerlei spannendes »Getier« zu beobachten.

Vielversprechend ist die Anlage eines Labyrinths aus Thuja, welches allerdings noch einige Jahre zum Wachsen braucht.

Wissenswertes: Im Schmetterlingspark Alaris richtet sich das Interesse nicht nur auf die Schmetterlinge und ihr Aussehen, sondern auch auf ihr Verhalten wird wissenschaftlich untersucht. Deshalb fliegen die Falter frei in allen Hallen herum, was es für den Besucher etwas schwermacht, ein Exemplar den einzelnen Klimagebieten eindeutig zuzuordnen.

Tip: Am Eingang werden zahlreiche Souvenirs zum Thema Schmetterling verkauft. Ab 1994 sollen auch einige ausgefallene Pflanzen, z. B. Passifloren, angeboten werden.

Gastronomie: Eine Cafeteria für warme und kalte Getränke, Eis und Kuchen wird betrieben.

Toiletten: sind vorhanden, allerdings keine Behinderten-WCs.

Bewertung: Ein Schmetterlingspark ist nicht alltäglich, und schon deshalb sollte man auf einen Besuch nicht verzichten. In dieser Anlage erfährt man viel Wissenswertes über Schmetterlinge und ihre Lebensbedingungen und findet auch diverse Souvenirs zum Thema. Am Eingang wird dargestellt, wie man heimische Schmetterlinge schützen kann. Dieser Gartenbereich ist, im Gegensatz zu fast allen anderen Anlagen, naturnah gestaltet.

Es ist kein alltägliches Erlebnis, einen Schmetterling beim Ausschlüpfen zu beobachten.

Ein Blick auf die Elbe vom steil abfallenden Landschaftspark.

Schröders Elbpark 74

Straße: Elbchaussee-Höhe Halbmondsweg, Ringelnatztreppe

Ort: Hamburg-Othmarschen

PKW: Wenige Parkplätze an der Straße vorhanden

Bus: 36, 286, bis Halbmondsweg, Liebermannstraße

Fläche: 2,74 ha

Zur Geschichte: John THORNTEN gründete 1797 den Besitz. Das Landhaus und die Wirtschaftsgebäude, der spätere »Halbmond« an der Elbchaussee (ein eingeschossiger Halbrundbau in ockergelber Farbtönung, der in der Mitte ein großes, geschlossenes Tor mit einer alten Uhr trägt), wurden von Ch. F. HANSEN gebaut. Vor dem Landhaus lag früher eine weite Rasenfläche mit einer weitgeschwungenen Anfahrt. Garten- und Feldwirtschaft gliederten sich an.
1824 kaufte der Kaufmann und Mäzen Johann SCHRÖDER (1784–1883) das Anwesen. Er und seine Frau gründeten den Wohltätigkeitsverein »Schröderstift«. 1899 wurde das Grundstück geteilt. Der westliche Teil fiel an die Enkel, später an Frau HARDY, die das Haus 1913 abreißen ließ, um sich ein neues zu bauen, welches heute an der Elbchaussee 215 zu sehen ist. Der östliche Teil wurde 1953 ein Geschenk von Helmut SCHRÖDER an die Stadt Hamburg und ist seitdem als Park öffentlich zugänglich.
Was ist zu sehen? Schröders Elbpark ist ein in drei Etagen angelegter Park am Elbhang. Alte Bäume, zumeist Eichen, riesige Rhododendren und im oberen Bereich eine weite Rasenfläche bestimmen das Bild der Anlage. Der Besucher genießt auf den zahlreichen Bänken die Atmosphäre eines Landschaftsparkes mit dem Blick auf die Elbe und den Hafen. Beim Restaurant am Elbuferweg ist ein Flutstandsanzeiger angebracht, der die Hochwasser der vergangenen Sturmfluten dokumentiert.
Gastronomie: Auf Höhe der Elbe liegt das Restaurant »Zur Elbkate«.
Behinderte: Der Weg zur Elbe hinunter ist stellenweise sehr steil und deshalb nur schwer ohne Hilfe befahrbar.
Bewertung: Schröders Elbpark ist einer der Parks, die in einer Kette von Anlagen an der Elbe aufeinanderfolgen. Sie sind alle durch Wanderwege und den Elbweg verbunden. Die herrschaftliche Lage am Elbufer hebt diesen Park gegenüber anderen Elbparks ab. Störend wirkt allerdings der Lärm der Elbchaussee im oberen Bereich.

75 Sola-Bona-Park

Straße: Kieler Straße Höhe Reichsbahnstraße, Olloweg

Ort: Hamburg-Eidelstedt

PKW: Einige Parkplätze an der Kieler Straße vorhanden

Bus: 39, 182, 183, 281, 603, bis Reichsbahnstraße

Fläche: 2,11 ha

Was ist zu sehen? Das Gelände der früheren Freiluftbadeanlage ist heute eine kleinere Verbindungsgrünfläche zwischen dem Niendorfer Gehege und dem Altonaer Volkspark. Ein Wegenetz verläuft um einen Teich, eine langgezogene Rasenfläche führt zu einem kleinen Spielplatz und einer Sitzecke mit Viererspieltischen und Bänken.
Bemerkenswert sind einige alte Bäume, die einen würdevollen Rahmen im Park bilden. Hervorzuheben ist die gewaltige Eiche, deren Alter bei ca. 350 Jahren liegen soll und die einen Kronendurchmesser von über 30 m hat. Weiter gibt es eine große Magnolie, zwei alte Eiben sowie einige Linden (Alter etwa 120 Jahre) und Rotbuchen.

Kinder: Kinder finden Schaukel, Rutsche, Sand, Häuser, eine Tischtennisplatte und weite Freiflächen zum Spielen vor. An den Vierertischen zum Karten- oder Brettspiel sind nicht nur Kinder anzutreffen.
Störend ist im Sola-Bona-Park der ständige Straßenlärm von der Kieler Straße und der etwas weiter entfernten Autobahn.

Der kleine Park verbindet das Niendorfer Gehege mit dem Altonaer Volkspark.

Hamburger Stadtpark, Blindengarten im Hamburger Stadtpark, Planetarium

Stadtpark Hamburg

76

Straße: Saarlandstraße, Hindenburgstraße, Jahnring, Ohlsdorfer Straße, Südring

Ort: Hamburg-Winterhude

Pkw: Parken in den umliegenden Straße möglich, am Wochenende besser mit öffentlichen Verkehrsmitteln anreisen

Bus: Die Linien 106, 108, 118, 179, 217 und E 17 halten rund um den Park an verschiedenen Stellen, u. a. U-Borgweg, U-Saarlandstraße, Überseering

U-Bahn: U 1, bis Alsterdorf, Lattenkamp, Hudtwalckerstraße, U 3, bis Saarlandstraße, Borgweg, Sierichstraße

S-Bahn: S 1, bis Alte Wöhr

Fläche: ca. 183 ha, davon 42 ha Wald, 12 ha Festwiese, 7,2 ha See, 17 ha Schmuckfläche

Zur Geschichte: Zu Beginn (1897) der Diskussion um den Bau eines Volksparkes steht ein Ausspruch von Alfred LICHTWARK (1886–1914 Direktor der Hamburger Kunsthalle und Berater des Senats in Bau- und Kunstfragen):
»Der Hamburger fragt sich, ob seine Vaterstadt, wenn nicht ein großer Stadtpark geschaffen wird, auf die Dauer bewohnbar bleibt.«
Nach dem sprunghaften Anstieg der Bevölkerung in der zweiten Hälfte des 19. Jahrhunderts, nach dem Bau des Freihafens, dem Beginn der Hochblüte des Überseehandels und einer praktisch nicht vorhandenen Grünpolitik für Arbeiter und Angestellte sahen fortschrittliche Zeitgenossen eine Lösung von Problemen im Bau eines Stadtparkes.
Schon 1902 begann die Stadt mit dem Bau einer Parkanlage auf einer ca. 36 ha großen, von Adolph SIERICH aufgeforsteten Fläche. Eine Koppel wurde von G. H. SCHOPPER dazugekauft.
1904 hielt der Senat eine Beratung über den Stadtpark ab und bildete eine Kommission aus Senatoren, die ihrerseits vier Gutachter vorschlug:
– VERMEHREN, Oberingenieur,
– LICHTWARK, Direktor der Kunsthalle,
– BRINCKMANN, Leiter des Museums für Kunst und Gewerbe, und
– CORDES, Leiter des Ohlsdorfer Friedhofes.

Im Jahre 1905 entwickelte LICHTWARK Skizzen für die Stadtparkgestaltung und forderte diese Einrichtung für alle sozialen Schichten. Nach einem Wettbewerb mit 570 (!) Bedingungen lagen 1908 66 Entwürfe vor. Der Leiter des Ingenieurwesens SPERBER und Prof. Fritz SCHUHMACHER legten 1910 einen gemeinsamen Plan vor. Baubeginn war noch im selben Jahr. Der Stadtpark wurde der erste große Hamburger Park, der nicht aus Villengärten entstanden ist, sondern aus sozialen Bedürfnissen geplant und gebaut wurde.
Drei Jahre später wurde der 38 m hohe Wasserturm gebaut. Im gleichen Jahr stellte man auf Anraten von SCHUHMACHER einen Gartendirektor ein: Otto LINNE. Bis 1916 wurden Gebäude errichtet, die später stadtbekannt wurden. Darunter fügte sich das Restaurant »Stadthalle« an, die Trinkhalle, heute Altentagesstätte, und die Milchwirtschaft. Nach dem Ersten Weltkrieg setzte sich Otto LINNE für einen zweiten Bauabschnitt ein, der die Jahnkampfbahn (1920), das 7000 m² große Planschbecken (1921), die Sondergärten (1924), die Freilichtbühne (1924), den Rosengarten nach Plänen von SCHUHMACHER und LINNE (1925) und den Kinderspielplatz am Stufenweg (1927) beinhaltete. Die z. T. noch vorhandenen Rhododendren stammen aus den Jahren 1925/28.

Gartenarchitekt ENCKE schrieb 1929 in der Zeitschrift »Die Gartenkunst«:
»Es gibt wohl keine Großstadt in Deutschland, die nicht bemüht wäre, ihre Grünanlagen den neuzeitlichen Bedürfnissen anzupassen. Ich kenne jedoch keine, die bei dem Ausbau ihres öffentlichen Grüns den sozialen Erfordernissen besser gerecht wird als die Stadt Hamburg.«
1930 wurde die erste Vorführung im Planetarium durchgeführt. Mit der Machtergreifung der Nazis änderte sich auch die Nutzung des Parkes. Auf der Festwiese fanden Aufmärsche statt, und die Freilichtbühne wurde zu vorolympischen Wettbewerben genutzt.
Nach den Zerstörungen im Zweiten Weltkrieg und den begonnenen Umbauplänen wurde der stark verwüstete Park wieder aufgebaut. Die Stadthalle riß man ab und gestaltete den Eingangsbereich neu. Das Fontänenbecken entstand. Viele Natursteine stammen aus den Trümmern der Nicolaikirche und der Wetterwarte. Ein Heidegarten wurde auf dem Gelände der Milchwirtschaft angelegt. Die 12 ha große Festwiese wurde mit Gehölzen eingefaßt. Diverse kleinere Neuerungen und Umbauten wurden bis in die heutige Zeit durchgeführt.
Mit der Erarbeitung eines Parkpflegewerkes sollte ab 1990 die Grundlage geschaffen werden, den Park unter Denkmalschutz zu stellen.
Was ist zu sehen? Heute wie damals ist der Stadtpark eine vielseitige Kombination aus einem landschaftlichen und einem streng geometrischen Park. Er bietet für alle Bevölkerungsschichten Erholung und Unterhaltung. Zahlreiche Freizeitmöglichkeiten werden angeboten, darunter Minigolf, Tischtennis, Schach, Schwimmen, ein Besuch des Planetariums, Rudern und Tretbootfahren. Die großen Wiesenflächen erlauben nahezu alle Spiel- und Sportarten. Auf einer abgetrennten Freilichtbühne treten häufig Musikgruppen in Popkonzerten auf. In der Jahnkampfbahn finden viele Sportveranstaltungen statt. Alte Menschen genießen bei der Altentagesstätte Betreuung.
Neben waldigen Bereichen sind große offene Flächen ebenso vorhanden wie sehr gut gepflegte Garten- und Beetbereiche. Ein Heckengarten, wie er häufig in Parkanlagen um die Jahrhundertwende angelegt worden ist, fehlt ebensowenig wie ein Rosengarten mit über 60 verschiedenen Arten und Sorten sowie vielen Begleitpflanzen und Springblumen, ein Heidegarten und Ruhezonen. Übersichtspläne hängen überall aus.
Die Verbindung über den Goldbekkanal zur Alster erlaubt die Durchfahrt für die weißen Alsterschiffe und Sportboote.
Nahe der U-Bahnstation Borgweg, hinter der Altentagesstätte, liegt ein **Blindengarten**. Der 1976 gebaute Garten war der erste in Hamburg. Um eine rechteckige Rasenfläche liegen 16 etwa 80 cm erhöhte Beete. Sie sind nach Pflanzenthemen geordnet. So ist eine Fläche jeweils mit Nadelgehölzen, Sommerblumen, Küchenkräutern, Getreide, Balkonpflanzen, Stauden, Kiefern, Blattformen, Blütenformen, Duft, Schlinger, Gemüse etc. bepflanzt. Die Beete sind mit Braille und mit Schwarzschrift bezeichnet. Die Schilder sind für Blinde gut lesbar leicht nach unten geneigt angebracht. Der Pflegezustand der Beete ist allerdings sehr schlecht. Viele der angegebenen Pflanzen sind nicht mehr vorhanden, andere sind von Pachysandra überwuchert.
Zu bemängeln ist folgendes: Trotz eines Geländers, welches um die Beete führt, scheint die Orientierung in den weiten Zwischenflächen für Nichtsehende sehr schwer. Es fehlen Hinweise, wo es weitergeht.
Im Stadtpark sind unzählige **Skulpturen** zu besichtigen:
1. »Diana mit Hunden/Aufbruch zur Jagd«, Bronze von dem Hamburger Bildhauer Arthur BOCK (1875–1957), 1911 gestiftet von Oskar TROPLOWITZ, Standort: Kur-/Blindengarten.
2. »Liegender Hund«, Bronze von Ludwig WINCK, entstanden 1864; ein Geschenk der Knauerstiftung, Standort: Ruhegarten.
3. »Knabe mit zwei Gänsen«, Steinskulptur von Wilhelm REX, 1916, Standort: Garten »Landhaus Walter.«
4. »Weibliche Brunnenfigur«, Marmor, von Albert WOEBCKE, 1930, Standort: vor dem Steingarten.
5. »Badende Frauen«, Muschelkalk, Bildhauer Georg KOLBE (1877–1947), 1925 gestiftet von Frau Erna BUDGE zur Erinnerung an den 85. Geburtstag ihres Mannes, 1927 aufgestellt.
6. Seelöwe, Stein, 1934, Bildhauer Karl OPFERMANN, Standort: Planschbecken.
7. »Die Bande«, Bronze, Bildhauer Reinhold BEGAS (1831–1911), entstanden 1870, 1918 gestiftet von den Erben von Ludwig LIPPERT, Stand-

Das weite Stadtparkgelände bietet Erholung auf vielfältige Weise.

Das Planetarium wurde 1930 zum erstenmal in Betrieb genommen.

ort: am Parkseering Nähe Planschbecken.
8. »Eisbär«, Sandstein, 1935, Bildhauer Hans Martin RUWOLDT (1891–1969), Standort: Parkseering/Südring.
9. »Hockender Affe«, Stein, 1955, Bildhauer Hans-Peter FEDDERSEN (geb. 1898), Standort: am Rosengarten.
10. »Tauben«, Stein, 1950, Bildhauer Martin IRWAHN, Standort: Rosengarten.
11. »Knabe mit Fischen«, Bronze, 1925, Bildhauer Oskar ULMER (1888–1963), Standort: Rosengarten.
12. »Tanzende Mädchen«, Muschelkalk, 1935 Bildhauer Karl August OHRT (1902), vorgesehen für einen runden Platz, Thema: sich Drehende, Standort: Rosengarten.
13. »Adam und Eva«, Marmor, 1933, Bildhauer Oskar ULMER (1888–1963), Standort: Heckengarten.
14. »Diana auf der Hirschkuh«, Bronze, 1910, Bildhauer Georg WRBA (1872–1939), Standort: Dianagarten.
15. »Liegender Panther«, Muschelkalk, 1927, Bildhauer Hans Martin RUWOLDT (1881–1969), erste Auftragsarbeit, Standort: Eingang Alte Wöhr/Saarlandstraße.
16. »Zentauren«, Bronze, 1912, Bildhauer Georg WRBA (1872–1939) aus Dresden, gestiftet von Anna BRETTSCHNEIDER, Standort: Mauer an der Badeanstalt.
17. »Wolke, Wirbel«, Stein, 1970, Bildhauer Harald WORRESCHK, Standort: Wiese Nähe Badeanstalt.
18. »Eisbär«, Stein, 1935, Bildhauer Ludwig KUNSTMANN, Standort: an der Fontäne.

Kinder: Im Stadtpark sind zahlreiche Spielplätze verteilt. Eine Minigolfanlage, ein kleines Kettenkarussell und Tischtennisplatten befinden sich hinter dem »Landhaus Walter« am Hindenburgdamm.

Die vielen Rasenflächen ermöglichen verschiedenste Spiel- und Sportarten. Auch Drachen kann man steigen lassen. Ein Becken für Modellschiffe steht zur Verfügung.

Sehr beliebt aufgrund seiner Größe und Art ist das ca. 7000 m² Planschbecken mit weiten Rasenflächen drumherum.

Im Stadtparksee befindet sich ein Freibad.

Hunde: Für Hunde gibt es eine spezielle Auslaufzone. Sie liegt im waldigen Teil und ist unter Nr. 25 auf dem Übersichtsplan im Park zu finden.

Besondere Pflanzen: Im Park stehen einige dendrologisch beachtenswerte Gehölze. Im Frühjahr werden weite Wiesen- und Gehölzpartien mit Blumenzwiebeln in ein Farbenmeer verwandelt, im Herbst wachsen auf der Wiese zwischen dem Ententeichweg und dem Rosengartenweg die giftigen Herbstzeitlosen (Colchicum autumnale).

Bewertung: Der Stadtpark ist einer der wichtigsten und vielfältigsten Parks in Hamburg. Ein Besuch lohnt nicht nur aufgrund der kulturellen und historischen Bedeutung des Parks, sondern auch wegen seiner vielseitigen Nutzungsarten auf den weiten Flächen.

Die Lage im bevölkerungsreichen Wohnbereich fast im Zentrum von Hamburg macht ihn zu einem zentralen Anlaufpunkt von überregionaler Bedeutung. Zahlreiche Erholungs-, Erlebnis- und Freizeitmöglichkeiten sowie bestens gepflegte, sehr unterschiedlich gestaltete Gärten garantieren einen angenehmen Aufenthalt. Einige zigtausend Besucher bestätigen dies jede Woche.

Ein kleiner Rosengarten mit Ziergräsern und Zuckerhutfichten abseits der Wiesenflächen.

Das Torhaus in Jersbek

Rotbuchengang auf dem Ohlsdorfer Friedhof

Steingarten im Hamburger Stadtpark ▷

◁ Rosengarten Fahlt

Rosarium Uetersen ▷▷

Englische Rosenblüten von Ingwer J. Jensen

»Singender Wassergarten« im Schmetterlingsgarten Friedrichsruh

◁ Der Heckengarten im Hamburger Stadtpark (hier 1938)

Wasserkaskaden in Planten un Blomen

Treppe zum Herrenhausmuseum am Ratzeburger Dom

Sternschanzenpark 77

Straße: Schröderstiftstraße, Kleiner Schäferkamp, Sternschanze

Ort: Hamburg-Eimsbüttel

PKW: Einige Parkplätze in umliegenden Straßen vorhanden

U-Bahn: U 3, bis Sternschanze

S-Bahn: S 11, S 21, bis Sternschanze

Fläche: 10,4 ha

Zur Geschichte: Im Jahr 1682 wurde eine sternförmige Wehranlage, die dem Befestigungsring der Stadt vorgelagert war, auf dem Heidberg errichtet: die Sternschanze.

Laufgräben haben die Sternschanze mit der Bastion Ravelin Carolus am Stadttor verbunden. Mit der Schleifung der Befestigungsanlagen wurde auch die Sternschanze 1806 zurückgebaut, nachdem sie unter anderem die Belagerung der Dänen 1686 überstanden hatte. Während der Franzosenzeit wurde sie kurzfristig wieder ausgebaut, um später jahrzehntelang als Exerzierplatz zu dienen. 1864 wurde ein Wasserreservoir gebaut, welches 1907–1910 durch den heute noch vorhandenen backsteingemauerten Wasserturm ersetzt wurde. Die eigentliche Parkanlage wurde von 1866 bis 1868 gestaltet, als man das Gelände der alten Schanze bepflanzte und durch Wege erschloß. Dabei berücksichtigte man die in den 50er Jahren zum Windschutz angelegte Tannenpflanzungen. Die Arbeiten wurden von dem Gärtner C. H. HARMSEN nach Plänen des Bezirksingenieurs T. L. WESTPHALEN ausgeführt.

Zuletzt ist der Park als »IGA-Ersatzmaßnahme« überholt worden. Dabei ist eine Krautunterpflanzung ergänzt worden.

Was ist zu sehen? Weite Rasenflächen und waldige Bereiche bestimmen den Park. Neben den üblichen Sportarten, wie z. B. Fußball, und der Nutzung als Liegewiese dient der Park als wichtige Verbindung von der U- zur S-Bahn. Weitere Attraktionen: Häufig gastiert hier ein kleiner Zirkus. Angrenzend befindet sich ein Polizeisportplatz.

Der Sternschanzenpark ist heute eine der wichtigsten Anlagen im sehr dicht besiedelten Eimsbüttel, wo 1992 nur etwa 6 m² Parkfläche pro Einwohner zur Verfügung standen. Zum Vergleich: In Bergedorf konnte jeder Einwohner ca. 60 m² für sich in Anspruch nehmen.

Kinder: Ein Spielplatz mit diversen Spielgeräten ist vorhanden.

Blick auf den Wasserturm.

Teetzpark

Straße: Alte Landstraße, Teetzparkweg, Alsterwanderweg

Ort: Hamburg-Wellingsbüttel

PKW: Parkplätze am Teetzparkweg vorhanden

Bus: 179, bis Heinrich-Traun-Platz

U-Bahn: U 1, bis Fuhlsbüttel

Was ist zu sehen? Der aus einem Privatpark hervorgegangene 14,8 ha große Teetzpark mündet heute in den Alsterwanderweg.

Von der Alster aus gelangt man unmerklich in die landschaftlich integrierte Anlage, die kaum noch etwas von ihrem historischen Charakter erkennen läßt. Ein weiter, auch von Rollstühlen befahrbarer Rundweg führt um zwei miteinander verbundene Teiche. Diese haben ihrerseits Verbindung zum Alsterlauf. Sie sind von Erlen und Weiden gesäumt. Teilweise recht alte Eichen, Buchen und Linden bilden einen lockeren Waldbestand. Einige Bänke laden zum Verweilen ein.

Kinder: Querwege führen vom Park zum Alsterwanderweg und von dort aus zu einem großen Spielplatz auf der anderen Alsterseite.

Der Spielplatz ist großzügig im vorhandenen Gelände angelegt und sehr gut ausgestattet. Neben Sand, Schaukel und Rutsche sind diverse Klettergeräte, eine Seilbahn sowie viel Platz zum Herumtollen vorhanden.

Hunde: sind angeleint zu halten.

Spielplatz im Teetzpark.

Unnapark 79

Straße: Unnastraße, Sillemstraße, Heußweg, Schwenckestraße

Ort: Hamburg-Eimsbüttel

PKW: Wenige Parkplätze in den Straßen

Bus: 182, bis U-Bahn Osterstraße

U-Bahn: U 2, bis Osterstraße

Was ist zu sehen? An den Eingängen der etwa rechteckigen Anlage sind jeweils 3 bzw. 5 japanische Kirschen gepflanzt, die sich nach einer Architektenidee durch die gesamten Grünanlagen von Eimsbüttel ziehen sollen. Am Eingang Schwenckestraße liegt zusätzlich eine kleine Beetrosenanlage. Ein Beet mit einigen Hemerocallis sowie zwei Blütenhartriegeln und einem Zierapfel ergänzt den intensiver gestalteten Eingangsbereich. Eine langezogene Rasenfläche führt, begleitet von einem Weg, durch die Anlage. Eine riesige Solitärbuche steht beim Spielplatz, ansonsten sind einige Platanen, Eschen, Linden, Ahorne, Schwarzkiefern, Eichen und Roßkastanien im Park. Auch in dieser Anlage wurde begonnen, Beete im Wurzelbereich anzulegen, um die Wurzeln besser gegen Bodenverdichtung und Belastung zu schützen.

Kinder: An der einen Längsseite ist auf einem Röhrenbunker aus dem zweiten Weltkrieg ein kleiner Birkenhain entstanden, von dem kleine Kinder herunterrodeln können. Erstaunlich viele der Birken sind doppelstämmig.

Gegenüber dem Birkenhügel liegt ein kleiner Spielplatz mit Reifenschaukel, Sand, Hütten, Schaukel, Klettergerüsten und Wackeltieren.

Häuser am Unnapark.

80 Von-Eicken-Park

Straße: Hartsprung, Rütersbarg

Ort: Hamburg-Lokstedt

PKW: Einige Parkplätze im Hartsprung vorhanden

Bus: 391, bis Grelckstraße

U-Bahn: U 2, bis Hagendeel

Fläche: 2,9 ha

Was ist zu sehen? Der Von-Eicken-Park ist eine harmonische, ruhige Anlage, die durch einen Teich mit einer kleinen Insel und den Anschluß an den Bach Lohbek geprägt ist. Bei einem Rundgang durch den Park hat der Besucher ständig Blickkontakt zu einer weißen Villa, die zum Park hin auf der einen Seite durch eine gewaltige, ca. 140 Jahre alte Eiche überdeckt wird. Im Rahmen einer Parkbaumsanierung sind etwa 20 cm Kompost auf den Wurzelbereich aufgetragen worden. Einige Frühjahrsblüher verwildern.
Kinder: Ein kleiner Spielplatz liegt, abgetrennt vom Park, am Haus.

Die alte Villa ist vom gesamten Parkgelände aus sichtbar.

Arzneigarten, »Reich der Sinne«, Umweltschutzpyramide

Vördepark 81

Straße: Huddelberg

Ort: 27432 Bremervörde

PKW: Große Parkplätze liegen beim Naturschutzzentrum

Bus: 4, bis Ludwigstraße/AOK

Zur Geschichte: Nachdem die Landesausstellung »Natur im Städtebau« 1986 vom Niedersächsischen Sozialministerium angeregt worden war, fand 1991 in Bremervörde die zweite Ausstellung dieser Art statt.
Im Gegensatz zu Bundesgartenschauen, bei denen häufig weite Bereiche zu künstlichen Landschaften umgebaut werden, steht hier die ökologische Verwirklichung von Ideen und eine langfristige Zielvorstellung im Vordergrund. So sollen Möglichkeiten für die Verbessserung der Lebensqualität, die Verbindung von Mensch, Stadt und Umwelt, ökologisches Planen und Bauen sowie eine Aufwertung von Erholungsräumen gezeigt werden.
»Schön ist's auf der ganzen Erde, am schönsten doch in Bremervörde.«
Wilhelm Busch (1878)

Was ist zu sehen? Rund um den ca. 50 ha großen Vördesee ist eine sehr stadtnah gelegene Anlage entstanden, die dem Besucher viel Abwechslung und Anregung bietet. Die Veranstalter selbst nennen sie Freizeit- und Erlebnispark. So gibt es in der weiträumigen Anlage diverse Einzel- und Themengärten. Verbunden sind die einzelnen Bereiche durch ein langes Wegenetz, welches rund um den See führt. Das Zentrum der Aktivitäten liegt jedoch beim Bauernhaus. Hier befinden sich:
– ein Rosengarten mit vielen Stauden und Gräsern als Begleitpflanzen, bei dem die Wege sternförmig auf ein kreisrundes Rosenbeet zulaufen. Eiben und zwei halbrunde Pergolen, die auf Findlingsmauern stehen, begrenzen die Anlage;
– ein Steppengarten mit abwechslungsreichen Staudenpflanzungen;
– ein Rhododendrongarten mit Begleitpflanzen, Rindenmulchwegen und einem kleinen Bachlauf;
– ein Heidegarten sowie
– ein Bauern- und Arzneigarten mit buchsbaumumrahmten Beeten und über 200 verschiedenen Pflanzen am historischen Bauernhaus.
Ein Buchsbaumkugelbeet sowie einige (Sonder-) Gärten sind in die große Gesamtanlage integriert. Nicht alle Pflanzen sind mit Schildern versehen.
Das »Reich der Sinne« ist ein intelligenter Spielplatz für jung und alt, bei dem Klangformen, Materialien getestet werden können. Direkt neben dem großen Parkplatz liegt ein freies Feld, welches als Messezentrum genutzt wird.
Das »Grüne Klassenzimmer« ist ein Projekt, das hier in die Realität umgesetzt worden ist. Darin soll spontane Neugier geweckt werden, um unsere Natur neu zu entdecken. Zu den entdeckungswürdigen Erlebnissen zählen der angrenzende Auepark, »Das Reich der Sinne«, das »Haus des Waldes« und eine »Umweltpyramide«.
Das »Haus des Waldes« informiert über Pflanzen, Tiere und Ökosysteme des Waldes. Eine Waldlandschaft ist im Haus aufgebaut, so daß man Zusammenhänge vor Ort erkennen kann.
Die »Umweltpyramide«, ein pyramidenförmiger Holzschindelbau, in dem sich ein Naturschutzzentrum befindet, liegt in einem 7000 m² großen Garten, in dem theoretische und praktische Anregungen auf dem Gebiet der ökologischen Gartengestaltung für die Besucher gegeben werden: eine

Teich- und Sumpfanlage, eine Kräuterspirale, Nistkästen, Beispiele für ökologischen Gartenbau und 6jährige Fruchtfolge. Dazu gibt es Informationstafeln und Ausstellungen im Haus. Auskünfte zum Naturschutzzentrum und zu Veranstaltungen unter: 0 47 61 / 7 13 30.

Kinder: Ein aufregender Spielplatz mit Hügeln, Wasserspielen, Hängebrücke, Rutsche, Seilbahn, Sand, Häusern, Kaskaden und Planschbecken befindet sich im Eingangsbereich ca. 100 m vom Restaurant entfernt in Richtung Rosengarten. Aufenthaltsmöglichkeiten für die Eltern sind vorhanden.

Die Anlage jenseits der Birkenallee ist nicht nur für kleinere Kinder interessant. Auch »Kinder ab 40 Jahren« werden noch Spaß an den gebotenen Einrichtungen haben.

Auf dem See besteht die Möglichkeit zum Tretbootfahren, Surfen und Segeln.

Hunde: sind nur im Naturschutzzentrum nicht zugelassen.

Gastronomie: Am Parkplatz liegt das Restaurant-Café »Haus am See«, ein altes Fachwerkbauernhaus.

Toiletten: sind nur im Restaurant vorhanden.

Bewertung: Der Garten ist noch sehr jung, und die Pflanzen müssen sich erst noch »zurechtwachsen«, um ihre volle Form und Wirkung zu entfalten. Als Erlebnispark ist die Anlage aber höchst empfehlenswert, speziell für Kinder. Neben sachlichen Informationen über Gartenthemen ist es die Vielseitigkeit und der Ideenreichtum, die auch einen längeren Besuch im Park attraktiv machen.

Eine eindrucksvolle Skulptur aus Kugelbuchsbaum.

Wallanlagen Stade 82

Lage: Die Reste der Wallanlagen durchziehen die gesamte Stader Innenstadt

Ort: 21682 Stade

Bus: 1, 8, 9, 11, 12, 255, 27, 28, 29, 32, 36, 1822, 1824, bis Station Bahnhof Stade

PKW: Parkplätze am Bahnhof und in anliegenden Straßen

Fläche: Etwa 18 ha

Zur Geschichte: Die Stader Befestigungsanlagen entstanden während der Zeit der schwedischen Besatzung in den Jahren 1646–1700. Die Grünanlagen sind nach der Niederlegung der Befestigungswälle von 1870 bis 1881 entstanden.

Was ist zu sehen? Beinahe durch die gesamte Innenstadt ziehen sich die Reste der Wallanlagen und bilden am Burggraben entlang einen herrlichen innerstädtischen Grüngürtel. Deshalb sind sie als städtische Grünfläche mit prägendem Charakter bedeutend. Größere Einzelflächen liegen im »Adolf Ravelin« und an der Straße Salztorswall. Die halbrunde Freilichtbühne »Adolf Ravelin« liegt vor einer Gruppe aus sieben schon recht großen Sumpfzypressen (Taxodium). Reste einer alten Lindenallee, eine Entenfütterstelle und ein Rundweg um eine größere Rasenfläche und den Wall sind ebenfalls vorhanden. Das Wasser im Wallgarten verläuft zum Teil sternförmig entlang der alten Wehranlagen.

Am Salztorswall liegt auf einem Hügel ein Denkmal für die Gefallenen des Ersten Weltkrieges. Von hier aus hat man einen weiten Blick über Teile des Hafens und das Stader Land.

Die hervorragend restaurierte Altstadt ist auf jeden Fall einen Besuch wert.

Tip: Ein Altländer Bauernhausmuseum befindet sich auf dem ehemaligen Ravelin.

Vorbildlich restaurierte Häuser in der Altstadt sind nahe den alten Wallanlagen zu bewundern.

83 Wellingsbüttler Torhaus

Straße: Wellingsbüttler Weg/Friedrich-Kirsten-Straße

Ort: Hamburg-Wellingsbüttel

PKW: Zahlreiche Parkplätze vorhanden

Bus: 167, 168, 267, bis S-Bahn Wellingsbüttel

S-Bahn: S 1, S 11, bis Wellingsbüttel

Zur Geschichte: Nach dem Westfälischen Frieden 1648 bekam der Kanzler des Erzbischofs Dr. Heinrich REINKING das Gut Wellingsbüttel von der schwedischen Regierung für seine Verdienste geschenkt. Nur der Kaiser in Wien stand zu der Zeit über dem Gutsbesitzer. 1673 kaufte Theobald von KURTZROCK das Gut. Unter seiner Familie, deren Mitglieder die Thurn-und-Taxisschen Postmeister waren, wurde 1750 das Herrenhaus und 1757 das Torhaus errichtet. Baumeister des Fachwerkhauses war Georg GREGGENHOFER, der auch in Eutin und Lübeck tätig war. Ein Mansardendach und ein Dachreiter krönen es nach oben. Die Uhr zeigt noch das alte Ornament aus der damaligen Zeit. 1806, vor dem Ende des Heiligen Römischen Reiches Deutscher Nation am 12. 7. 1806, verkaufte Clemens A. KURTZROCK den Besitz an den dänischen König Friedrich VI. Über mehrere Besitzer wurde das Land schließlich als Baugrund verkauft. Heute befindet sich im Torhaus das Alstertalmuseum, in dem vieles über die Geschichte des Alstertales zu erfahren ist.

Was ist zu sehen? Einige Meter über dem Alsterwanderweg steht das Wellingsbüttler Torhaus. Eine lange Allee aus Linden führt auf das Tor hin, hinter dem das große weiße Herrenhaus steht. Das Haus mit seinen Gartenanlagen ist nicht öffentlich zugänglich. Vor der Allee liegt eine halbrunde Wehranlage über einem Abhang.

Vom Torhaus führt der Alsterwanderweg die Alster entlang bis in die Innenstadt.

Im Torhaus befindet sich das Alstertalmuseum.

Öffnungszeiten: Sa./So. 11.00–13.00 und 15.00–17.00

Bewertung: Ein Abstecher vom nahe gelegenen Alsterwanderweg lohnt sich, um von außen das hübsche Torhaus, das Herrenhaus und die kleine Gartenanlage zu besichtigen.

Im Wellingsbüttler Torhaus von 1757 befindet sich heute das Torhausmuseum.

Wesselhoeftpark

Straße: Baron-Voght-Straße, Quellental, Georg-Bonne-Straße

Ort: Hamburg-Groß Flottbek

Fläche: 4,5 ha

PKW: Einige Parkplätze in den umliegenden Straßen vorhanden

Bus: 84, 115, bis S-Bahn Klein-Flottbek

S-Bahn: S 1, S 11, bis Klein-Flottbek

Zur Geschichte: Auf dem Gelände wurde um 1700 eine Mühle mit einem Mühlenteich angelegt, deren Eigentümer ab 1730 die Familie VAN DER SMISSEN war. 1825 kaufte Frau SILLEM den Grund und errichtete ein Jahr später ein Landhaus, heute an der Elbchaussee 352. Der Park wurde gestaltet und nannte sich Sillems Garten. Nach wechselnden Besitzern kaufte Carl WESSELHOEFT 1864 den Besitz, baute ihn um und verschönerte den Park mit einigen Exoten. 1953 wurde ein Teil des Parks an die Stadt Hamburg verkauft, der Rest blieb bei der Familie WESSELHOEFT. Der Bach, die Teufelsaue und die Teiche stehen heute unter Landschaftsschutz.

Was ist zu sehen? Im Zentrum des Wesselhoeftparks liegen die großen Teichanlagen, um die ein Wanderweg herumführt. Kleinere Wiesenflächen und einige Waldstücke mit zum Teil altem Baumbestand säumen die Wege. Der Wesselhoeftpark ist ein Durchgangsgarten innerhalb der Anlagen, die sich entlang der Elbe hinziehen.

Blühende Weißdorne spiegeln sich im Teich.

Anhang

Die Anlagen

Viele Anlagen sind unter verschiedenen Namen bekannt. Manche haben auch einen alten und einen neuen Namen, z. B. Abteipark = Bolivarpark. Wieder andere Anlagen sind aus mehreren kleineren Gärten zu größeren zusammengefaßt worden (z. B. Planten un Blomen aus den Kleinen und Großen Wallanlagen und dem ursprünglichen Park Planten un Blomen).

In der folgenden Liste sind alle bekannten Namen der beschriebenen Garten- und Parkanlagen in alphabetischer Reihenfolge geordnet.

Orte

Die beschriebenen Anlagen sind hier nach Städten geordnet und werden in alphabetischer Reihenfolge behandelt.

Gartenthemen

Mehrfachnennungen einiger Anlagen sind möglich.

Historische Gärten

Japangärten

Landschaftspark

Museumsdörfer

Naturgärten

Rhododendrongärten

Rosengärten

Schau- und Sichtungsgarten

Schloßpark

Informationen/Auskünfte

Herr und Frau Fischer, Kamelien-Fischer
Herr Prof. Dipl.-Ing. Warda
Herr Prof. Dr. Dipl.-Ing. von Fintel
Frau H. Roelcke, Schmetterlingsgarten Friedrichsruh
Frau Dr. Nath-Esser, Amt für Gartendenkmalpflege
Frau Heide, Gartenbauamt Hamburg-Altona
Herr Singelmann, Gartenbauamt Hamburg-Bergedorf
Herr Bucholz, Gartenbauamt Hamburg-Eimsbüttel
Herr Maaß, Gartenbauamt Hamburg-Harburg
Herr Mohr, Frau Flaßpöhler, Gartenbauamt Hamburg-Mitte
Herr Schaake, Schreiber, Gartenbauamt Hamburg-Nord
Herr Heberer, Willing, Gartenbauamt Hamburg-Wandsbek
Herr Busenbinder, Blindenverein Hamburg
Herr Seelmann, Naturgarten Hamburg
Herr Ende, Planten un Blomen
Stadtteilarchiv Hamm
Baumschule Hachmann
Herr Dr. Sehan, Arboretum Lohbrügge
Herr Donath, Arboretum Marienhof
Herr Mahnke, Heidegarten Schneverdingen
Herr Kreft, Rosarium Uetersen
Herr Pöllsner, Rosengarten Kordes
Frau Horstmann, Privatgarten Horstmann
Herr Hain, Schmetterlingsgarten Alaris
Herr Clausen, Gartenamt Pinneberg
Frau Reif, Hagenbecks Tierpark
Herrenhausmuseum Ratzeburg
Herr Spuler, Kurgarten Mölln
Herr Sumfleth, Altes Land
Bonsai-Jörgensen
Frau Roggemann, Schloß Agathenburg

Weiterführende Literatur

AHRENS, Gerhard: Caspar Voght und sein Mustergut Flottbek; Hamburg, 1969
AHRENS, Gerhard: Verzeichnis der landwirtschaftlichen Schriften Caspar Voghts, 1967
ARCHITEKTEN- UND INGENIEURVEREIN ZU HAMBURG: Hamburg und seine Bauten; Band 1+2, Hamburg 1914

BAUBEHÖRDE HAMBURG, GARTEN UND FRIEDHOFSAMT: Parkanlagen und Neubaugebiete in Hamburg; Hamburg 1973
BEZIRKSAMT HAMBURG-MITTE: Planten un Blomen; Hamburg 1992
BEZIRKSAMT HAMBURG-NORD, GARTENBAUABTEILUNG: 75 Jahre Hamburger Stadtpark
Bundesanstalt für Landeskunde und Raumforschung: HANDBUCH DER NATURRÄUMLICHEN GLIEDERUNG DEUTSCHLANDS; Bad Godesberg 1962
BUNDESFORSCHUNGSANSTALT FÜR FORST- UND HOLZWIRTSCHAFT (BFH): Informationsheft; Hamburg
CAPPEL, A./ KALB, M.: Berichte des Deutschen Wetterdienstes, Nr. 141 Bd. 18; Offenbach 1976
CARL HAGENBECKS TIERPARK: Chronik; Hamburg 1992
DAVIDS, Curt: Das Schloß Reinbek; 2. Auflage, Reinbek 1972
DER MINISTER FÜR ERNÄHRUNG, LANDWIRTSCHAFT UND FORSTEN DES LANDES SCHLESWIG-HOLSTEIN: Handbuch für Naturschutz in Schleswig-Holstein; 1982
DE SPIKER: Museumsdorf Volksdorf; Hamburg 1979
DIRKSEN, Victor: Ein Jahrhundert Hamburg, 1800–1900; Leipzig, 1935
DITTLOFF/MÜLLER-GLASSEL: Parkpflegewerk Jenischpark; Hamburg, 1991
DREVES, Peter: 1000 Ausflugsziele in Schleswig-Holstein; Kiel-Rendsburg, 3. Aufl., 1988
EGL-Büro: Gutachten Altonaer Volkspark; Hamburg 1991
ENCKE: Zeitschrift: Die Gartenkunst, 1929
FISCHER, Peter: Kamelien; Wingst
GARTENAMT, Das: 70 Jahre Hamburger Stadtpark; Nr. 29/1980, August S. 543–573
GARTEN- UND FRIEDHOFAMT G2: Gesamtübersicht zu den Hamburger Parkanlagen; Hamburg o. J.
GOECKE, Michael: Vorgeschichte und Entstehung des Stadtparkes in Hamburg-Winterhude und seine Bedeutung für das Hamburger Stadtgrün; Dissertation 1980, Uni Hannover
GOECKE, Michael: Geschichte des Hamburger Stadtgrüns; Band 5, Hannover 1981
GRIEBEN: Reiseführer Schleswig-Holstein; Ostfildern; 14. Aufl., 1992
GRÖLL, Walter: Bauerngärten der Lüneburger Heide; Ehestorf 1988
HAMBURGER ABENDBLATT: Serie über den Öjendorfer Park; Hamburg, 6–7, 1972
HAMBURGER ABENDBLATT: So schön ist Hamburg; Bd. 2, Hamburg, 1989
HAMBURGER ADRESSBUCH VERLAG: Von Abel bis Zwidavius; 1964
HANISCH, Karl Heinz: Internationale Gartenbauausstellung Hamburg 1963; Hamburg 1963
HARMS, Herrmann: Das Kreis-Herzogtum-Lauenburg-Buch; 1987
HB: Bildatlas Lüneburger Heide; 3. Aufl., Hamburg 1985
HB: Kunstführer Lübeck und Herzogtum Lauenburg; No. 2, Hamburg 1983
HELM, Günther: Haseldorfer und Wedeler Marsch; 1986
HENNEBO, Dieter/HOFFMAN, Alfred: Gärten des Mittelalters Bd. 1; Hamburg 1962
HINRICHSEN, Hermann: Die Bille mit Bergedorf und den Sachsenwaldgemeinden, Wahrung eines alten Flußidylls; Selbstverlag, 1. Aufl., 1985
HIPP, Hermann: Freie und Hansestadt Hamburg; Du Mont Kunst-Reiseführer, Köln 1989
HIRSCHFELD, Peter: Schleswig-Holsteinische Herrenhäuser, Gutshäuser und Gärten des 18. Jahrhunderts, ihre Bauherren und Baumeister; Freiburg im Breisgau 1983
HOFFMANN, Paul Th.: Die Elbchaussee; 5. Aufl., Hamburg 1953
HOHMANN, Gustav: Hamburg-Zentrum des Norddeutschen Gartenbaus; herausgegeben zur IGA 1963, Hamburg 1963
KAACK, Hans-Georg: Impressionen aus der Biedermeierzeit 1815–1848, o. O., o. J.
KAMMANN, Christian: Die Agathenburg; Stade, 1988
KEHN, Wolfgang: Naturerlebnis für seelische Größe. Aus: Gartenpraxis 11/92, S. 24–29
KELLER, Herbert: Kleine Geschichte der Gartenkunst; Berlin, Hamburg 1976
KUNZ, Wolfgang: Blankenese; Hamburg 1988
LANDESAUSSTELLUNG »NATUR IM STÄDTEBAU« 1991 GMBH: Bremervörde; Bremervörde 1991
LEIP, Hans: Die unaufhörliche Gartenlust; Hamburg 1953
LICHTWARK, Alfred: Hamburg, Städtestudien; Dresden 1897
MEYER-MARWITZ: Das Hamburg Buch; Hamburg 1981
MEYNEN, E. u. a.: Handbuch der naturräumlichen Gliederung Deutschlands; Band II, Bad Godesberg 1962
MUSEUM FÜR HAMBURGISCHE GESCHICHTE: Gärten, Landhäuser und Villen des hamburgischen Bürgertums; Hamburg 1975
NEUSPAR: Draussen vor dem Dammtor; zum 10jährigen Bestehen der Zweigstelle Hamburg 20, 1964
NICKIG, M./WAGNER, F.: Bauerngärten; Hamburg 1989
PÄDAGOGISCHE VEREINIGUNG VON 1905 IN HAM-

BURG: Heimatbuch für unser hamburgisches Wandergebiet; Hamburg 1914
PATRIOTISCHE GESELLSCHAFT VON 1765: Was nützt mir ein schöner Garten...; Hamburg 1990
POEL, G: Bilder aus vergangener Zeit, Hamburg 1884, S. 577 ff
POPPENDIECK, Hans-Helmut: Botanischer Wanderführer rund um Hamburg; Hamburg 1990
PASSARGE, Karl: »Internationale Gartenbau-Ausstellung Hamburg 1953«; Hamburg 1953
PROTOKOLL ÜBER DIE ÖFFENTLICHE VERSAMMLUNG IN HAMBURG, Auszug, 03. 04. 1910
RÖPKE, Georg-Wilhelm: Zwischen Alster und Wandse; Hamburg 1985
SORGE-GENTHE, Irmgard: Hammonias Gärtner; Hamburg 1973
STAATSARCHIV HAMBURG: Abschrift aus dem Gesuch des dänischen Königs, 08. 11. 1805, Bestand 622-J Voght VIII. 15. Original im Schleswig-Holsteinischen Landesarchiv, Abt. 112 Nr. 981 Vol. II., Fol. 238 bis 250
STADTTEILARCHIV HAMM: Der Hammer Park zwischen Gestern und Heute; 2. Aufl. 1989
STUDT/OLSEN: Unser kleines Hamburg-Buch; Hamburg 1954
THOMSEN, Hellmuth: Hamburg; 2. Aufl., München 1963
THOMSEN, Helmuth: Liebes altes Hamburg, zweite Folge, Hamburg 1956
UMWELTBEHÖRDE DER STADT HAMBURG: Geschichte und Zahlen des Hauptfriedhofes Ohlsdorf, Nr. 1, Mai 89
UMWELTBEHÖRDE HAMBURG: Der Römische Garten; Hamburg 1992
VOGHT, Johann Friedrich: Die Gärten um Hamburg; 2. Aufl. Hamburg 1870
WARDA, Hans-Dieter: Arboretum Baumpark Ellerhoop Thiensen und »Förderkreis«; Schrift für den Förderkreis, Ellerhoop 1992
WARDA, Hans-Dieter: Die gute Stube Holsteins – das Arboretum Thiensen; aus: Deutsche Baumschule; 8/90
WINKEL, Gerhard: Das Schulgartenbuch Handbuch; Seelze 1985
WIESE, Rolf: Museumsführer Freilichtmuseum am Kiekeberg; 2. Aufl., Ehestorf 1991
WITT: 1951, S. 29
WOERMANN: Lebenserinnerungen eines Achtzigjährigen; 1924
WOLDSTEDT, Paul: Norddeutschland und angrenzende Gebiete im Eiszeitalter; 3. Aufl., Stuttgart 1974